Manfred Himmel

Bäume helfen heilen

Manfred Himmel

Bäume helfen heilen

Wie Sie mit Bäumen Kontakt aufnehmen und ihre natürlichen Energien nutzen

Verlag Hermann Bauer
Freiburg im Breisgau

Die Deutsche Bibliothek – CIP-Einheitsaufnahme

Himmel, Manfred:
Bäume helfen heilen : wie Sie mit Bäumen Kontakt
aufnehmen und ihre natürlichen Energien nutzen /
Manfred Himmel. –
1. Aufl. – Freiburg im Breisgau : Bauer, 1997
ISBN 3-7626-0560-2

Mit 31 Schwarzweiß-Abbildungen
und 12 Farbtafeln

1. Auflage 1997
ISBN 3-7626-0560-2
© 1997 by Verlag Hermann Bauer KG, Freiburg im Breisgau
Einband: Markus Nies-Lamott, Freiburg im Breisgau,
unter Verwendung eines Fotos von © ZEFA, H. Spichtinger
Satz und Litho: Jung Satzcentrum, Lahnau
Druck und Bindung: Ueberreuter Buchproduktion, Korneuburg
Printed in Austria

Meiner Tochter Gudrun gewidmet

Inhalt

Teil II

Wir säen den Samen aus
Der praktische Umgang mit
Bäumen und ihren heilenden Kräften

Vorwort

Der Baum ist seit uralten Zeiten ein Sinnbild für Wachstum, Kraft, Stärke und die ewige Erneuerung des Lebens im Kreislauf der Natur. Menschen und Bäume bilden eine Schicksalsgemeinschaft. Das Wissen darum war nie ganz aus dem Bewußtsein der Menschheit verschwunden und erhält heute wieder viele neue Impulse.

Viele namhafte Künstler, Philosophen und Dichter holten sich bei Besuchen »ihrer Bäume« immer wieder Inspirationen und neue Schaffenskraft. Gautama Buddha empfing unter dem Bodhi-Baum die Erleuchtung.

Wahrscheinlich suchen auch Sie nach neuen Quellen der Lebenskraft, nach mehr Lebensqualität, nach tieferen Einsichten in die Lebenszusammenhänge. Reizt Sie der Gedanke, Ihr Bewußtsein zu erweitern? Mehr wahrzunehmen von jener feinstofflichen Welt, die uns umgibt, durchdringt und in der alle materiellen Erscheinungen ihren Ursprung haben? Möchten auch Sie mit bestimmten Bäumen Freundschaft schließen, mit ihnen kommunizieren? Durch Ihre Baumfreude vielleicht sogar zu den Naturwesen vieler Sagen und Märchen Zugang finden? Ich biete Ihnen in diesem Buch klare Anweisungen und Anregungen an, die Ihnen helfen können, Ihre Wünsche zu erfüllen.

Sie möchten wohl hauptsächlich eine bisher wenig bekannte, natürliche Heilweise kennenlernen? Unsere Bäume sind wahre Gesundbrunnen! Die Verwendung von aus Bäumen gewonnenen Heilsubstanzen in der Medizin ist allgemein bekannt. Darüber hinaus berichten immer wieder Menschen, daß sie in der Nähe bestimmter Bäume Trost und neuen Lebensmut empfangen haben. Wir wollen uns in diesem Buch gemeinsam speziell mit diesen feinstofflichen

Heilkräften befassen, die von den Bäumen in ihrem lebendigen Organismus erzeugt werden. Grundlage der hier erstmalig vollständig vorgestellten »Magnetopathischen Baumheilkunde«[1] sind Aufzeichnungen einer alten Bruderschaft – Erfahrungswissen von unschätzbarem Wert, das ich über ein Jahrzehnt hinweg in Seminaren und Einzelunterweisungen erprobt und vertieft habe. Ergänzende und bestätigende weitere Hinweise fand ich in verschiedenen Yoga-Systemen, in der Psychologie, der Theosophie, bei den Anthroposophen, in den »Biotechnischen Forschungsarbeiten« von Viktor Schauberger, Aloys Kokaly und Erich Neumann, sowie in Mythen und religiösen Schriften.

Heilung betrachte ich in letzter Konsequenz als ein ganzheitliches Geschehen, das uns hilft, den tiefen Graben zu überwinden, den die Menschheit in ihrem Auserwähltheitswahn zwischen sich und der Natur aufgerissen hat. Um wieder heil zu werden, müssen wir Blockaden beseitigen, die unser Bewußtsein von der übrigen Schöpfung trennen.

Die freundschaftliche Beziehung zu einem Baum, der uns bei ehrlicher Zuneigung mit seinen belebenden Kräften im Alltag und in unseren Träumen begleiten wird, ist ein erster Schritt in die richtige Richtung.

Januar 1997   *Manfred Himmel*

Teil I

WIR BEREITEN DEN BODEN VOR

Erde, Bäume, Menschen und Götter

1. Ein Baum wird mein Freund und Heiler

Mit 14 Jahren begann ich Kundalini-Yoga zu praktizieren. Mein Lehrer war überrascht von den schnellen Fortschritten, die ich machte. Schon nach wenigen Monaten konnte ich mein Bewußtsein an jeden Punkt innerhalb meines Körpers verlagern. Später verlegte ich es auch in verschiedene Zentren meines Ätherkörpers. Er hat jedoch nie erfahren, wie zäh und ausdauernd ich daran gearbeitet habe.

Es war in einer Frühlingsnacht des Jahres 1955, als ich ein Schlüsselerlebnis hatte. Nach der Rückkehr aus einer tiefen Meditation stelzte ich durch mein Zimmer, um die Durchblutung meiner Beine anzuregen. Als ich durch das weit geöffnete Fenster auf den Kirschbaum in unserem Garten schaute, bot sich mir ein faszinierendes Bild: Die gesamte Baumkrone war von einer blaßblauen Wolke eingehüllt. Von pulsierendem Leben erfüllt, bewegte sie sich und hin und her. Die Kirschblüten leuchteten darin wie tausend Sterne und strömten ein milchig weißes Licht aus. Die duftende Luft schien zu vibrieren und war erfüllt von einem zauberhaften Singen und Klingen.

Entzückt lauschte ich zum dritten Mal in meinem jungen Leben Mutter Kundalini, denn sie ist es, die ununterbrochen die Melodie des Universums singt. Ich weiß heute nicht mehr, wie lange ich dort oben am Fenster in Gefühlen der Seligkeit geschwelgt habe. Irgendwann folgte ich dem Drang, in den Garten zu gehen. Der Baum zog mich magisch an. Als ich seinen kühlen, klebrigen Stamm umarmte, begann ich hemmungslos zu weinen. Dann stieg Ärger in mir hoch, weil ich merkte, daß ich mich nicht mehr unter Kontrolle hatte, ließ mich aber, einer plötzlichen Eingebung folgend, ganz in das Geschehen hineinfallen. Nach nicht endenwollendem tiefen Schluchzen stellten sich Stille und Frieden ein.

Plötzlich war alles verschwunden, was mich vom Baum trennte; zwischen uns war nichts mehr. Ich konnte nicht mehr unterscheiden, ob die feinen, belebenden Prana-Ströme durch meinen Körper oder durch den Baumstamm flossen. Wo mein Körper endete und der Baumstamm begann, entzog sich meiner Wahrnehmungsfähigkeit. Wir haben uns gegenseitig durchdrungen, der Baum und ich. Wir waren so miteinander vereint, wie sonst nur zwei Menschen in ihrer innigsten Umarmung miteinander vereint sein können.

Mein Herz füllte sich mit Liebe und Zuneigung für die ganze göttliche Schöpfung, bis es überströmte. Der Baum zog mich schließlich ganz in sich hinein. Seine leuchtende Blütenkrone wurde mein Kopf, meine Füße erstreckten sich in die das dunkle Erdreich durchdringenden Wurzeln. Feine, kühle Energien flossen in den Stamm und weiter hoch in die Äste. Auch von oben kam ein Strom, aber mehr prickelnd und elektrisierend. Irgendwo in der Höhe, in der ich vage die Schienbeine meines Körpers vermutete, verbanden sich beide Ströme zu einem pulsierenden Wirbel. Ich empfand diesen sich langsam drehenden Energiewirbel damals als das Herzzentrum des Baumes. Irgendwann haben wir uns wieder getrennt, in dieser unvergessenen lauen Frühlingsnacht. Beglückt ging ich zu Bett und fiel sofort in einen tiefen traumlosen Schlaf.

In den folgenden Wochen wurde meine freundschaftliche Beziehung zu dem Kirschbaum immer enger. Oft sprach ich mit ihm, wenn ich oben am Fenster meines Zimmers stand. Ich sprach mit ihm in einer Weise, wie viele Menschen mit Pflanzen oder Tieren sprechen. Man geht davon aus, daß sie einen verstehen – erwartet aber keine Antwort.

Im Alter von acht Jahren wurden meine Backenzähne schlecht. Ein Zahn wurde gleich gezogen, vier andere ausgebohrt und mit Amalgamfüllungen versehen. Seit dieser Zeit hatte ich oft unter wahnsinnigen Kopfschmerzen zu leiden. Mit gezielten Yogapraktiken konnte ich die Schmerzen manchmal etwas lindern, doch sie waren hartnäckig und unberechenbar. »Warum muß ich nur so leiden?« fragte ich einmal, als ich selbstversunken am Fenster stand und auf den Kirschbaum blickte. Ich hatte diese Frage eigentlich mehr an mich selbst gerichtet und wurde völlig überrascht von einer Antwort, die sich klar und deutlich neben meinen Gedanken in den Kopf spulte: »Wenn du mich darum bittest, kann ich dir helfen.« Ich war freudig erregt und entsetzt zugleich. Hatte mein Großvater vielleicht doch recht mit seiner Angst, daß mir der ganze »okkulte Hokuspokus«, wie er sich ausdrückte, eines Tages den Verstand rauben würde? Ich fing an, mit dem Baum zu sprechen, doch er blieb stumm.

Tage später – bei einer Klassenarbeit! – steigerten sich meine Kopfschmerzen dermaßen, daß ich befürchtete, ohnmächtig zu werden. »Lieber Kirschbaum«, dachte ich, »wie schön wäre es, wenn ich jetzt den Kopf an deinen Stamm lehnen könnte. Ich bin davon überzeugt, daß du mir meine Schmerzen abnehmen würdest. Oh, ich bitte darum.«

Bei diesen Gedanken sah ich mich im Geiste am Kirschbaum stehen und fühlte seine Zuneigung und seine Liebe.

»Geht es dir nicht gut, Manfred? Du siehst blaß aus!«

Hermann Georgi, unser Klassenlehrer, schaute mich besorgt an. Ich schüttelte noch etwas benommen den Kopf und lächelte. In diesem Moment wurde mir erst bewußt, daß die Schmerzen weg waren – einfach weg – wie weggeblasen.

Von dieser Zeit an brauchte ich nur noch an meinen Baumfreund zu denken, wenn ich Kopfschmerzen hatte; die Schmerzen gingen weg. Wohin? Etwa in den Baum? Ich habe es nie erfahren. Als das Jahr zu Ende ging, hörten die Schmerzzustände schließlich ganz auf. Mein Kopf wurde frei und klar. Und so ist es bis heute geblieben.

Wenige Jahre später verließ ich mein Elternhaus. Der Abschied von meinem Baumfreund fiel mir besonders schwer. Ein paarmal sah ich ihn wieder. Dann wurde nach dem Tode meines Vaters das Haus verkauft. Es gab für mich keine Möglichkeit mehr, meinen

Kirschbaum zu besuchen und zu umarmen. Sein Bild lebte noch
lange in meinem Herzen weiter, bis die Erinnerung langsam verblaßte.

Soweit meine erste mystische Erfahrung mit einem Baum. Ich habe
sie an den Anfang des Buches gesetzt, damit Sie an diesem Beispiel
sehen, wie hilfsbereit ein Baum sein kann. Bäume können auch für
Sie zu wahren Freunden werden, wenn Sie sich ihnen liebevoll zuwenden. Ich möchte Sie jetzt zu einer Initiationsreise einladen, die
Sie auf geraden Wegen, manchmal aber auch auf verschlungenen
Pfaden, zu einem tieferen Verständnis der Lebenszusammenhänge
führen will und damit zu einem innigen Verhältnis zu den Bäumen
und ihren Kräften, zu mehr Vitalität, zu mehr Lebensfreude und zu
ganzheitlicher Gesundheit.

2. Unsere älteren Schwestern und Brüder

Bäume sind atmende Lebewesen mit Haut, Adern, Kreislauf und Nerven. Sie können Schmerzen empfinden und sich freuen, haben paranormale Fähigkeiten und wohltuende Heilkräfte; sie können mit dem Menschen kommunizieren, seine Seele und seinen Körper heilen, seinen Charakter ändern, Trost spenden und vieles mehr.

Noch vor 200 Jahren gab es Menschen, die eine besonders tiefe Beziehung zu einem Baum hatten: Wurde ein Kind geboren, pflanzten die Eltern im Hof oder Garten einen Baum. Oft wurden Baum und Kind dazu noch sympathetisch verbunden, indem die Plazenta mit in das Pflanzloch gegeben wurde. Manchmal trug man auch nur das erste Badewasser des Kindes an den Baum. Später standen dann Baum und Kind in einer geheimnisvollen Beziehung zueinander: Kränkelte das erwachsene Kind in der Fremde, kümmerte auch der Baum vor sich hin; gedieh er üppig, waren die Eltern davon überzeugt, daß es ihrem Kind fern der Heimat ebenfalls gut ging. Der tschechische Volksglaube hat sogar vermutet, daß die Seele eines solchen Menschenkindes bei Nacht aus dem Körper in den ihm »geweihten« Baum gehe.

Wie läßt sich nun eine solche »sympathetische Verbindung« erklären?

So wie wir Menschen andere Menschen als sympathisch oder unsympatisch empfinden, herrscht diese geheimnisvolle Zuneigung oder Abneigung nach überlieferten Auffassungen in der gesamten beseelten Natur vor. Alles ist miteinander vernetzt, zieht sich an oder stößt sich ab. Diese Vernetzungen finden auf der feinstofflichen Ebene statt. Es war also bei der sympathetischen Baum-Kind-Verbindung wichtig, für das neugeborene Kind eine Baumart zu wäh-

len, die mit ihm harmonierte oder die seine Veranlagungen ergänzte
und förderte. Durch das Ritual des »An-den Baum-Tragens« seiner
»Mumia«, seiner mit Lebensenergie getränkten Exkremente, wurden
die feinstofflichen Lebenskräfte und die feinstofflichen Körper von
Baum und Kind miteinander »vermählt«. Durch diesen magischen
Akt korrespondierten die feinstofflichen Körper das ganze Leben
lang miteinander. So konnte der Baum den Gesundheitszustand des
Kindes anzeigen bzw. widerspiegeln.

Die esoterische Überlieferung, daß alles Lebendige von einem
feinstofflichen Energiekörper umgeben ist, der die subtilen Lebensvorgänge der grobstofflichen Körper steuert, ist von den »modernen
und aufgeklärten« Menschen lange belächelt worden. Welch eine
Überraschung lösten da sechs russische Wissenschaftler der Staats-
universität Kasachstan aus, die 1968 mit folgender Erklärung an die
Öffentlichkeit traten:

> Alle lebenden Wesen – Pflanzen, Tiere und Menschen – haben
> nicht nur einen physischen Körper, der aus Atomen und Molekü-
> len besteht, sondern auch einen Gegenstück-Energiekörper.[2]

Dem Auge sichtbare Beweise für diese Behauptung lieferten die
herrlichen Kirlian-Hochfrequenzphotografien, die die elektromagnetischen Lebenskraftfelder, die alles Lebendige umgeben, in
einem wahren Feuerwerk sprühender Farbbündel festhalten.

Gehen wir im Wald spazieren, können wir spüren, wie wir mit
unserem Energiekörper die Lebensenergiefelder der Bäume durchdringen: Die Energiefelder von Mensch und Baum durchfluten sich,
laden ab, tanken auf, gleichen sich aus. Frisch, gestärkt und voller
neuer Ideen, voller Schwung und Lebenskraft kommen wir wieder
zu Hause an. Aufgrund dieser Erfahrung gilt der Wald seit uralter
Zeit als »Jungbrunnen« der Menschen. Der Baum als Sinnbild des
Lebens war in allen Kulturen heilig und galt als Ahnherr des Men-
schengeschlechts. Einen Hinweis auf die Wesensverwandtschaft von
Mensch und Baum finden wir auch in der nordischen Mythologie.
Dort wird das erste Menschenpaar nicht aus einem Klumpen Lehm
erschaffen, wie in der Bibel, sondern aus zwei Baumstämmen, die

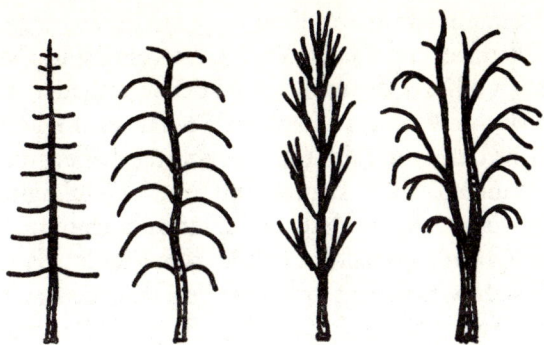

Abb. 1: Bäume bilden Antennenformen

die Götter am Strand des Urmeeres finden. Sie schufen Ask, den Mann, aus einer Esche und Embla, die Frau, aus einer Erle.

Das Leben ist göttlichen Ursprungs und trotz seiner unendlichen Vielfalt unteilbar. Haben wir nicht vieles mit unserer Schwester, mit unserem Bruder Baum gemeinsam?

Stellen Sie sich doch einmal aufrecht hin: Spüren Sie, wie Ihre Füße den Lebensenergiestrom aus dem Kraftfeld der Erde saugen? Ihr Leib ist der Stamm, Ihre Arme greifen wie Äste in die von Energieströmen durchpulste Umwelt, Ihr Gehirn bildet wie die Krone eines Baumes ein elektromagnetisches Antennenwerk. Es zieht die hochgespannten, feinstofflichen Energien der Gestirne in Ihren Körper.

Alles, was Sie bei dieser Übung empfunden haben, vollzieht sich in ähnlicher Weise auch in einem Baum. Jeder Baum ist ein biologischer Transformator. Der Stamm mit seinen Wurzeln und Ästen gleicht einer Antenne (Abb. 1), die feinste Strahlungen aus der Erde, der Luft, der Sonne und aus den Sternenwelten empfängt. Der Baum wandelt sie um und verleibt sie sich ein: die dichteren Energien lagert er in seinem materiellen Körper ab, die feineren in seinem Energiefeld. Alle Heilenergien, die ein Baum in seiner grobstofflichen Substanz speichert, sind auch als feinstoffliche Heilkräfte in seinem Strahlenkleid vorhanden!

Bäume, Pflanzen und alle anderen Lebewesen sind also Transformatoren, die durch das Zusammenspiel der verschiedenen Kräfte das Leben auf Mutter Erde erst in seiner Vielfalt ermöglichen. War es nicht der Baum, der für Tier und Mensch die Lebensvoraussetzung auf diesem Planeten schuf? Bäume sind unsere geduldigsten Freunde und Helfer, wir sollten sie deshalb lieben und achten. Die heiligen Bäume wurden im Mittelalter mit »Frau« angeredet, da man damals noch der Ansicht war, daß in ihnen ein Vegetal, eine Baumelfe, lebte.

Von dem Bayernkönig Ludwig II (1864–1886) wird berichtet, daß er mehrere Bäume in seinen Bergen in größter Hochachtung wie göttliche Wesen verehrt habe. Oft habe man den König gesehen, wie er diese Bäume liebevoll umarmte. Fürst Bismarck umarmte, wenn man Zeitgenossen glauben darf, in seinem »Sachsenwald« öfter eine junge Birke, um neue Kraft zu bekommen.[3] Viele Dichter und Denker bauten sich in den Kronen großer Bäume eine luftige Laube, um dort ungestört neue Lebenskräfte zu empfangen und mit ihren Bäumen zu »sprechen«.

Wie ist nun aber eine Verständigung mit einem Baum oder anderen Lebewesen, die der Sprache nicht mächtig sind, überhaupt möglich? Die Kommunikation des Menschen mit höher entwickelten Tieren läuft durch gleichartige Lebensäußerungen noch auf einer Ebene ab, die nachvollziehbar ist. Freude und Trauer, Hunger, Durst und Schmerz sind hier auch ohne verbale Sprache durch Lautäußerungen und Gebärden mitfühlend erkennbar. Schwieriger wird es bei Tieren, deren Lebensformen und Verhaltensmuster völlig anderen, für uns Menschen nicht mehr nachvollziehbaren Lebensimpulsen folgen.

Mit einer Drohgebärde können wir einen Hund noch beeindrucken, während eine Ameise nicht mehr auf sie reagiert. Um wieviel schwerer muß eine Verständigung zwischen Menschen und Bäumen erscheinen.

Hören wir uns jedoch bei naturverbundenen Menschen ein wenig um, erfahren wir Erstaunliches: Gartenbesitzer mit dem berühmten grünen Daumen erwirtschaften Erträge, die alle Nachbarn vor Neid erblassen lassen. Sie geben oft sogar unumwunden zu, daß sie mit ihren Pflanzen sprechen! Andere scheinen eine geheimnisvolle Macht über Mäuse, Maulwürfe oder Ameisen zu besitzen. Wie das alles funktioniert, kann kaum jemand erklären. Entscheidend ist ja auch, daß es funktioniert! Oder, besser gesagt, daß es wieder funktioniert.

Eine freundschaftliche Beziehung zu einer Pflanze oder einem Baum sprengt in der Regel alle Normen menschlichen Verhaltens und menschlicher Erfahrungen. Diese Beziehungen können uns das Tor in eine Wunderwelt öffnen, in der sonst nur verträumte Kinderseelen die ihnen erzählten Märchen nacherleben. Und auch nur hier, im Reich der Märchen, Mythen und Sagen finden wir einen Nachklang an eine Zeit, in der unsere naturverbundenen Vorfahren alte Bäume als weise, erhabene, ehrwürdige, ja göttergleiche Wesen verehrt haben. Die Schamanen und die weisen Frauen unserer Vorfahren sprachen durch oder über die Bäume zu ihren Göttern und empfingen so durch die Bäume heilige Botschaften.

Nach alten Überlieferungen sind die Bäume und Wälder auch von feinstofflichen Wesenheiten bewohnt. In unseren Märchen ist es die Elfe, die in einem Baum wohnt und an ihn gebunden ist. Über den Elfen stehen in der Mythologie des Nordens aber noch höhere Wesen, die »Inwiedie«. Inwiedie sind ähnlich den griechischen Dryaden die Schutzgöttinnen und -götter der Bäume und Wälder, in deren Bannmeile sie ungebunden umherschweifen können.

Auch wird in Mythen und Legenden immer wieder darauf hingewiesen, daß in ferner Vergangenheit, als noch paradiesische Zustände auf Erden herrschten, die Menschen sich mit allen anderen Geschöpfen Gottes verständigen konnten. In den Märchen unserer Kindheit spricht auch der Märchenheld, der sich dadurch auszeichnet, daß er sogar das geringste Lebewesen achtet, mit Pflanzen und Bäumen. Er versteht außerdem die Sprache der Vögel. Und Sonne, Mond, Wind und Steine geben ihm Ratschläge für das Gelingen seiner Unternehmungen.

Im Gegensatz dazu steht der Mensch heute vollkommen isoliert da. Er hat sich die gesamte Natur zum Feind gemacht. Irgendwann erfolgte der Bruch zwischen dem Menschen und der übrigen Natur. Die Anthroposophen z. B. vertreten die Ansicht, daß dieser Bruch

mit der Individualisierung, mit der Abspaltung des Ego vom Selbst
des Menschen, mit der Geburt des »Ich« erfolgte. Ich und Ego sind
für die menschliche Evolution zwar wichtig, doch sie haben sich innerhalb der Komplexität des menschlichen Wesens eine Position
erobert, die alle anderen Wesensstrukturen zurückgedrängt oder
überlagert hat.

In der Mythologie finden wir versteckte Andeutungen auf dieses
Geschehen. In der Bibel z. B. wird ein Sündenfall beschrieben, nach
dem die ersten Menschen nach dem Genuß des Apfels vom Baum
der Erkenntnis aus dem Paradies, in dem sich alle Geschöpfe auf
einer gemeinsamen Bewußtseinsebene verständigen konnten, ausgewiesen werden.

In der nordischen Mythologie heißt es in der Edda[4], daß den Göttern ein ewiges, sorgenfreies Leben beschieden war, bis sie sündig
wurden. Die nordischen Götter, die ähnlich wie die Götter der
Griechen ihren menschlichen Schützlingen sehr nahe stehen, teilen
also das Schicksal mit den Menschen. Sie durchlaufen vor ihnen die
gleichen Individualisierungsprozesse und leben den Menschen vor,
wie man mit der neuen Situation umgehen kann. Bei den Göttern
der Germanen ist dies allen voraus Odin, der Gott der Sprache, des
Atems, des Windes. Ursprünglich, zur Zeit der Erdmutterkulte, war
er der Seelengeleiter und Bringer des göttlichen Beseelungsfunkens
aus dem Himmel zur Erde. In einem Opferritual »hängt« er in seiner
Mythologie an der Weltenesche Yggdrasil, dem Urbild aller Bäume,
dem nordischen Symbol für alle Welten der Schöpfung, um sich für
kurze Zeit wieder mit dem Kollektivbewußtsein der gesamten Natur zu vereinigen. So findet er Wissen und Weisheit über alle Dinge.
Er fordert seine Anhänger auf, dem Beispiel seines forschenden Geistes zu folgen. (Ich komme auf das »Hängen Odins« in der Weltenesche im Kapitel *Meditationsnester, Schlafmulden und Erdsitze,* S. 193,
zurück.)

Durch die Herrschaft von Ego, Ich und Intellekt kann der Mensch
nach der Ichwerdung die Stimme Gottes oder der Götter in seinem
Inneren nicht mehr vernehmen. Auch die übrige Natur antwortet
ihm nicht mehr, denn von der Kollektivseele, die im einstigen paradiesischen Zustand alle Geschöpfe miteinander verbunden hat,

trennt ihn jetzt ein tiefer Graben, ein »Sund« (daher »Sünde«). Dieser Graben, der wie ein Keil Ichbewußtsein und Kollektivbewußtsein immer weiter auseinandertreibt, erweckt im Menschen nach und nach den Glauben, daß er von allem anderen verschieden ist und daß er im Kampf ums Dasein nur bestehen kann, wenn er sich alles, was nun außerhalb von ihm liegt, untertan macht. So ist es leider teilweise bis heute geblieben.

Eine Rückkehr zu den alten paradiesischen Zuständen ist nicht möglich, denn die Evolution läuft in Form einer sich aufwärts windenden Spirale weiter. Es ist aber möglich, uns auf einer höheren Bewußtseinsstufe wieder ins Heil, in die Ganzheit der Schöpfung einzugliedern: Über die Arbeit mit den Heilenergien unserer Bäume, die unseren Körper stärken und unsere Seele bei Kummer und Sorgen auf einzigartige Weise trösten können, stehen uns auch Wege zu solch einem erneuten Heilwerden offen.

Doch um die ersten Schritte in die Praxis machen zu können, benötigen wir etwas mehr Einsicht in die Arbeit der grundlegenden Lebenskräfte, in das Zusammenwirken der grobstofflichen mit der feinstofflichen Welt. Das Wissen darüber möchte ich Ihnen in diesem Buch vermitteln.

3. Die Körper und ihre Lebenskraftfelder

Leben ist Wandlung, Veränderung, stetiger Fluß. Was sich nicht mehr bewegt und wandelt, das erstarrt, zerbricht, zerfällt und löst sich auf.
Leben existiert auf verschiedenen Ebenen gleichzeitig. Die bekanntesten Ebenen sind:

1. *Die physische Ebene,* die sogenannte grobstoffliche Materie. Sie stellt die höchstmögliche Verdichtung feinstofflicher Energien dar.
2. *Die Äther-Ebene,* die Welt der feinstofflichen Kraftflüsse, der aurischen Energiefelder und der Äther-Wesen.
3. *Die astrale Ebene,* die Welt der Träume, Wünsche und Gefühle. Der Bereich der abgeschiedenen Seelen, Geister und belebter Phantome.
4. *Die mentale Ebene,* der Hort der Gedankenkräfte, der Inspirationen und Ideen.
5. *Die Engelwelt,* Sitz der Engelwesen, der menschlichen Monaden und anderer höherentwickelter Intelligenzen.
6. *Die Buddhi-Ebene,* Sitz von Christus, Buddha und den Bodhisattwas.
7. *Die Göttliche Ebene,* liegt über den bipolaren Welten und bildet ein zeitloses Reich von Licht und Liebe.

Die Anzahl und Bezeichnung dieser Ebenen, die für die meisten Menschen rein hypothetisch bleiben werden, da sie schwer erfahrbar sind, variiert in der Philosophie der unterschiedlichen Glaubenssysteme.
Für die praktische Arbeit mit den Bäumen genügt es, neben der

grobstofflichen Ebene noch eine feinstoffliche Welt generell anzuerkennen. In dieser feinstofflichen Welt liegen die Wurzeln für alles Leben auf der grobstofflichen Ebene. Von der feinstofflichen Ebene aus wird das Leben aufgebaut, erhalten und wieder aufgelöst. Bleiben wir bei dieser Annahme, die für jeden erfahrbar sein kann, dann erscheint es auch nicht mehr abwegig, in der Materie nichts anderes als verdichtete, feinstoffliche Energie zu sehen.

Das Zusammenspiel der Kräfte Yin und Yang verwandelt alle Dinge, sagen die Taoisten. Das heißt mit anderen Worten: Die Entstehung aller Lebenserscheinungen ist nur durch die Polarität möglich. Die Bezeichnungen für diese beiden Pole sind unterschiedlich. Wir können den Pluspol mit Yang, männlich, (+) und elektrisch bezeichnen und den Minuspol mit Yin, weiblich, (−) und magnetisch. Wir können sagen, daß die grundlegende Lebensenergie elektromagnetischer Natur ist. Um Ihnen das Wirken dieser Energie verständlich zu machen, beziehe ich mich im Folgenden auf die Erkenntnisse des Biotechnikers Erich Neumann[5]. Er ist ein Schüler des genialen Erfinders und Naturforschers Viktor Schauberger[6]. Nach den Erkenntnissen von Neumann verhalten sich die bioelektrischen Ströme und ihre Kraftfelder nach den gleichen Gesetzmäßigkeiten wie der von uns in Haushalt und Technik benutzte künstlich erzeugte Strom. Danach strömt die elektrische Plusenergie immer zu einem magnetischen Minuspol. Und überall, wo elektrischer Strom fließt, bauen sich elektrische und magnetische Energiefelder auf, die sich immer polar gegenüberliegen. Zum besseren Verständnis betrachten Sie die erste zylindrische Säule der Formengruppe I auf Tafel 1 (alle Darstellungen liegend, im Schnitt gesehen):

Die Säule hat unten einen Minuspol und oben einen Pluspol gebildet. An dem elektromagnetischen Energiemittelpunkt der Säule bildet sich am Schnittpunkt der Energiefelder ein weiterer Energiewirbel, der hier eine Pluspolung aufweist. Bei anderer Massenverteilung einer Säule verschiebt sich der Energiemittelpunkt mit dem Hauptenergiewirbel nach oben oder unten. Statt drei haben die auf Tafel 1 abgebildeten Formengruppen II vier oder mehr Energiewirbel, die ihrem formeigenen Energiefeld entsprechen.

Durch die bewußte Formgebung der Natur oder des Menschen in der Architektur sind also Energiewirbel und damit der Verlauf von Strahlungskräften steuerbar.

Die Energie in der Säule strömt jedoch nicht von unten (−) nach oben (+), sie windet sich auch nicht spiralförmig nach oben, sondern strömt in Form einer Acht durch den Energiemittelpunkt von und zu den Polen in einem ununterbrochenen Kreislauf. Diesen Sachverhalt kann jeder nachprüfen, der mit einem Pendel richtig umgehen kann.

Was ich am Beispiel einer Säule zu erklären versucht habe, ist unverzichtbares Grundwissen zum weiteren Verständnis aller Lebensvorgänge, weil das formeigene elektromagnetische Energiefeld auch der Träger und Beweger aller anderen feinstofflichen Energien ist und die formeigenen elektromagnetischen Energiefelder untereinander korrespondieren. Die elektromagnetische Bioenergie ist die grundlegende Lebenskraft in unserem Universum!

Das Strahlenfeld bei einem Ei (Tafel 3) macht diesen Zusammenhang deutlich: Das Ei wird durch jene beiden Grundkräfte oder Pole der Natur geformt, die für den Aufbau der Körper aller Lebewesen bestimmend sind. Der Pluswirbel an der Eispitze wirkt zentripetal, also zusammenziehend und verdichtend, der Minuswirbel am bauchigen Ende zentrifugal, nach außen strebend, sich ausdehnend. Durch diese Formbildung entsteht ein unglaublich starkes, dynamisches formeigenes elektromagnetisches Energiefeld, in dessen Hauptenergiewirbel der neue Lebenskeim heranwächst. Auch die Erfahrung zeigt: Ein um eine Pflanze gelegter eiförmiger Steinkreis fördert ihr Wachstum und Gedeihen!

Für Erich Neumann ist das Ei der Lebensbringer schlechthin. Ähnliche Vorstellungen finden wir auch schon bei den Kelten und Germanen, doch Neumann erklärt uns die ursächlichen Zusammenhänge! Nachfolgende Erkenntnisse habe ich persönlichen Gesprächen mit Erich Neumann entnommen:

Die Natur greift vielfältig auf die Eiform und die in ihr wirkenden Kräftekonstellationen zurück. Viele Tiere haben ihre Körper aus der Eiform aufgebaut. Bei den Landtieren wird die Eiform vor allem von den Nagern, also Ratten, Mäuse, Biber und Hamster bevorzugt.

Auch im Reich der Vegetation ist die Eiform vorherrschend. Nicht nur fast alle Knospen, sondern auch die Samen haben Eiform.

Nach Erich Neumann ist auch der Ablauf der Jahres- und Lebenszyklen eiförmig: Im Jahresablauf ist der Winter die Zeit der größten Verdichtung, im Lebenslauf ist es der Tod. Er ist die Erfüllung der vielen Zyklen des grobstofflichen Lebens und zugleich die Geburt in den Zyklus der feinstofflichen Welt. Die sichtbare Welt ist nur die eine Seite des bipolaren Lebens, jede materielle Erscheinungsform hat ein feinstoffliches Pendant. Abb. 2 veranschaulicht diese Gedanken.

Das Universum wird von feinstofflichen Strahlungen unterschiedlicher Richtungs- und Neigungswinkel durchströmt. Will das Leben eine materielle Form annehmen, muß es diese Strahlungen binden und auch wieder lösen können, denn verkörpertes Leben ist ein Bewegungsprozeß. Hört die Bewegung auf, tritt der Tod des Körpers ein.

Zum Einfangen und Verdichten der Strahlungen benutzen die Schöpfungskräfte, wie bei der Eiform schon erwähnt, die zentripetalen Energiewirbel, zum Entfalten oder Auflösen die zentrifugalen. Dieses Prinzip ist in der gesamten Natur zu beobachten, von den Spiralnebeln der Sternenwelten bis hin zur Entfaltung einer Pflanzenknospe.

Um auf der Grundlage dieser Gesetzmäßigkeiten materielle Körper aufbauen zu können, benutzt die Natur häufig gabelförmige Systeme (Abb. 3). Einströmen – Verdichten – Ausströmen ist ein Grundmuster bei materiellen Lebensformen. Die Gabel dient nicht nur bei Radiolarien (Urtieren) als tragendes Gerüst, sondern auch für viele uns vertraute Lebenserscheinungen.

Wir finden das Gabelsystem in unserem Körper wieder bei den

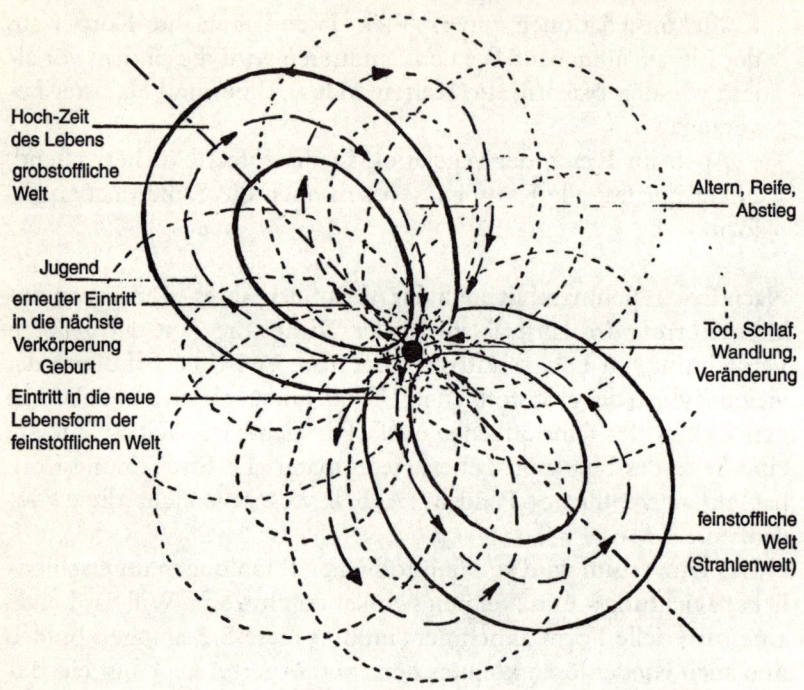

Hoch-Zeit des Lebens

grobstoffliche Welt

Jugend

erneuter Eintritt in die nächste Verkörperung Geburt

Eintritt in die neue Lebensform der feinstofflichen Welt

Altern, Reife, Abstieg

Tod, Schlaf, Wandlung, Veränderung

feinstoffliche Welt (Strahlenwelt)

Der Tod steht zwischen zwei Welten: zwischen dem Diesseits, in dem wir jetzt leben, und der anderen Welt, in der wir weiterleben werden. Die Ewigkeit beginnt nicht mit dem Tode, unser irdisches Dasein ist ein Teil von ihr. Was sich ändert, ist nur die Form dessen, was wir Leben nennen.

Abb. 2: Der eiförmige Lebenszyklus; die endlose Acht,
Bewegungsform in der grob- und feinstofflichen Welt

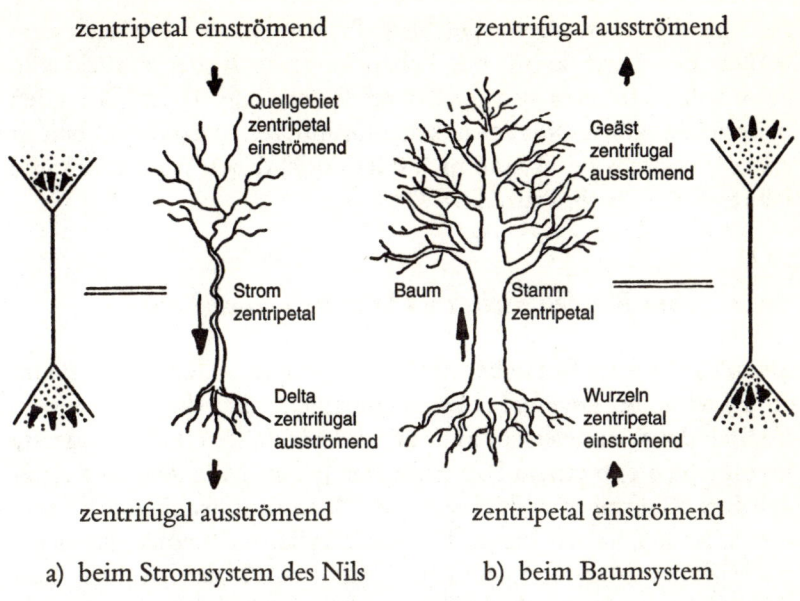

Abb. 3: Gabelartige Strömungssysteme, dargestellt an zwei Beispielen aus der Natur

Blutgefäßen, den Nerven und beim Kehlkopf. In der übrigen Natur begegnet es uns bei Schneeflocken, Flüssen, Bäumen, Blättern, Süßwasserpolypen, Fischen und noch vielen anderen Lebensformen. Selbst Empfängnis, Schwangerschaft und Geburt unterstehen dem Zyklus dieser grundlegenden Bewegungsabläufe in der Natur.

Unsere Vorfahren unterteilten nach diesem großen Naturrhythmus den Lebenszyklus in die drei Abschnitte von Werden – Sein – und Vergehen. Richtig begreifen können wir die Wunder der Schöpfung aber nur durch eigene Naturbeobachtungen. Legen Sie doch einmal selbst im März einen Sonnenblumenkern in den Boden; zur Not reicht dafür auch eine große Pflanzschale auf dem Balkon. Sie können dann mit ihren eigenen Augen verfolgen, wie schon bald ein zartes, zweiblättriges Pflänzlein die Erdkrume durchbricht.

Praktisch aus dem Nichts entsteht dann in wenigen Wochen eine zwei bis drei Meter hohe, prächtige Pflanze, aus der sich nach dem Reifen der Samenkerne des Leben langsam wieder zurückzieht. Zum Schluß trennen sich die Energiefelder (Tafel 4) und lösen den materiellen Körper wieder in seine Grundsubstanzen auf. Leben ist etwas Wunderbares! Es kommt aus der unsichtbaren Welt zu uns und kehrt wieder dorthin zurück.

Vom Werden, Sein und Vergehen eines Baumes

Sie müssen weder Botaniker noch Biologe werden, um einen Baum zum Freund zu gewinnen. Trotzdem möchte ich Ihnen in diesem Kapitel ein Grundverständnis für die wichtigsten Lebensprozesse vermitteln, die in einem Baum vor sich gehen. Möchten Sie zusätzlich Ihre Kenntnisse in Biologie oder Botanik auffrischen oder vertiefen, finden Sie zu dieser Thematik in jeder Buchhandlung ein reichhaltiges Literaturangebot. So bietet sich für das häusliche Studium recht gut *Dausien's großes Buch der Bäume und Sträucher* mit über 925 Abbildungen an oder für unterwegs *Bäume und Sträucher bestimmen auf einen Blick* (mit Faltplan!).

Wir wollen uns nun den Kräften und Lebensvorgängen zuwenden, die einen Baum wachsen lassen, seinen Körper erhalten und, wenn seine Lebenszeit abgelaufen ist, wieder auflösen.

Sie haben bereits erfahren, daß zwei gewaltige Kräfte alle Lebensvorgänge steuern: die Zentripetalkraft und die Zentrifugalkraft. Ausdehnen und Zusammenziehen, Lösen und Binden sind also die grundlegenden Bewegungsabläufe im Rhythmus aller Lebewesen.

Die energetischen Strömungen der feinstofflichen Welt sind für unser Auge ohne Schulung nicht sichtbar, doch nach dem Gesetz der Bipolarität muß es die gleichen Erscheinungen auch in der grobstofflichen Welt geben. Und es gibt sie in der Tat! Wir finden, wenn wir danach suchen, in unserer sichtbaren, materiellen Welt bewegliche und unbewegliche Energiewirbel! Wer sie beobachtet und studiert, erfährt viel über das Verhalten feinstofflicher Energieströmungen.

Bewegliche Energiewirbel finden wir in den Elementen Wasser und Luft. Die Bewegungseigenschaften des Wassers ähneln sehr stark denen der feinstofflichen Energieflüsse.

Die Gesetzmäßigkeiten eines beweglichen Energiewirbels können wir sehr gut an einem Wasserstrudel beobachten. Dieser zeigt, für unsere Augen deutlich sichtbar, eine Strukturverdichtung des Wassers in zentripetaler Richtung. Der Wirbel bewegt sich also von außen nach innen und kann durch seinen Sog eine gewaltige Kraft aufbauen. Ein Wirbelsturm offenbart uns das gleiche Geschehen im Element Luft.

Bei den unbeweglichen Energiewirbeln in der Natur zeigt sich, im Gegensatz zu den beweglichen Wirbeln, eine zentrifugale Strukturausdehnung, die die Grundlage für das biologische Wachstum der Körper ihrer Lebewesen bildet. Als Beispiel für einen unbeweglichen Energiewirbel bietet sich ein Schneckengehäuse an: Die Zentrifugalkraft, die Fliehkraft, läßt das wirbelförmige Gehäuse von innen nach außen wachsen.

Ähnliches geschieht auch beim Wachstum eines Baumes, das wir nun auch einmal aus biologischer Sicht etwas näher betrachten wollen. Seine Jahresringe, auf die wir noch zurückkommen werden, präsentieren die verfestigten zentrifugalen Wachstumsschichten des jeweiligen Jahreslaufes in der Natur.

Der »Baumkörper« setzt sich − wie unser menschlicher Körper auch − aus verschiedenen Körperteilen zusammen: Sein *Wurzelwerk* entspricht unseren Füßen und Beinen, der *Stamm* dem Rumpf unseres Körpers, das *Astwerk* unseren Armen und die Laub- oder Nadel-*krone* unserem Kopf.

Beginnen wir mit dem *Samenkorn*. Einige Baumarten vermehren sich, indem sie aus den Wurzeln neue Schößlinge treiben. Die Mehrzahl der Baumarten ist aber zweigeschlechtlich und vermehrt sich durch die Befruchtung. Diese Baumarten sind dabei auf die Mithilfe des Windes oder verschiedener Insekten, wie Bienen und Hummeln, angewiesen.

Egal, ob der Samen nach der Befruchtung wie bei den Nadelbäumen unter den Schuppen der Zapfen heranwächst oder ob er wie bei den Laubbäumen in Form von Steinfrüchten, Beeren, Bucheckern, Nüssen oder Eicheln Gestalt annimmt – alle Samen haben als Ausgangspunkt für das neue Leben eine eiförmige oder ovale Form.

Haben Samenkörner nach der Verbreitung durch Wasser, Wind oder Tiere einen geeigneten Nährboden gefunden, treibt das in der Eiform pulsierende elektromagnetische Feld den Lebenssproß zur Entfaltung. Mit dem biologischen Wachstum beginnt die zentrifugale Ausdehnung des Sprößlings. Das Bäumchen wächst in drei unterschiedliche Richtungen: in die Tiefe der Erde, in die lichte Höhe und in die Breite des Raumes.

Das in das Erdreich wachsende *Wurzelwerk* dient nicht nur der Standfestigkeit des Baumkörpers. Es versorgt den Baum auch mit Wasser, Nährsalzen und einer dichten, feinstofflichen Kraft, die von den Chinesen mit »Erd-Chi« bezeichnet wird. Je nach Bodenbeschaffenheit gehen die Wurzeln bei ihrer Suche nach Wasser mehrere Meter tief in den Erdboden oder breiten sich in feuchten, nähr- und sauerstoffreichen Schichten in einer Tiefe zwischen 20 und 40 cm seitlich aus. Je größer der Baum wird, um so mächtiger werden Krone, Stamm und Wurzelwerk.

In der Wurzel verlaufen gebündelte Stränge von Kapillaren (haarfeine Röhrchen), die als Transportkanäle für das hinaufströmende Wasser und den herabfließenden Traubenzuckersaft dienen. Dieses Leitungsnetz zieht sich durch den ganzen Baum – von den Wurzelspitzen bis in die Nadel- bzw. Blattspitzen. Um die Aufnahme von Wasser oder Nährstoffen zu fördern, umgeben sich die Wurzeln entweder mit einem Netzwerk aus feinen Haarwurzeln oder einem Geflecht von Pilzfäden. Diese hauchdünnen, fast schon feinstofflich anmutenden Gespinste erhalten als Ausgleich für ihre Zubringerdienste vom Baum Traubenzuckersaft.

Durch den Prozeß der Photosynthese und der damit verbundenen Verdunstung von Wasser im Nadel- oder Blätterwerk entsteht außerdem im Kapillarsystem ein gewaltiger Sog, der das Wasser regelrecht in die Wurzeln saugt und nach oben zieht.

Der Baum*stamm* als zentraler, verbindender Teil des Baumkörpers, wird durchströmt von den Nährsäften, die von unten nach oben und von oben nach unten fließen. Jahr für Jahr nimmt der Stamm an Umfang zu durch die Holzschichten, die sich als Jahresringe um das Kernholz ablagern. Das biologische Geheimnis der Ausdehnung des Baumstammes liegt direkt unter seiner Rinde verborgen. Es ist eine dünne Schicht, das Kambium. Sie bildet ständig neues Gewebe, nach innen Holz und nach außen Bast. Die Holzschicht des Jahresringes, die sich im Frühjahr bildet, ist hell, weich und durchlässig. Die Herbstschicht dagegen ist dunkler gefärbt und von der Substanz her wesentlich härter und dichter. Durch die Jahresringe läßt sich nicht nur das Alter eines Baumes bestimmen, sondern es können auch noch viele andere Erkenntnisse über das Geschehen in der Natur während der Wachstumsjahre des Baumes daraus entschlüsselt werden.

Im Baumkörper fließen also zwei Ströme in entgegengesetzte Richtungen: Das Wasser und die Nährsalze steigen von den Wurzeln durch den Stamm in die Äste hoch, von dort weiter in die Zweige und Blätter oder Nadeln; durch die Bastschicht des Baumes bewegt sich von der Krone zu den Wurzeln ein Strom von Zuckersaft. Traubenzucker wird in den Blättern oder Nadeln durch die Photosynthese gebildet. Da die Photosynthese der wichtigste biologische Prozeß auf der Erde ist, ohne den alle anderen Lebewesen nicht existieren könnten, soll sie hier kurz und verständlich in ihren Grundzügen beschrieben werden.

Was geschieht nun bei der Photosynthese von Bäumen und Pflanzen? Alle Blätter und Nadeln enthalten einen grünen Farbstoff, das Chlorophyll. An der Unterseite der Blätter und Nadeln befinden sich kleine Poren, durch die die Luft in die Hohlräume strömt, die sich zwischen den einzelnen Zellen befinden. Mit Hilfe des Sonnenlichtes entzieht das in den Zellen eingelagerte Chlorophyll der Luft das Kohlendioxid. In weiteren chemischen Prozessen findet zwischen dem aus den Wurzeln hochgesaugten Wasser und dem Kohlendioxid eine Reaktion statt. Sie liefert als Endprodukt der Photosynthese den Traubenzucker, von dem das gesamte organische System des Baumes lebt und wächst. Bei der Photosynthese wird aber auch der für Menschen und Tiere lebensnotwendige Sauerstoff freigesetzt. Ohne ihn wäre für uns das Leben in seiner heutigen Erscheinungsform auf der Erde nicht möglich!

Die Baum*krone,* die vielzitierte »grüne Lunge« des Baumes, wird

aus Ästen und Zweigen gebildet, an denen Blätter oder Nadeln
wachsen. Wir unterscheiden danach Nadelbäume von Laubbäumen.
Die Laubbäume grünen bei uns nur im Frühling und Sommer. Im
Herbst verfärben sie sich, und ihre Blätter leuchten goldgelb, orange,
rot oder braun. Schließlich fallen die Blätter ab oder werden vom
Wind von den Ästen gefegt, denn sie würden sonst im Winter erfrie-
ren. Nach der winterlichen Ruhepause des Laubbaumes sprießen im
Frühjahr wieder neue Blüten und Blätter aus den schon im Herbst
gebildeten Knospen hervor. Damit beginnt für die Laubbäume ein
neuer Jahreszyklus.

Anders verhält es sich bei den Nadelbäumen. Ihre Nadeln können
bis zu zehn Jahre alt werden, bevor sie der Baum durch neue ersetzt.
Die Nadeln haben im Unterschied zu den Blättern eine feste Ober-
haut und sind oft noch zusätzlich mit einer feinen Wachsschicht
überzogen, die sie vor dem Austrocknen schützt. Die Nadelbäume
tragen ihr grünes Kleid das ganze Jahr über.

Die *Äste* bieten uns aus bioenergetischer Sicht noch einige Beson-
derheiten, die Erich Neumann bei seinen Forschungen entdeckt hat.
Der Ursprung eines jeden Astes ist wieder ein Energiewirbel, der
sich im Mutterstamm bildet. Durch die zentrifugale Triebkraft
wächst er als ein eigenständiger Körperteil aus dem Stamm heraus.
Der Längsschnitt durch einen Baum zeigt deutlich die Eigenständig-
keit der Äste. Sie stecken wie Nägel oder ovale Bolzen im Mutterstamm (Abb. 4).

Die eiförmigen Astlöcher in Brettern, die durch das Herausfallen
der Astknorpel entstehen, bestätigen diese Erkenntnis. Weiter interessant ist in diesem Zusammenhang eine Anhäufung fester Wirbel-
bildungen unterhalb jeder Astwurzel (Abb. 4). Diese Knorpelwirbelzonen, die schon vielen Tischlern und Bildhauern die Schweißperlen
auf die Stirn getrieben haben, sind zäh und hart. Sie werden meistens
als krankhafte Wucherungen des Holzes angesehen. Das ist aber ein
Trugschluß, denn in Wirklichkeit hat diese Bildung fester Wirbel an
der Unterseite einer Astwurzel eine tragende Funktion. Indem sie
dem Holz größere Festigkeit verleiht, bekommt der Ast mehr Halt.
Je schwerer und ausladender der Ast wird, um so größer und knor-
peliger wird auch diese Wirbelzone.

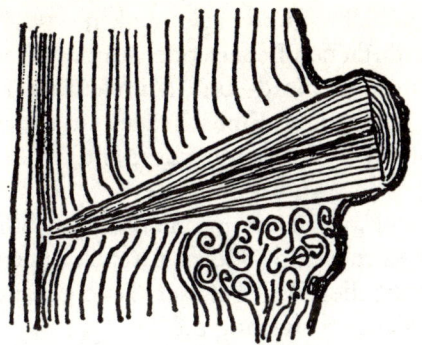

Stützende Wirbelzone auf der Unterseite eines Astes.

Abb. 4: Ast mit Knorpelwirbelzone

Die Energiekerne der Äste und die mit ihnen auftretenden Knorpelwirbelzonen sind also die Stellen des Baumes, an denen das Holz die größte Widerstandskraft und Festigkeit besitzt. Je mehr aber ein Ast an Umfang und Länge zunimmt, um so mehr »Wirbelembryos« bildet er. Mit den daraus hervorsprießenden Trieben wird der Ast mit der Zeit zum Mutterstamm der neuen Zweige. Er wird dann, genau wie der Hauptstamm, ein Transportleiter für Wasser und Traubenzuckersaft.

Jedes zentrifugale Wachstum erreicht einmal den Punkt seiner größten Ausdehnung. Die Wachstumskräfte sind dann erlahmt, der Lebenszyklus neigt sich dem Ende zu. Das Lebewesen Baum hat während seiner materiellen Existenz unendliche Mengen an Samen und Sauerstoff produziert. Wird es nicht vorzeitig von einer Motorsäge für die Holzproduktion hinweggerafft, setzen nun langsam der Verfall und die Auflösung ein. Fäulnis und sich bildende Gase zeigen an, daß die Kräfte der großen Transformation ihre Arbeit aufgenommen haben. Die grobe Materie verwandelt sich zurück in feinstoffliche Energie. In der Natur gibt es keinen Tod, nur Wandlung.

Bäume werden in der Regel viel älter als wir Menschen. Einige erreichen sogar ein Alter von mehreren tausend Jahren. Es ist ver-

ständlich, daß sich um alte Bäume, die seit Generationen besungen
werden, viele Geschichten und Sagen ranken – waren sie doch einst
der Mittelpunkt dörflichen Lebens oder stumme Zeugen alter Kult-
und Gerichtsstätten. In Nord- und Mitteleuropa finden wir auch
heute noch Bäume, meistens Eiben, Linden und Eichen, denen man
ein Alter von 900 oder 1000 Jahren zuspricht.

Im nächsten Kapitel wollen wir uns mit den feinstofflichen Ausstrahlungen lebender Körper und anderen Erscheinungen und Gegeben-
heiten der feinstofflichen Welt befassen. Eine genaue Kenntnis über
feinstoffliche Vorgänge ist wichtig bei der Arbeit mit den heilenden,
feinstofflichen Kräften der Bäume und fördert die Bereitschaft zur
Wahrnehmung dieser Kräfte und Welten. Krankheiten werden häufig durch Störungen im Energiefluß der aurischen Kraftfelder hervorgerufen. Je mehr Sie über die Aura der Erde, des Menschen und
der Bäume wissen, um so gezielter können Sie später die Heilkräfte
der Bäume nutzen.

Die Aura der Erde

Das Energiefeld unseres Erdballs gleicht dem eines riesigen Stabmagneten (Abb. 5). Die elektrischen Kraftströme der Erde fluten in
weiten Schwingungsbahnen vom magnetischen Nordpol um den
Erdball zum magnetischen Südpol, strömen durch die Erdachse zurück nach Norden und treten erneut in die Schwingungsbahnen um
die Erde ein. Durch diese Kraftlinien entsteht ein Dipolfeld (bipola-
res Magnetfeld), das weit in den Weltraum hineinreicht. Der Erdma-
gnetismus ist für die Wissenschaft noch bis heute mit vielen Rätseln
behaftet. Man nimmt an, daß das Erdinnere wie ein riesiger natürli-
cher Generator wirkt, der die mechanische Energie der Erdrotation
in elektrische Energie umwandelt. Soweit die Meinung der heutigen
Wissenschaft.

Nach dem bioenergetischen Erklärungsmodell von Schauberger und
Neumann umfließen die Erde zwei große Feinkraftströme. Sie flu-

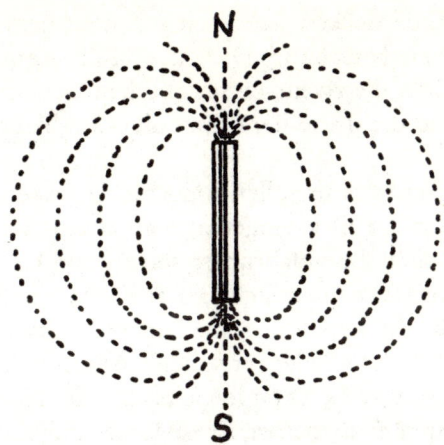

Abb. 5: Das Dipolfeld eines Stabmagneten

ten von Norden nach Süden und von Osten nach Westen im unendlichen Kreislauf einer riesigen doppelten Acht. Zusammen mit den ihnen zugeordneten Plus- und Minusfeldern bilden sie das dynamische Gerüst des elektromagnetischen Biokraftfeldes unseres Planeten (Tafel 5).

Dieses Biokraftfeld beeinflußt die Lebensprozesse aller Geschöpfe der Erde, von den Amöben bis zu den Menschen, und findet sich im Aufbau seiner Grundstruktur bei allen verkörperten Lebewesen wieder.

Selbst in den natürlichen Formationen der Landschaft, aber auch in Gebäuden und Gegenständen, finden wir das nach einem Naturgesetz sich immer gleich aufbauende Muster der elektromagnetischen Felder, das ich Ihnen im vorigen Kapitel am Beispiel der Säule schon vorgestellt habe (Tafel 1, Gruppe I).

Aus der Abbildung auf Tafel 5 ersehen wir weiter, daß die Erde (schwarzer Kreis in der Mitte) von drei feinstofflichen Hüllen umgeben ist. In der Zeichnung sind diese Hüllen zum besseren Verständnis der Verteilung der konträren Plus- und Minusfelder aufgeschnitten dargestellt. Das ganze Gebilde stellen wir uns in rotierender Strömung vor. An den Polen befinden sich große Wirbeltrichter, durch die die Energieströme hinein- und herausfluten. Diese Strahlenhüllen der Erde decken sich auch mit dem neuesten Stand der wissenschaftlichen Forschung: Die erste Hülle umschließt die Atmosphäre der Erde, die zweite entspricht dem kleinen Strahlengürtel (Ionosphäre) und die dritte dem Van-Allen-Strahlengürtel (Magnetosphäre).

Die feinstofflichen Aurahüllen umgeben gewissermaßen die Lagerräume der von der Erde eingefangenen kosmischen Strahlungen. Hier befinden sich die »Nahrungsreserven« unseres Planeten, die Vorratskammern jener unendlich feinen Substanzen, aus deren Reservoir die Erde das Leben in seiner unendlichen Vielfalt aufbaut, verkörpert, erhält und wieder verwandelt. Aufgabe der erwachsenen älteren Bäume ist es, diese Energien je nach Bedarf in den Erdkörper oder die Atmosphäre zu ziehen. Die Bäume sind also nicht nur die grüne Lunge unserer Erde, sondern auch ihre Verbindungskanäle zu den feinstofflichen Kraftreserven ihrer Aura!

Wie wir inzwischen erfahren haben, sind aber alle Lebenserscheinungen bipolar. Während der stofflichen Lebensprozesse fallen deshalb auch Schlacken und Schadstoffe verschiedener Dichte und chemischer Zusammensetzung an, die nur schwer abbaubar sind und die Erdaura belasten. In Zyklen, die uns Menschen als sehr, sehr groß erscheinen, muß die Erde sich von diesem Ballast in ihrer Aura befreien, damit die feinen Ströme wieder ungehindert fließen können. Solche Befreiungs- und Reinigungsakte der Erde bezeichnet man als »Kataklysmen«.

Mit dieser Anschauung lassen sich die Faunen- und Florenunterschiede in der Erdgeschichte plausibel erklären. Es wird vermutet, daß die Erde diese von Zeit zu Zeit fällig werdenden Reinigungsprozesse durch die Verlagerung der Pole induziert.

Der Ätherkörper der Erde

Die erste Aurahülle der Erde, die wir allgemein als *Atmosphäre* bezeichnen, enthält außer den Gasen eine Mischschicht, in der sich der für Menschen und Tiere lebensnotwendige Sauerstoff befindet.

Diese Luftschicht wird mit der Entfernung von der Erde immer dünner. In 8000 m Höhe kann ein Mensch kaum noch atmen. Neben dem Sauerstoff, Kohlendioxid, Wärmeabstrahlungen, Gasen und elektrischen und magnetischen Spannungsfeldern enthält die Luft aber auch noch jenes feinstoffliche Agens, das die hermetischen Wissenschaften mit »Äther« bezeichnen.

Die Hermetiker bezeichnen mit Äther den Urgrund allen Seins, die Urkraft, der die vier Elemente entspringen. Er ist das Lebenselement der feinstofflichen Welt, die alle Lebensformen, die sich in der grobstofflichen Welt verkörpern wollen, durchlaufen müssen. Es ist jener Stoff, der durch seine Verdichtung materielles Leben aufbaut, durchströmt und erhält.

Der Ätherkörper der Erde ragt ca. 10 km über ihren grobstofflichen Körper hinaus in die Atmosphäre. Das Herausragen über den stofflichen Körper ist ein Phänomen, das uns auch noch bei den Ätherkörpern der Pflanzen, Tiere und Menschen wiederbegegnen wird.

Alles, was wir unter Leben verstehen, vegetiert und west also im Ätherkörper der Erde. Er ist das eigentliche Lebenselement für uns und unsere Mitgeschöpfe. Wir sind alle die Kinder von Mutter Erde. Durch diesen Äther sind wir miteinander vernetzt, und in diesem Netzwerk fließen ständig Informationen hin und her. Dadurch lassen sich auch viele paranormale Phänomene wie Hellsehen, Hellhören und Telepathie erklären.

Nach Auffassung der Theosophen hat dieser Ätherkörper der Erde auch ein eigenes Bewußtsein und Gedächtnis. Darin ist alles bewahrt und abrufbar vorhanden, was jemals auf der grobstofflichen Erde geschah: Jedes Ereignis, alle Baupläne und Erbinformationen aller Lebewesen, ja selbst Informationen über zukünftige Ereignisse und Lebewesen, soweit sie schon in der feinstofflichen Welt Gestalt angenommen haben. Die Ätherwelt ist die feinstoffliche Ursachenwelt, aus der alles materielle Leben hervorsprießt.

Es gibt und gab Menschen, die ihr Bewußtsein in den Ätherkörper verlagern können. Unter ihnen sind Erfinder wie Nicola Tesla, Viktor Schauberger, Wilhelm Reich und Geisteswissenschaftler wie Rudolf Steiner oder Carl Huter zu finden. Sie haben durch diese Fähigkeiten tiefe Einsichten in die Geheimnisse der Natur gewonnen.

Der Ätherkörper der Erde ist aber auch bevölkert von Lebewesen, die keine grobstoffliche Verkörperung anstreben. Dort begegnen dem »Hellsichtigen« Wesen, die man in späteren Zeiten, als diese Fähigkeit des Hineinblickens in die Ätherwelt bei den Menschen verblaßte, ins Reich der Märchen und Fabeln verbannte. Das ätherische Auge erblickt dort Naturgeister wie Devas[7] und Kobolde, aber auch die überlieferten Wesen der Elemente: Salamander (Feuer), Nixen (Wasser), Elfen (Luft) und Gnome oder Zwerge (Erde). Auch die Schutzgeister der Bäume und die dem Menschen sehr nahe stehenden Feen[8] leben dort.

Der Astral- und der Mentalkörper der Erde

In der Hülle des Ätherkörpers steckt nach den alten Geheimlehren ein noch feinerer Körper, der Astralkörper. Die Bezeichnung »astral« entstammt dem Altgriechischen und bedeutet soviel wie »von den Sternen herrührend«. Der Astralkörper durchdringt aufgrund seiner Feinheit alle grob- und feinstofflichen Formen. Ist die Ätherwelt als Bindeglied zur grobstofflichen Welt zu verstehen, so ist die astrale Welt als die Region der Farben, Formen, Wünsche und Empfindungen aufzufassen. Es ist jene feinstoffliche Bilder- und Erlebniswelt, die wir in unseren Träumen besuchen. Sie verleiht außerdem der Ätherwelt das emotionale Empfindungsvermögen.

Die astrale Welt hat viele Schichten mit unterschiedlichen, voneinander getrennten Bereichen. In ihr befinden sich die Astralkörper lebender Menschen ebenso wie diejenigen der »Toten«. Letztere durchlaufen dort einen Reife- und Läuterungsprozeß von unterschiedlicher Dauer.

Es gibt eigene Bereiche für die Gruppenseelen der Bäume, Pflanzen und Tiere. In der Astralwelt hausen auch Phantome und belebte Gedankenformen. Ferner weben und brodeln an vielen Orten die Strukturen von allem, was gefühlt, gewünscht und gewollt wird und wurde.

Der Astralkörper der Erde enthält auch alles, was an Glaubensvorstellungen jemals »zusammengebraut« wurde: von Horrorvorstellungen bis zu den sauber getrennten Himmeln und Höllen der verschiedenen Religionen und Glaubensgemeinschaften. All das hat für einen sich dort aufhaltenden Bewußtseinsträger volle Realität.

Ereignisse in der Astralwelt beeinflussen auch täglich unser Gefühlsleben. Aus esoterischer Sicht bildet die astrale Region aber nur eine Durchgangsstation für die Seelen auf dem Weg von oder zu Gott, denn es gibt auf diesem Wege noch mehr Bereiche, die durchlebt werden müssen. Gott existiert über den dualen Welten in einer Region von Licht und Liebe.

Verläßt ein göttlicher Vater-Mutter-Keim diese Region, um zu inkarnieren, ist seine erste Station die Engelwelt. Hier spaltet die Monade eine Anzahl göttlicher Funken (Kinder) von sich ab, um sie zum Sammeln individueller Erfahrungen in die stofflichen Welten auszusenden. Die Monade ist also unser Vater und unsere Mutter im Himmel oder das »Hohe Selbst«.

In der Mentalwelt, der Region der Denksubstanz und der Ideen, beginnt die Individualisierung der göttlichen Funken und die sie jetzt umgebende Seelenschicht.

In der Astralwelt kommen Gefühle und Emotionen in das seelische Gebilde, das in der Ätherwelt dann bereits im Zusammenspiel mit der Frucht im Mutterleib die Gestalt annimmt, die später in die physische Welt geboren wird. Dabei ist für die Seele die Form des Körpers wesentlicher als seine Substanz. Auf dem Rückweg, nach dem irdischen Tod, verläßt die Seele den grobstofflichen Körper und existiert noch eine Zeitlang in der Ätherwelt weiter, bis ihre aus dem stofflichen Körper mitgenommenen Vitalkräfte aufgebraucht sind.

Sie kommt anschließend auf der Astralebene in den Himmel oder die Hölle ihrer Vorstellungswelt, in der sie ihre Gefühlswerte verarbeiten muß. Der bekannte Musiker Mario Mantese schildert diese Regionen eindrucksvoll in seinem Buch *Vision des Todes*. Nachdem ein Attentat auf ihn verübt wurde, lag er vier Wochen im Koma. Während dieser Zeit durchlebte er die von ihm beschriebenen Visionen.

In der Mentalwelt, die nach Auffassung einiger Esoteriker nur eine noch feinere Sphäre der Astralwelt ist, erfolgt dann die Auflösung der persönlichen Ideenstrukturen der jetzt nur noch geistigen Wesenheit des Menschen. Die nächste Station ist wieder die Engelwelt. Hier vereinigt sich die geistige Wesenheit des Menschen wieder mit der Monade und den anderen »Geschwistern«. Die Monade bereitet nun entweder für ihre »Kinder« weitere Inkarnationen vor oder kehrt mit den gesammelten Erfahrungen der Inkarnationen zurück zu Gott, zu der Urquelle allen Seins.

In der Esoterik bezeichnet man die Astralwelt auch als »Spiegelwelt« der physischen Welt, weil sich in ihr alles seitenverkehrt zeigt. Spiegelflächen aus Kristall, Glas oder Metall galten von jeher als Tore zur Astralwelt. Ursprünglich wurde der Wasserspiegel, vor allem von Brunnen, als Durchgangstor in diese Ebene benutzt. Wasser ist ja auch ein guter Leiter für Strahlungswellen, die aus dem Erdinneren kommen. Im Märchen von »Frau Holle« ist uns also altes Volkswissen um diese subtilen Dinge noch bewahrt geblieben.

Alle frühen Kulthandlungen zur Verehrung der Erdmutter fanden in Höhlen oder Grotten statt. Dort ist die astrale Schwingung besonders stark, wodurch dem menschlichen Astralkörper das Hinüberwechseln in die astrale Sphäre der Erdmutter wesentlich erleichtert wurde. Im Innern der Berge und auf dem Grund tiefer Seen vermuten Esoteriker die Belehrungsstätten für die reiferen Seelen der Verstorbenen.

Da Mutter Erde nicht nur ein fühlendes, sondern auch ein denkendes Wesen ist, besitzt sie, wie wir schon erfahren haben, auch einen Mentalkörper. Er liegt innerhalb des astralen Körpers.

Die mentale Ebene ist das Reich der Denksubstanz und der Wurzelkräfte schöpferischer Gedankenimpulse, abstrakter Ideen, Symbole und höherer Weisheiten. Hier laufen auch alle neutralen, nicht durch Emotionen beeinträchtigten logischen Denkprozesse ab. Hier wird meiner Ansicht nach über das Schicksal der die Erde bevölkernden Lebensgemeinschaften entschieden, das in der nordischen Mythologie von den Töchtern der Erdmutter, den drei Nornen Urd, Skuld und Werdandi vollstreckt wird. In ihnen hat das alte Wissen über den Zyklus aller Lebenserscheinungen Gestalt angenommen. Und dieser dreiteilig gegliederte Zyklus, der eiförmig abläuft und schon den Neubeginn in sich trägt, besteht aus Werden – Sein – und Vergehen. Das Symbol der Evolution ist deshalb nicht der in sich ruhende Kreis, sondern die Spirale, die in endlosen Windungen immer neuen Entwicklungsstufen zustrebt.

Das erdmagnetische Kreuz und seine Chakren

Die beiden magnetischen Achsen der Erde bilden ein gleichschenkliges Kreuz mit vier Wirbeln oder Chakren. Die Bezeichnung »Chakra« oder »Chakram« kommt aus dem Sanskrit und bedeutet soviel wie »Rad«. Aufgabe dieser walzenförmigen Räder oder Energiewirbel, die sich in den Ätherkörpern aller Lebewesen befinden, ist das Einsaugen, Verdichten, Verteilen und Ausstoßen feinstofflicher Energien.

Zwei dieser Chakren befinden sich an den Enden der Nord-Süd-Achse und zwei an den Enden der Ost-West-Achse; zwei bilden zentripetale Wirbel (+) und zwei zentrifugale Wirbel (–) (Abb. 6).

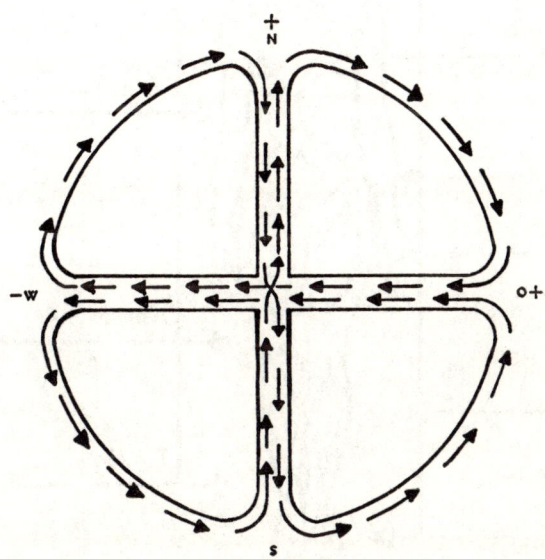

Abb. 6: Das erdmagnetische Kreuz

Da die Erde sich um ihre Nord–Süd-Achse dreht, laufen die Sog-
kräfte der Chakren der Ost–West-Achse um den Äquator der Erde.
Sie erzeugen dabei durch die Wechselwirkung der zentripetalen und
zentrifugalen Wirbel im feinstofflichen Körper der Erde jenen Wellenrhythmus, der für alle Lebenserscheinungen bestimmend ist –
Ausdehnen und Zusammenziehen, oder wie in den Gabelsystemen:
Einströmen – Verdichten – Ausströmen.

Im Aufbau des menschlichen Körpers und bei seinen Gliedmaßen
hat dieser Rhythmus unübersehbar Gestalt angenommen (Abb. 7),
ebenfalls bei den Körpern und Gliedern der höher entwickelten
Tiere.

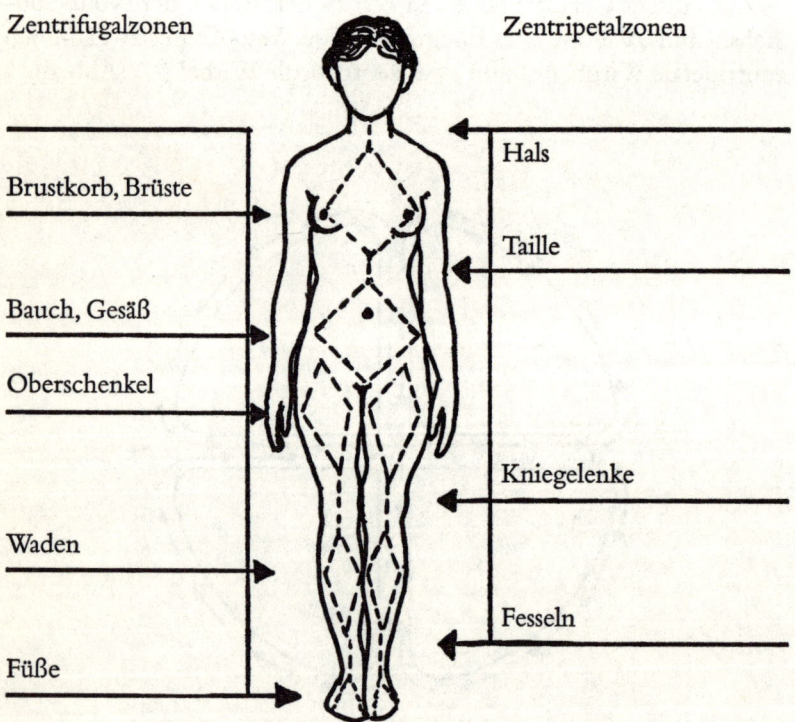

Abb. 7: Zentripetale und zentrifugale Körperzonen

Das erdmagnetische Kreuz wird also aus den feststehenden Achsen feinstofflicher Strömungen gebildet, die nicht nur die elektromagnetischen Felder, sondern auch den Ätherkörper der Erde in pulsierende Schwingungen versetzen.

Es bildet mit der vertikalen und der horizontalen Achse das Gerüst der göttlichen Ordnung, in dem sich die Erde mit ihren Lebewesen dreht. In einer gleichschenkligen Kreuzform sind durch die konträre Verteilung der Pole alle Spannungen ausgeglichen. Deshalb wurde sie zum Symbol der in sich ruhenden Schöpferkraft Gottes, von der alles Leben ausgeht und in die alles Leben zurückkehrt.

Die Aura des Menschen

Stehen wir einem Menschen gegenüber, nehmen wir zunächst seinen grobstofflichen Körper wahr. Er ist das Produkt aller feinstofflichen Kräfte, die in ihm wirken. In dieser grobstofflichen Form finden wir bei aufmerksamer Betrachtung aber auch schon viele Anhaltspunkte dafür, welche dieser subtilen Energien, die sich durch das Gemüt äußern, die Oberhand in diesem Menschen haben. Sie zeigen uns, wessen »Geistes Kind« er ist.

Der allgemeine stoffliche Aufbau des Körpers läßt sofort deutlich sichtbar für unsere Augen das Arbeiten beider Grundkräfte erkennen, denen wir immer wieder begegnen: der Zentripetalkraft und der Zentrifugalkraft. Durch Verdichten und Ausdehnen des Stoffes erzeugen sie einen Wellenrhythmus, der die ganze Schöpfung beherrscht. Er zeigt sich besonders deutlich bei dem wohlgeformten Körper einer Frau (Abb. 7).

Die zentripetalen Zonen garantieren dem Körper Festigkeit und Elastizität, die zentrifugalen bieten Raum für seine inneren Organe. Die Beine und Arme besitzen zusätzlich einen eigenen Wellenrhythmus. Er gibt den Beinen die Kraft und Elastizität, das Gewicht des Körpers zu tragen. Die Arme können durch diesen Wellenaufbau selbst schwerste Lasten hin- und herbewegen. Auffallend ist, daß sich tatsächlich in den zentripetalen Zonen alle jene Gelenke befinden, die dem Körper seine Beweglichkeit und Festigkeit geben. Eine

Ausnahme macht nur das im zentrifugalen Sektor liegende Hüftgelenk, dessen Lage durch den Beginn der Beine bestimmt wird.

Der Kopf unterliegt den Gesetzen der Eiform. Die zentrifugale Zone umschließt die weiche Gehirnmasse, das knöcherne Gesicht wird durch die zentripetale Kraft beherrscht, die in der Kinnspitze ihre größte Verdichtung findet.

Wir kommen nun zu dem Bereich, den das Auge des Menschen nicht direkt wahrnimmt: der Aura. Damit taucht die Frage auf: »Was ist die menschliche Aura eigentlich und woraus besteht sie?« Die Bezeichnung »Aura« ist der lateinischen Sprache entlehnt und bedeutet soviel wie »Hauch«. Es ist also ein Hinweis auf etwas Unsichtbares, das man trotzdem spürt, weil es sich bewegt. Mit Aura wird im allgemeinen Sprachgebrauch das nicht fest umrissene Umfeld eines Menschen oder einer Sache bezeichnet. Beides trifft auch auf die esoterische Definition der Aura zu.

Eine Aura umgibt jeden lebenden Körper und dient, wie bei der Erdaura schon festgestellt, hauptsächlich als feinenergetische Vorratskammer. Aus ihr ernähren sich alle Körper des Menschen. Wie bei der Erde sammeln sich aber auch in unserer Aura alle Ausstrahlungen und Ausscheidungen der feinstofflichen Körper. Dadurch erhält ein »sehender« Betrachter viele Informationen. Durch sie kann er Erkenntnisse gewinnen über den Gesundheitszustand des Körpers und seiner Organe, aber auch über das seelische Befinden eines Menschen und die Qualität seiner Lebensenergien.

In der Aura pulsieren auch die elektromagnetischen Felder. Sie wird so zu einem Gebilde, das durch die dynamische Aktivität der einzelnen Körper und Felder in ständiger Bewegung ist. Alle Abbildungen der Aura können deshalb nur ein notdürftiger Behelf sein. Selbst das »hellsehende« Auge nimmt in dieser wabernden Lohe immer nur die Dinge wahr, auf die es sich einstimmt. Nur die sogenannte Gesundheitsaura können wir mit unseren normalen Augen problemlos sehen. Diese Wahrnehmung ist keine »paranormale« Fähigkeit und für alle Leser, die meine Anweisungen im praktischen Teil genau befolgen, sofort verfügbar. Das Sehen der Gesundheitsaura, die genau genommen das Wahrnehmen des über dem grobstofflichen Körper hinausragenden Ätherkörpers und seiner Abstrahlungen ist, erweist sich bei der Arbeit mit den feinstofflichen Heilenergien der Bäume als sehr nützlich.

Zum besseren Verständnis der menschlichen Aura lege ich auch hier wieder ein in der Praxis bewährtes Arbeitsmodell vor. (Um Mißverständnisse und Verwirrungen zu vermeiden, habe ich das elektromagnetische System mit seinen Strahlungsfeldern hier ausgeklammert.)

Tafel 6 zeigt uns den physischen Körper über den der hier durch eine grüne Umrißlinie dargestellte Ätherkörper (ca. 5–8 cm) hinausragt. Diese intensiv strahlende Schicht stellt die sogenannte Gesundheitsaura dar. Die Konturen sind nicht so glatt wie auf der Zeichnung dargestellt, sondern ähneln eher einer Bürste, weil sich hier die Strahlung des Ätherkörpers teilweise mit Wärmeabstrahlungen des physischen Körpers vermischt. Die Färbung dieser Schicht reicht von weißblau über mattgrau bis graugrün.

Im Ätherkörper liegen die rotierenden Chakren. Die Zeichnung zeigt hier die sieben Hauptchakren des Körpers; weitere Chakren befinden sich in den Handinnenflächen, an den Ellbogengelenken, an den Schultergelenken, an den Knien, den Fußgelenken und an den Fußsohlen.

Die äußere Begrenzung bildet das aurische Ei. Es ist die erste von drei Hüllen und auch die einzige, die noch zuverlässig erfaßbar und für uns wahrnehmbar ist. Es kommen auf Tafel 7 zwei weitere Erscheinungen hinzu. Sie stellen feinstoffliche Strömungen dar, die unbedingt beachtet werden sollten: Der Kopf wird außen (blau eingezeichnet) von einer pulsierenden Strömung umgeben, die als »spirituelle Aura« bezeichnet wird. In ihr tauchen Farben und Färbungen auf, die über das Denken, Fühlen und Empfinden eines Menschen Auskunft geben.

Aus der Hüfte tritt eine Strömung aus, die als »vitale Aura« bezeichnet wird. (Diese Darstellung entspricht der englischer Medien.) Ist die vitale Aura oben prall, wie hier auf der Zeichnung, gilt das als ein Indiz für einen euphorischen Gemütszustand. Hängt sie schlaff nach unten, liegen eine depressive Grundstimmung und Lebenskraftmangel vor. In den drei unterteilten Bereichen tauchen für den

»Sehenden« Schatten, Wirbel, Symbole und verschiedene Strukturen auf. Durch die Dreiteilung der Körperregionen wird eine Zuordnung zu den einzelnen Ebenen erheblich erleichtert.

Das aurische Ei besitzt auch eine hochinteressante Struktur, die kaum bekannt ist und als »Klangaura« bezeichnet wird. Sie hat einen besonders hohen Stellenwert für alle, die ihr Lebenskraftfeld stärken wollen oder den Selbstheilungsprozeß ihres Körpers unterstützen möchten. Die folgende Übung, das Intonieren von Vokalen, ist einfach und kann von jedem Leser praktiziert werden. Sie wird uns auch bei der Aufnahme spezifischer Heilströme der Bäume gute Dienste leisten.

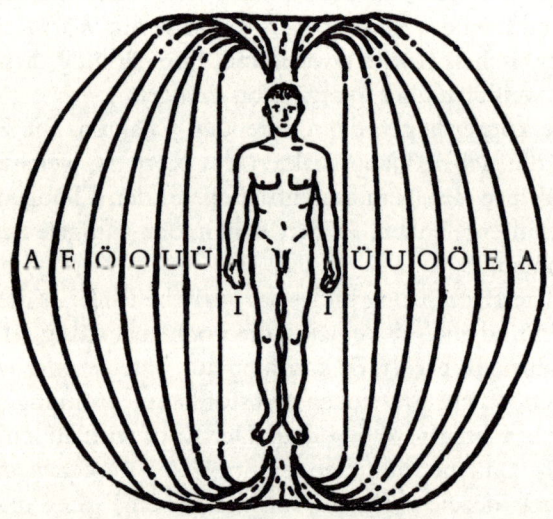

Abb. 8: Die Sphären der Klangaura

Wie wir aus Abb. 8 ersehen können, ist das aurische Ei in sieben Sphären unterteilt. Jede dieser Aurasphären fängt sofort an zu vibrieren, wenn wir den ihr entsprechenden Vokal intonieren. Die durcheinanderströmenden Strukturen dieser Auraschicht beginnen sich dann sofort zu ordnen, wie wir es auch bei den Chladnischen Klangfeldern* beobachten können. Die Auraschicht wird so geklärt und gereinigt. Die trüben und schweren Bestandteile sinken nach unten und können unter der abendlichen Dusche mit kaltem Wasser ganz weggespült werden.

Die äußere Auraschicht reagiert auf den Vokal A. Intonieren Sie ein A, können Sie sofort feststellen, daß es eine ganz sanfte Frequenz erzeugt. Unsere äußere Auraschicht ist ebenfalls ganz fein, weich und sensibel. Mit der Zeit lernen Sie, sie beim Intonieren wahrzunehmen. Sie ist die äußere Kontaktsphäre Ihrer Aura, mit der Sie das energetische System eines anderen Wesens zuerst berühren. Der Vokal A korrespondiert gleichzeitig mit Ihren Lungenflügeln. Wenn Sie beim Intonieren eine Hand auf diese Stelle legen, werden Sie dort die Vibrationen deutlich spüren. Durch diese Vibration wird zwischen der Lunge und der äußeren Auraschicht eine energetische Brücke nach draußen aufgebaut. Schmerzen oder krankhaften feinstofflichen Teilchen wird so ein Fluchtweg eröffnet, auf dem sie die Lunge verlassen können.

Mit dem Rückstrom aus der Aura gelangen stärkende, organspezifische Ätherkräfte in die Lunge, ohne daß sie erst die Chakren passieren müssen. Sie können also direkt in das Organ einfließen. Das ist besonders wichtig, wenn das feinstoffliche Netzwerk des Körpers in schlechter Verfassung oder gar blockiert ist.

Die Beziehungen der Organe zu den Klangäthersphären sehen wie folgt aus:

A = Lungenflügel, äußere Auraschicht. . . . . 7. Sphäre
E = Hals, Kehlkopf, Schilddrüse . . . . 6. Sphäre
Ö = Zwerchfell, Leber, Magen, Solarplexus . . . . 5. Sphäre
O = Herz . . . . 4. Sphäre
U = Därme, Unterleib . . . . 3. Sphäre
Ü = Nieren, Nebennieren . . . . 2. Sphäre
I = Stirn, Kopf, Knochengerüst . . . . 1. Sphäre

---

* Durch Schall hervorgerufene Strukturierungen, z. B. von Sand auf einer Holz- oder Glasplatte.

In der 7. Sphäre vibriert also unsere feinste Energie, in den folgenden Sphären verdichtet sie sich immer mehr. Die dichteste Energiezone zieht sich in der ersten Sphäre direkt um den Körper. Sie ist das Willenskraftfeld unserer Seele!

Wie natürliche Reaktionen aus dem Unbewußten zeigen, war das Wissen um diese Zusammenhänge einmal Allgemeingut unserer germanischen und keltischen Vorfahren. Was sagen Sie z.B. sofort, ohne zu überlegen, wenn Sie mit etwas Unangenehmem in Berührung kommen? Wahrscheinlich rufen Sie auch »iii«. Der Vokal I stärkt also durch seine Vibration das Abwehrsystem der inneren Klangaura, unseren Eigenwillen und die körpereigenen Abwehrkräfte. Das O öffnet unser Herz. Das U gibt längst versunkene Erinnerungen frei. Das A fördert das Erfassen und Erkennen, verwaltet aber auch unsere bewahrte Vergangenheit. Der Vokal E verbindet das Herz mit dem Kopf und das Gefühl mit dem Geist.

Das Heilen mit Tönen ist uralt und wurde früher von fast allen Völkern praktiziert. Töne und Vibrationen sind nach wie vor das beste Mittel, um Verhärtungen und Blockaden im physischen Bereich und in den feinstofflichen Körpern aufzulösen. Laute Töne wirken auf den grobstofflichen Körper, mittellaute auf den Ätherkörper und leise auf den Astralkörper.

In den alten Kulturen Europas benutzte man zum Heilen auch Summsteine und Summkammern, die aus dem natürlich gewachsenen Fels gehauen wurden. Vokalmeditationen sind ein einfaches, von jedem anwendbares Mittel, mit dem man augenblicklich seine Gesundheit und sein Wohlbefinden steigern kann. Einige Mitglieder meines Meditationskreises nutzen für diese Übungen die täglichen Autofahrten zum Arbeitsplatz. Die besten Wirkungen werden jedoch im Summstein und in der freien Natur erzielt – besonders im Wald und unter mächtigen Bäumen.

Bei der Berührung und Wahrnehmung der Aura eines gesunden Menschen kann man oft ein leichtes Prickeln feststellen. Sie riecht wie frische Luft, die Aura eines kranken Menschen hingegen riecht fade, wie abgestandene Luft, und fühlt sich klebrig an.

Die Aura reagiert auf unser konzentriertes Denken. Wir können daher unsere Aura für Menschen öffnen, die wir mögen und sie

3. Die Körper und ihre Lebenskraftfelder

schließen, wenn wir mit Menschen in Berührung kommen, die uns unsympathisch sind. Diesem Schließvorgang kann man durch das Überkreuzen der Füße und Verschränken der Arme Ausdruck verleihen. Ein Abfließen von Energien läßt sich auch reduzieren, indem man mit der Hand vom Kopf her über den Oberkörper streicht und geistig den Chakren befiehlt, sich zu schließen. Man kann sie sich auch gedanklich als Blütenkelche vorstellen, die langsam zugehen. Die Chakren öffnen sich nach ca. 20 Minuten wieder von allein.

Wenn sich zwei Menschen gegenüberstehen oder in den Arm nehmen, passiert das Gleiche wie beim Zusammenkoppeln zweier Batterien: Die Energie der Batterie mit der stärkeren Aufladung flutet in die schwächere Batterie, bis der Niveauausgleich hergestellt ist.

Außer der ätherischen Energie fließen bei uns Menschen auch feinere Aurasubstanzen aus der persönlichen Eigenart des Stärkeren in die Aura des Schwächeren. Darum behauptet der Volksmund zu Recht, daß der Umgang mit einem anderen Menschen abfärbt.

Wir sehen schon hier, daß die Heilmagnetopathie eine ganz natürliche, fluidale Angelegenheit ist. Sie funktioniert aber nur, solange der »Gebende« sich regenerieren kann. Unsere Welt braucht dringend wieder mehr gebende »Strahler«, denn »Raffer« und »Sauger« haben wir genug!

Wie Sie Ihre Lebenskräfte vor allem an den Bäumen stärken und auffrischen, werde ich Ihnen in diesem Buch in allen Einzelheiten erklären.

Der Ätherkörper und die Chakren

Der Ätherkörper des Menschen ist der dichteste feinstoffliche Körper und das Verbindungsglied zum physischen Körper, genau wie bei der Erde auch. Gleichzeitig dient er als Gefäß für den Astralkörper und den noch feineren Mentalkörper. Im Schlafzustand lockern sich die feinstofflichen Körper, die durch eine sogenannte »Silberschnur« mit dem physischen Körper verbunden sind. Sie schweben dann ruhig über ihm. In diesem »leibfreien Zustand« können sie sich besser energetisch aufladen und regenerieren.

Bei Menschen, die keinen Schlaf mehr finden können, sinkt deshalb das energetische Potential schnell ab. Da der Schlafentzug sie auch noch immer gereizter macht, vergeuden sie bei Gefühlsausbrüchen noch weitere Energiereserven. Sie befinden sich in einem schlimmen Zustand, der jedoch durch die heilenden Kräfte eines Baumes aufgelöst werden kann.

Durch Yogaübungen oder andere esoterische Praktiken ist es einigen Menschen möglich, ihren Ätherkörper vom physischen Körper abzuspalten. Es gibt auch immer wieder Personen, die diese Fähigkeit als natürliche Veranlagung mit auf die Welt bringen, sie können oft auch mit beiden Körpern gleichzeitig agieren. Dies bezeichnet man als »Bilokation«, da ihre beiden Körper, der physische und der Ätherkörper, von Beobachtern an zwei verschiedenen Orten gleichzeitig wahrgenommen werden können. Diese Fähigkeit wird vielen Heiligen und Meistern aus alter und neuer Zeit nachgesagt.

Manche Menschen können mit ihrem Ätherkörper auch Spuk verursachen. Es ist ihnen aber nicht möglich, sich allzu weit vom physischen Körper zu entfernen. Verletzungen, die dem ätherischen Doppel beigebracht werden, zeigen sich auch als Reaktion am physischen Körper. Vom Ätherkörper aus nehmen diese Menschen die physische Welt und alles, was sich in ihr befindet, mit ihren ätherischen Augen wahr. Nach ihren Aussagen sind alle Lebewesen und Dinge der grobstofflichen Welt von einem nebelartigen, milchig weißen Licht eingehüllt.

Die Energie, die vom Ätherkörper abstrahlt, nannte der Forscher Dr. Carl Freiherr von Reichenbach »Od«. Die Aufgabe des Ätherkörpers ist die energetische Versorgung aller anderen Körper. Zum Einsaugen, Verdichten und Ausstoßen der aurischen Energien bedient er sich dazu der Chakren. Jedes Chakra filtert aus der Aura eine spezifische Energie heraus. Die Chakren arbeiten nach dem bewährten Prinzip der Gabelsysteme, das wir schon im Kapitel *Die Körper und ihre Lebenskraftfelder*, S. 26, kennengelernt haben. (Es gibt kaum ein Gebiet der Esoterik, über das so viel Unterschiedliches gesagt und geschrieben wird, wie über die Chakren.)

Ein Chakra gleicht vom Grundaufbau her einer Energiewalze, die sich dreht (Abb. 9). Steht man vor der Öffnung dieser innen hohlen

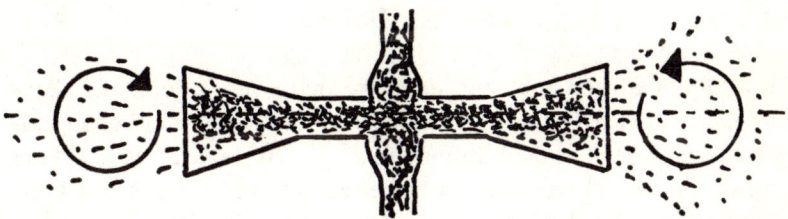

Das Chakra dreht sich wie eine Walze im Körper und arbeitet nach dem Prinzip der gabelartigen Strömungssysteme: einströmen – verdichten – ausströmen.

Abb. 9: Funktionsprinzip eines Chakras

Feinstoffröhre, also vor einem Menschen, rotiert die Energiewalze im Uhrzeigersinn, also von links nach rechts. Hinter dem Körper, auf der anderen Seite der Röhre, nehmen wir die Rotation umgekehrt wahr, also dem Uhrzeiger entgegengesetzt, von rechts nach links.

An der Körperrückseite werden die feinstofflichen Energien eingesaugt, verdichtet und weitergeleitet an die Nadis (feinstoffliche Energiebahnen), an das Nervensystem, ins Endoktrine System und ins Blut. Nicht verwertete Feinstoffe strömen zusammen mit dem Rückfluß an der Körpervorderseite über den Wirbeltrichter in die Aura zurück (Odabstrahlung).

Die Chakren sind den Organen, Drüsen und Nervengeflechten des physischen Körpers übergelagert, die alle über ätherische Kanäle miteinander vernetzt sind. Dieses komplexe System übernimmt auch die Transformation spezifischer Energien.

Unser Kopf benötigt äußerst feine, hochtransformierte Ätherströme. Werden diese Energien durch Überbeanspruchung des Gehirns stark reduziert, dauert es verhältnismäßig lange, bis unsere feinstofflichen Transformatoren die mentalen Batterien wieder aufgeladen haben. Fällt uns das Denken schwer, so liegt immer ein Mangel an hochgespannter Mentalenergie vor.

Unsere Chakren können auch verschmutzen, außer Kontrolle geraten oder blockiert werden. Die Folge sind Unwohlsein oder gesundheitliche Störungen.

Der Astralkörper

Unser Astralkörper steht mit jener Sphäre in Verbindung, die allgemein als Aufenthaltsort der Menschen in ihrem nachtodlichen Zustand verstanden wird. Während man die Ätherwelt noch als der grobstofflichen Ebene zugehörig betrachtet, bildet die Astralebene eine eigenständige Welt mit eigenen Gesetzmäßigkeiten.

Mit unserem Astralkörper können wir im Schlaf oder im Trancezustand reisen. Entfernungen spielen dabei keine Rolle. Die Astralebene wird von vielen Menschen vor allem nachts, wenn die feineren Körper sich im Schlaf gelöst haben, aufgesucht und durchwandert. Doch nur wenige Menschen besitzen die Fähigkeit, ihr Wachbewußtsein mit in den Astralkörper hinüberzunehmen. Einige erlangen es für kurze Augenblicke im Astralkörper zurück. Sie haben dann blitzartig vor dem geistigen Auge auftauchende Eindrücke aus dieser Region, die erinnert werden. Für die Mehrzahl der Menschen läuft der nächtliche Aufenthalt in der Astralwelt unbewußt ab. Eine vage Erinnerung an diese Ausflüge sind die Träume.

So ergeben sich auch die meisten Kontakte mit Verstorbenen im Traum. Je klarer und deutlicher diese Träume sind, um so größer ist auch die Glaubwürdigkeit, der bei solchen Begegnungen erhaltenen Informationen.

Der Astralkörper ist so fein, daß er alle Hindernisse wie Mauern, Türen und Fenster passieren kann. Er hat außerdem die Fähigkeit, sein Aussehen nach unseren Wünschen zu verändern. Erfahrene Medien, die Kontakte mit dem Jenseits aufnehmen, können bestätigen, daß auch »Verstorbene« die Gestalt annehmen, in der sie sich zu Lebzeiten am wohlsten gefühlt haben. Sie können bei medialen Kontakten ihre Erscheinung aber auch kurzfristig verändern, damit sie von ihren Angehörigen wiedererkannt werden.

In den vergangenen Jahren hatte ich wiederholt die Möglichkeit, mit dem englischen Malmedium Coral Polge zusammenzuarbeiten. Coral hat schon viele tausend Porträts »Verstorbener« auf ihrem Skizzenblock festgehalten, die später mit Fotos aus dem Familienalbum verglichen und als »lebensecht« dokumentiert wurden. Diese

Bilder geben ihren Besitzern die Gewißheit, daß der Tod nicht das Ende ist.

Die Verwandlungsfähigkeit der Gestalt auf der Astralebene bedeutet aber auch, daß nicht jeder Engel, der sich offenbart, einer sein muß. Es gehört viel Erfahrung dazu, den Lug und Trug, der auch auf dieser Ebene herrscht, zu durchschauen.

Als »Antriebsenergie« für alle Fortbewegungsarten im Astralkörper dient die Willenskraft oder der starke Wunsch, sich in eine bestimmte Region zu versetzen. In den oberen Regionen der Astralebene leuchten alle Erscheinungen in einmalig intensiven, lichten Farben von innen heraus. Dieses »astrale Feuer« steht mit den Spektralfarben in Verbindung und tritt auch bei sogenannten farbigen »Klarträumen« in Aktion. Diese »Leuchtfeuer der Seele« sind auch in den heilenden, fluidalen Kräften der Bäume enthalten und werden von unserer Seele begierig aufgesaugt.

Der Mentalkörper

Der feinste für uns wahrnehmbare Körper ist der Mentalkörper. Er wird von den Anthroposophen als »Ich-Organisation« bezeichnet. Dem Mentalkörper untersteht unser »Gedankenleben«. Damit taucht die alte Streitfrage auf: »Wer denkt?«. Werden die Gedanken im Gehirn erzeugt oder nur vom Gehirn empfangen und verarbeitet?

Da alle Ebenen in und außerhalb von uns sich durchdringen, ist es wahrscheinlich, daß unser Gehirn als stoffliches Denkorgan auch nur ein Empfänger von Impulsen aus der Innen- und Außenwelt ist. Wir »spinnen« Gedankenimpulse aus der Erinnerung, in der Reflexion, aus der Außenwelt weiter aus und laden sie mit diesem »verdichtenden« Vorgang energetisch auf. Dann senden oder geben wir sie geistig oder per Wort oder Schrift weiter. In der Esoterik bezeichnet man flüchtige Gedankenfetzen, die sich mit Gedankenstrukturen gleicher Schwingung zu wolkenartigen Gebilden auf der Mentalebene zusammenbrauen, als »Schweifekräfte«.

Nun hat unser Tagesbewußtsein seine volle Entscheidungsfreiheit darüber, welche Gedanken es zulassen und verdichten will, und welche nicht. Unser Charakter formt sich also aus allem, was wir denken, wünschen und wollen. Gedanken können auch Macht über einen Menschen gewinnen und ihn beherrschen. Mit einem Trauma, das ein Betroffener immer wieder durchlebt und durchdenkt, inszeniert er gewöhnlich schon die nächste Katastrophe. Der beste Ausweg aus diesem Teufelskreis ist immer noch die Verlagerung der Aufmerksamkeit auf andere starke, positive Vorstellungen und Wünsche.

Unser Mentalkörper kann sich von allen feinstofflichen Körpern am leichtesten vom grobstofflichen Körper ablösen. Er macht dann Wahrnehmungen in der Mentalwelt. Wir tun es alle täglich, ohne daß uns dieser Vorgang bewußt wird. Sobald wir »in Gedanken verloren« an einen Freund denken, der vielleicht in New York wohnt, bewegt sich ein Teil von uns dort hin. Unsere Energie folgt immer unserer Aufmerksamkeit – egal, ob wir uns mit unserer Aufmerksamkeit in unserem Körper oder außerhalb von ihm bewegen. Von jedem Ort, den wir »im Geist« aufsuchen, bringen wir Eindrücke mit zurück. Auch aus vergangenen Epochen! Auf den geistigen Ebenen existiert keine Zeit und die Räume durchdringen sich. Diese Eindrücke werden uns nur nicht immer bewußt. Je tiefer der Zustand unserer Versenkung wird, um so mehr mentale Energie ziehen wir am Ort unserer Aufmerksamkeit zusammen. Mit der Stärke der zusammengeballten Energie erhöht sich natürlich auch der Fluß der bewußten und unbewußten Wahrnehmungen.

Wir Menschen bestehen also aus dem physischen Körper, dem Ätherkörper, dem Astralkörper, dem Mentalkörper und dem göttlichen Funken, der sich uns in unserem Gewissen offenbart. Mit diesen Körpern sind wir in allen entsprechenden Dimensionen präsent. Wir sind multidimensionale Wesenheiten, die mit allem, was existiert, verbunden sind.

Die Aura der Bäume

Der Aufbau der Aura entspricht auch bei den Pflanzen und Bäumen dem Ur-Muster der Erdaura. Es scheint für alle Lebewesen der Erde verbindlich zu sein. Im feinstofflichen Bereich liegen leider keine gesicherten Erkenntnisse über die Ebenen vor, die über den Äther- oder Bioplasmakörper hinausgehen.

Ich habe für Sie ein hypothetisches Arbeitsmodell nach eigenen praktischen Erfahrungen erstellt, das Sie auf S. 65 finden. Für die praktische Arbeit mit unseren Bäumen reicht es aus. Alles weitere können wir deshalb der Philosophie und der exakten Naturwissenschaft überlassen, es sei denn, es will jemand einige Jahrhunderte abwarten, bis auch hier »gesicherte Erkenntnisse« vorliegen.

Vertrauen wir ruhig einmal dem, was hellsehende Personen wahrnehmen und auch schon seit Jahrhunderten oder Jahrtausenden übereinstimmend berichten. Gehören Sie zu den Lesern, die noch nicht aurasichtig sind und das Energiefeld bei Pflanzen, Tieren und Menschen nicht wahrnehmen können, braucht Sie das nicht weiter zu beunruhigen. Im Kapitel *Der heilmagnetopathische Lebensstrom,* S. 82, erfahren Sie, wie Sie diese Fähigkeit entwickeln können. Das Aurasehen ist nicht besonders schwierig, wenn es richtig geübt wird. Sie brauchen aber all das noch nicht zu können, um trotzdem schon ganz erstaunliche Wahrnehmungen zu machen.

Die stärkste Emanation eines lebenden Organismus ist sein Geruch. Unser Geruchssinn ist leider in den letzten Jahrzehnten vielfach verkümmert. Können Sie sich noch an den Geruch einer aufgebrochenen Ackerkrume erinnern? Oder daran, wie ein Kornfeld in der Mittagshitze riecht? Das Wasser eines Flusses?

Sicher kennen Sie auch einige Menschen, die Sie »nicht riechen« können. Oft kann man das wörtlich nehmen. Wenn die »Chemie« nicht stimmt, wird der Umgang mit solch einem Menschen trotz aller logischen Gegenargumente und zwischenmenschlichen Bemühens immer anstrengend bleiben. Ähnliches kann jedem von uns beim Besuch einiger Bäume begegnen, ob wir es wahrhaben wollen oder nicht.

Achten Sie also zuerst auf den Geruch, wenn Sie in der Nähe eines Baumes stehen. Wenn Sie ihn begierig aufsaugen, ist das ein gutes Zeichen. Gefällt er Ihnen nicht, ist Ihr eigener Organismus wahrscheinlich mit den Energien, die der Baum abstrahlt, schon übersättigt oder die »Chemie« zwischen Ihnen und dem Baum stimmt grundsätzlich nicht. Versuchen Sie es dann besser bei einer anderen Baumart.

Nachdem Sie den Geruch wahrgenommen haben, richten Sie Ihre Aufmerksamkeit auf die Form des Baumes. Das stoffliche Erscheinungsbild ist ja nichts weiter als der verdichtete Kern eines Energiefeldes. Machen Sie sich diese Erkenntnis tagtäglich immer wieder bewußt! Nach allem, was Sie in diesem Buch bereits gelesen haben, wird es Ihnen verständlich erscheinen, daß ein Baum mit dreieckiger oder kegelförmiger Form ein anderes Energiefeld aufbaut als ein rundlicher oder buschiger.

Beurteilen Sie nun die Form: Wie wirkt die Form des Baumes, seine Erscheinung auf Sie? Empfinden Sie den Baum als mächtig, alt, jung, verspielt, erhaben, abweisend oder gar bedrohlich? Wie ist der Stamm beschaffen, strahlt er Kraft ab oder saugt er auf, ist er glatt oder porös, möchten Sie ihn lieber streicheln oder möchten Sie sich lieber an ihm festhalten? Ist er gesund oder empfinden Sie ihn als kränkelnd? Hat er Krebsbeulen am Stamm oder an den Ästen?

Sie sehen, allein mit der verstandesmäßigen Beurteilung der Form und Gestalt können Sie über Menschen und Bäume recht viel in Erfahrung bringen, ohne direkt in der Aura zu lesen. Die Wahrnehmungsfähigkeit für die Aura erhöht sich natürlich mit unseren Kenntnissen über das formenenergetische oder elektromagnetische Energiefeld.

Der Baumkörper und das elektromagnetische Feld

Betrachten wir jetzt Tafel 8. Die einer Pflanze oder einem Baum innewohnende Intelligenz ist immer bestrebt, ein möglichst harmonisches elektromagnetisches Gesamtkraftfeld aufzubauen. Wie beim Menschen ist auch bei allen anderen Lebewesen die Wahrung der Mitte, die Harmonie, eine wichtige Voraussetzung für eine volle Entfaltung des Lebenspotentials.

Die in der Erde liegenden Wurzeln können wir in der Natur nicht sehen. Das Wurzelwerk saugt den feinstofflichen Lebensstrom aus den tieferen Erdschichten nach oben. Wir können deshalb diesen verhältnismäßig dichten Vitalstrom aus der Erde durch unsere Füße in der Nähe von Bäumen leichter aufnehmen als anderswo.

Die Energiefelder bauen sich immer konträr auf: An ein blaues, elektrisches Kraftfeld stößt, wie in der Zeichnung ersichtlich, immer ein rotes, magnetisches Kraftfeld. Die Felder sind nicht statisch, sondern pulsierend und strömend aufzufassen. An den Hauptspannungspunkten bilden sich plus- oder minusgepolte Energiewirbel, die den Chakren im menschlichen Körper entsprechen – es sind die Bewußtseinszentren des Baumes. Sie halten das elektromagnetische Lebenskraftfeld im Gleichgewicht. Die Kanäle der Wurzeln enden in einem großen, blauen Punkt, dem Hauptenergiewirbel des Baumes.

Der Hauptenergiewirbel ist das Herz- und Hauptbewußtseinszentrum des Baumes. Wird ein Baum über dem Hauptenergiewirbel abgesägt, fängt er wieder neu an zu treiben. Wird er unterhalb des Hauptenergiewirbels gefällt, zieht sich das Leben aus dem Baumstumpf zurück. Die Energiewirbel an den Astenden entsprechen den Wirbeln vor den Fingern der menschlichen Hände.

An den Früchten der Bäume läßt sich sehr gut erkennen, wie sich das Schema, das wir beim Kraftfeld der Erde kennengelernt haben, überall spiegelt. Der Apfel ist die Frucht, die in unseren heimischen Gefilden die meiste Lebenskraft speichert. In der nordischen Mythologie erhielten die Götter durch den Genuß der Äpfel aus dem Garten der Göttin Iduna ihre Unsterblichkeit. Bei den deutschen Kaisern gehörte er als Reichsapfel zu den Insignien ihrer Macht.

Bei der Betrachtung von Tafel 9 erkennen wir sofort den Kraftfeldaufbau der Erde wieder. Die stärkste Energie konzentriert sich im Kerngehäuse, dem Träger der Samenkerne. Alle Samenkerne speichern eine ungeheure Kraft, die unsere heutige Wissenschaft noch nicht zu nutzen weiß. Der Energiewirbel am Südpol, hier beim Apfel die Stengelmulde, ist linksdrehend wie bei der Erde. Hier wird der Energiestrom angesaugt. Der Nordpol, beim Apfel die Blume, ist rechtsdrehend. Hier strömt Energie aus. Der Hauptenergiestrom fließt hier im Apfel von Süden (–) nach Norden (+) und von Norden (+) wieder zurück nach Süden (–) (Rückstrom). Durch diese

belebenden Ströme können sich in dem eiförmigen Kerngehäuse
die Samen entwickeln. Das Fruchtfleisch, das später den Samenker-
nen als Nahrung dienen soll, ist vom Äther- oder Bioplasmakörper
durchdrungen. Die sich an der Oberfläche der Apfelschale entlang-
spulende Strahlung entspricht der Gesundheitsaura beim Menschen.
Das ganze Energiefeld ist erfüllt von dynamischen Prozessen. Alles
quirlt und spult spiralförmig um den Hauptenergiewirbel, der im
Kerngehäuse liegt. Leben ist Bewegung! Das Faulen der Frucht ist
immer ein Anzeichen dafür, daß der Äther- oder Bioplasmakörper
sich zurückgezogen und der Auflösungsprozeß, der zum Tod und
Neubeginn führt, begonnen hat. Wir dringen hier in die Geheimnisse von Leben und Tod ein.

Noch näher kommen wir diesem Geheimnis beim Betrachten von
Tafel 4. Sie zeigt eine Buchecker und den Fruchthalter. Bei der
Buchecker ist das Energiefeld intakt: Der Bioplasmakörper durch-
dringt den Fruchtkern, der von einem starken elektromagnetischen
Kraftfeld umgeben ist. Anders verhält es sich beim Fruchthalter: Er
hat seine Aufgabe erfüllt und wurde vom Bioplasmakörper verlassen.
Daraufhin zerfällt das elektromagnetische Kraftfeld, die bipolaren
Energien trennen sich und sammeln sich um einen elektrischen (+)
und um einen magnetischen (−) Pol. Der Körper ist tot! Die Materie
löst sich auf.

Die Aura eines Baumes besteht aber nicht nur aus den Strömungen
des elektromagnetischen Feldes, sondern auch − genau wie beim
Menschen − aus den Abstrahlungen des Bioplasma- oder Ätherkörpers und aller anderen feinstofflichen Körper. Bei der menschlichen
Aura haben wir erfahren, daß unser Lebenskraftfeld auf unser Denken und Fühlen reagiert. Das gilt auch für andere Lebewesen!
   Daß Pflanzen und Bäume denken und fühlen können, ja sogar
über paranormale Kräfte verfügen, hat Cleve Backster, einst Ameri-
kas führender Lügendetektorexperte, mit wissenschaftlicher Akribie
vor Jahrzehnten schon bewiesen. Seine Experimente sind inzwischen in Laboratorien rund um die Welt mit Erfolg wiederholt
worden.[9]

Der Äther- oder Bioplasmakörper

Der Ätherkörper ist auch bei den Pflanzen und Bäumen der dichteste feinstoffliche Körper und seit einiger Zeit Bestandteil ausgedehnter wissenschaftlicher Forschungen; Wissenschaftler bezeichnen ihn als »Bioplasmakörper«. Der entscheidende Schritt zur Erforschung der Bioplasmakörper war eine Erfindung des sowjetischen Elektroingenieurs Semjon D. Kirlian und seiner Frau Walentina: Sie bauten einen Apparat, der Objekte fotografierte, die in Hochfrequenzfelder gelegt wurden. Nach der Verfeinerung dieser Technik schufen sie außerdem ein Hochleistungsmikroskop, unter dem sie fast jede denkbare Substanz untersuchten. Alle Substanzen wiesen Lumineszenzmuster auf, die sich voneinander unterschieden. Aber lebende »Dinge« hatten vollkommen andere Strukturen als nicht lebende. Ein von einem Baum gepflücktes Blatt läßt, wenn es in das Hochfrequenzfeld des Kirlian-Gerätes gelegt wird, Myriaden kleiner Energiepunkte aufleuchten. An den Rändern sieht man gewöhnlich türkisfarbene (+) und rötliche (−) Flammenmuster. Sie entstammen den im Blatt verlaufenden Energiekanälen.

Ein junger russischer Forscher kam eines Tages auf die Idee, ein Blatt zu fotografieren, von dem er einen Teil abgeschnitten hatte. Zu seinem Erstaunen war das Energieschema des ganzen Blattes auf der Kirlianfotografie noch vorhanden. Nur waren an dem abgetrennten Rand die funkelnden Umrisse durchsichtiger. Dieser Versuch wurde in Amerika von Kendall Johnson und Robert Wagner an der California State University überzeugend wiederholt. Einen Ausschnitt dieses Fotos, das mit 1000 Volt, 3000 Hertz und $\frac{1}{20}$ Sekunde Belichtungszeit aufgenommen wurde, sehen Sie auf Tafel 10. Den Phantomkörper können Sie deutlich vor dem verschwommenen Hintergrund erkennen. Schneidet man mehr als ein Drittel des Blattes ab, verschwindet der Energiekörper ganz vom »Bildschirm«. Das Leben zieht sich in einem solchen Fall sofort zurück, genau wie bei dem unterhalb des Hauptenergiewirbels abgesägten Baum.

Was Wissenschaftler als »Bioplasmakörper« bezeichnen, ist also das gleiche wie das, was Theosophen und Esoteriker unter »Ätherkörper« verstehen. Er ist – auch beim Menschen – das Bindeglied zwischen dem physischen Körper und den elektromagnetischen Kraftfeldern der Aura. Der Austausch der Kräfte geschieht durch die Atmung und den Stoffwechsel. Wir wissen bereits, daß der Ätherkörper oder die sogenannte Gesundheitsaura 5–8 cm über den menschlichen Körper herausragt und gesehen, gemessen, gefühlt, gerochen und »behandelt« werden kann. Diese über den materiellen Körper herausragende Schicht läßt sich auch bei dem Blatt auf Tafel 10 recht gut erkennen. Bei einem Baumstamm ragt der Äther- oder Bioplasmakörper oft ca. 15–20 cm über die Rinde hinaus und ist mit sensibilisierten Händen gut zu fühlen. Die mit den Kirlian-Phänomenen befaßten russischen Wissenschaftler bescherten der staunenden Fachwelt aber noch eine Erkenntnis, die Esoterikern nicht neu ist:

Durch den biologischen Plasmakörper reagieren wir auf das gesamte kosmische Geschehen. Unsere Biologen haben alle Arten von biologischen Reaktionen der Menschen, Pflanzen und Tiere auf Störungen in der Sonne registriert. Diese Störungen verursachen Veränderungen im ganzen plasmatischen Gleichgewicht des Universums und wirken wiederum auf das Bioplasma der lebenden Organismen ein. Das Ergebnis sind physische Veränderungen, die wir sehen können.[10]

Über die Einwirkung von Sonne und Planeten auf den Ätherkörper haben schon Albertus Magnus, Rudolf Steiner und andere ausführlich berichtet.

Der Aufbau der Wesensstruktur von Pflanzen und Bäumen

1.
Das Hohe Selbst der Pflanzengattung

2.
Inwiedie: Leiter der örtlichen Gruppenseele, mit den feinstofflichen Körpern nicht fest verbunden. Inspiration, Führung, Schutz, Herr über die Lebenskräfte.

3.
Elfe: Individuelle Bewußtheit. Denktätigkeit: an die Aura der Pflanze, des Baumes gebunden.

4.
Astralkörper: Gefäß der Seelenanteile der Gruppenseele, Traumbewußtsein, Gefühle; kann reisen und Menschen im Traum oder in tiefer Meditation besuchen.

5.
Äther- oder Bioplasmakörper: Hülle aller feinstofflichen Körper, Sitz der Bewußtseinszentren. Koordination der Energieströme; an den physischen Körper gebunden.

6.
Physischer Körper: Antenne und Transformator, Ort der biochemischen Prozesse; Sitz der feinstofflichen Körper; Hort der Lebenssäfte; Erzeuger des formabhängigen elektromagnetischen Kraftfeldes.

7.
Aura: Lebenskraftfeld der Körperorganisationen; reagiert auf Denken, Fühlen, Wollen und Veränderungen in den fein- und grobstofflichen Strukturen.

Teil II

WIR SÄEN DEN SAMEN AUS

*Der praktische Umgang mit Bäumen
und ihren heilenden Kräften*

4. Die Kontaktaufnahme mit einem Baum

Jeder Ort hat nach überlieferten Glaubensvorstellungen einen individuellen Ortsgeist, so wie auch jedem Haus ein Hausgeist zugesprochen wird. Die alten Römer bezeichneten diesen Ortsgeist als »Genius loci«. Da wir in diesem Buch davon ausgehen, daß die ganze Natur beseelt ist, dürfen wir auch ruhig mit Rudolf Steiner einen Landschaftsgeist annehmen, dem die Ortsgeister unterstehen.

Es gibt nur wenig klares Wissen über diese Bereiche. Nehmen wir aber die Existenz von Lebensformen an, die von der unseren vollkommen verschieden sind, öffnen wir damit unser Bewußtsein für sie. Und das sollten wir möglichst oft tun, denn solange wir uns von der übrigen beseelten Natur durch Ignoranz isolieren, hemmen wir unsere spirituelle Entfaltung!

Ein heiliger Ort, ein »Ort der Kraft«, sollte deshalb für uns auch der Platz sein, an dem unser Baum steht. Diesen, also unseren Baum, müssen wir nun zunächst einmal suchen – es sei denn, er steht direkt vor unserer Haustür oder in unserem Garten. Dieses Glück haben aber heute leider nur noch wenige Menschen. Gut für die Suche nach einem Baum sind Spaziergänge. Wer nicht allein in den Wald, auf einen Berg oder auf eine Wiese gehen möchte, kann diesen Spaziergang mit Gleichgesinnten unternehmen. Einen Baum kann man sich auch mit anderen Menschen teilen. Die Freundschaft von Menschen und Tieren teilen wir uns ja auch oft mit anderen Personen. Sollten Bedenken da sein, ob der Baum für mehrere Menschen genug Kraft hat, sind sie unbegründet, denn das Kraftpotential eines gesunden Baumes ist so gewaltig, daß wir uns keinerlei Vorstellung davon machen können. Die Ulme zu Buzancy[11] war weit und breit

wegen ihrer Heilkraft berühmt und man sah oft über 130 Kranke
unter ihrem Blätterzelt versammelt.

Der Spaziergang zu einem Baum bietet aber auch noch andere
Vorteile. Gehen wir spazieren, durchschreiten wir die Plus- und Mi-
nuskraftfelder der Erde. Unser körpereigenes Energiefeld wird aktiviert, der Stoffwechsel, die Organe und der Geist werden angeregt.
Gehen wir durch einen Wald, durchschreiten wir dazu auch die Energiefelder der Bäume. Die schweren, trüben Bestandteile unserer
eigenen Aura bleiben dabei in den stärkeren magnetischen Feldern
der Bäume hängen. Wir streifen also schon viel Ballast aus unserer
Aura hinaus, fegen sie rein. Seelische Probleme werden so schneller
abgebaut, und wir kommen mit einer Fülle neuer Ideen erfrischt am
Zielort oder wieder zu Hause an. Goethe berichtet, daß er sich seine
besten Gedanken stets erwandert hat. Diese Erfahrung kann jeder,
der es will, in der freien Natur nachvollziehen.

Im Folgenden möchte ich mit Ihnen Schritt für Schritt durchge-
hen, wie Sie mit einem Baum Kontakt aufnehmen können. Die entsprechenden Übungen werden Sie später noch kennenlernen.

Nehmen wir an, Sie hätten den Baum gefunden, den Sie ge-
sucht haben, z. B. eine Buche. Bleiben Sie in einiger Entfernung stehen, so daß Sie den Baum ganz in Ihrem Blickfeld haben.
Schauen Sie sich ihn nun in Ruhe andächtig an. Versuchen Sie jetzt,
seinen Geruch wahrzunehmen. Ist er Ihnen angenehm, fahren Sie in
der Betrachtung der Gestalt fort. Nach einem Naturgesetz wächst
jeder Baum in der Art seiner Gattung. Er folgt dem Urbild seiner
Seele und den in den Samen gespeicherten Informationen. Eine Buche wird nie ein Wachstumsstreben eingehen, wie z. B. ein Apfelbaum (vgl. Abb. 10, S. 75).

Versuchen Sie die Eigenart, die Zielstrebigkeit des Formenwachs-
tums der Buche zu erkennen. Lassen Sie die Gestalt des Baumes auf
sich wirken. Rufen Sie sich in Erinnerung, was Sie bereits darüber
gelesen haben. Fragen Sie sich: Ist der Baum jung oder alt? Wirkt er
auf mich erhaben, mächtig, abweisend? Wie ist er gewachsen? Ist
sein Stamm verästelt (ein verästelter Stamm geht von den Wurzeln
bis zum Wipfel gerade hoch) oder gabelt er sich? Sieht die Rinde

glatt und gesund aus? Möchte ich sie streicheln? Habe ich das Gefühl, der Baum strahlt Energie aus? Habe ich das Gefühl, der Baum saugt Energie ein? Steht er auf einem guten Platz?

Steht der Baum auf einem von Erdstrahlungen beeinträchtigten Platz? Hat sich sein Stamm spiralförmig gedreht, um das Strahlungsfeld zu entstören, oder er neigt sich nach rechts oder links, wächst also schräg, um den Strahlen auszuweichen? Diese Bäume haben oft am Stamm und an den Ästen krebsartige Wucherungen. Meiden Sie solche Plätze! Sprechen Sie in einem solchen Fall laut oder in Gedanken ein paar tröstende Worte an den Baum, dann suchen Sie weiter. Haben Sie einen gesunden Baum entdeckt, sollten Sie auch die nähere Umgebung betrachten. Ist der Boden steinig oder morastig? Ist er steinig, entströmt dem Erdboden viel Energie. Steine sind ja nichts anderes als kristallisierte Energie – das sagen jedenfalls eingeweihte Taoisten. Wie sieht die übrige Vegetation aus? Sind ihre Farben satt und kräftig? An guten Plätzen sind sie es!

Direkt unter einer Buche werden Sie kaum Vegetation entdecken. Die Buche steht überwiegend unter dem Einfluß des Mondes und ist ein Sauger. Wenn Sie sich füreinander geöffnet haben, wird sie bereit sein, krankhafte Energien aus Ihnen herauszuziehen; sie wird aber nicht freiwillig bereit sein, Ihnen Vitalkräfte abzugeben.

Nehmen wir an, Sie wollen etwas loswerden, z. B. Migräne oder Kopfschmerzen. Dann sind Sie, soweit alle Kriterien von Ihnen positiv bewertet wurden, am richtigen Baum und am richtigen Ort. Ist es Morgen oder früher Nachmittag, sind Sie auch zur richtigen Zeit da. Schlafstörungen z. B. können Sie gut beheben, wenn Sie Ihren Baum nach 17 Uhr aufsuchen, sich einige Zeit bei ihm aufhalten, ihn berühren – sich in seine Wurzeln einfühlen. (Ich persönlich fühle mich – wenn ich im Bett liege und schlafen möchte – in die Wurzeln eines meiner Bäume ein. Ich werde in meiner Vorstellung selbst zu einer Baumwurzel und schlafe immer dabei ein.) Wir gehen jetzt einmal davon aus, daß alles stimmig ist. Bringen Sie dem Geist des Ortes nun Ihre Ehrerbietung dar!

Als den Geist des Ortes sprechen wir zunächst die am Ort vorherrschenden Schwingungen an. Es muß sich nicht unbedingt um eine personifizierte Wesenheit handeln. Auch nicht personifizierte

Energieformen verfügen über Intelligenz und stehen mit personifi-
zierten Wesen in Verbindung, da sie ja im Einflußbereich der Bäume
und der Inwiedie liegen.

Öffnen Sie jetzt Ihre Seele für den Ort, an dem Sie Ihre Wahrnehmung für die feinstofflichen Kräfte steigern wollen. Benutzen Sie
dazu ein Ritual! Erinnern Sie sich noch einmal an alles, was Sie über
die Wichtigkeit des Öffnens der tieferen (oder höheren) Bewußt-
seinsschichten durch ein Ritual bereits gelesen haben.

Sie haben sich für das alte, bewährte Pentagramm entschieden?
Gut, dann führen Sie mit der rechten Hand den magnetischen Strich
im Raum vor Ihrem Körper von links unten nach oben. Schließen
Sie mit den weiteren Armbewegungen das Pentagramm nahtlos!
Sprechen Sie dazu laut oder in Gedanken: »Ichbewußt öffne ich
meine Seele den feinstofflichen Welten.« Bitten Sie dann um geistige
Führung. Nach dieser spirituellen Vorbereitung nehmen Sie mit Ih-
rem Körper Verbindung zu Ihrem »Ort der Kraft« auf. Ist eine
Quelle am Platz, trinken Sie ein wenig von ihrem Wasser. Müssen
Sie sich mit einer Wasserlache begnügen, benetzen Sie mit diesem
Kontaktwasser Ihr Brustbein und den Punkt zwischen den Augen-
brauen an der Nasenwurzel. Dieses Wasser ist durchtränkt mit den
Kräften der Ortsstrahlung und den Gestirnkräften des Himmels.
Tiere trinken deshalb mit Vorliebe aus Wasserpfützen, auch wenn es
schmutzig aussieht. Zur Einstimmung kann aber auch mit gutem Er-
folg eine am Ort wachsende genießbare Frucht, Pflanze (z. B. Sauer-
ampfer) oder Wurzel gegessen (gekaut) werden.

Ist der Kontakt mit dem Geist des Ortes hergestellt, danken Sie
dafür, daß Sie hier Gast sein dürfen. Schreiten Sie dann langsam auf
Ihren Baum zu, und saugen Sie dabei bewußt seinen Geruch ein.
Umrunden Sie den Baum in der Entfernung von einer Armlänge.
An der Stelle, die Ihnen am meisten zusagt, bleiben Sie vor dem
Baumstamm stehen. Sagen Sie einfach etwas wie: »Schön, daß ich
heute hier sein kann.« oder »Schön, daß es dich gibt.« Lassen Sie Ihren Blick von den Wurzeln her am Stamm nach oben gleiten und
vom Wipfel wieder nach unten. Legen Sie dann Ihre Hand auf den
Baumstamm. Schließen Sie dabei die Augen. Öffnen Sie sich ganz
für innere Wahrnehmungen.

Die Buche ist ein lunarer Baum[12]. Ihr Stamm fühlt sich kühl und magnetisch an. Wechseln Sie jetzt die Hand; finden Sie heraus, mit welcher Hand Sie den besseren Kontakt herstellen können. Gehen Sie danach wieder etwas zurück. Strecken Sie nun beide Arme aus. Berühren Sie den Baumstamm leicht mit Ihren Innenhandflächen auf beiden Seiten. Bewegen Sie sich nun mit Ihrem Körper etwas auf den Baum zu, indem Sie die Ellbogen absinken lassen. Die Hände behalten ihre Position bei, liegen aber jetzt fest am Stamm an. Neigen Sie nun Ihren Kopf nach vorne, und berühren Sie mit Ihrer Stirn leicht den Stamm. Bleiben Sie so eine Weile mit geschlossenen Augen. Fühlen Sie sich einfach mit dem Baum verbunden. Sie spüren bald ganz deutlich, ob der Baum bereit ist, sich für Sie zu öffnen.

Haben Sie das Gefühl, er ist bereit, erzählen Sie ihm einfach Ihre Sorgen und alles, was Sie belastet oder bewegt. Vollkommen ungezwungen, so wie Sie es einem guten Freund, einer guten Freundin auch erzählen würden. In den Pausen horchen Sie in sich und in den Baum hinein. Haben Sie das Bedürfnis zu weinen – tun Sie es ungehemmt. Es ist ein Zeichen dafür, daß sich in Ihnen Blockaden lösen.

Irgendwann haben Sie das Gefühl, daß Sie sich wieder vom Baum trennen sollten. Achten Sie auf diese Signale. Streicheln Sie noch einmal seinen Stamm. Bedanken Sie sich mit ein paar schlichten Worten dafür, daß er Ihnen zugehört hat. Selbst wenn Ihnen das alles am Anfang völlig unsinnig erscheinen sollte, können Sie davon ausgehen, daß Ihr Handeln und Tun einen tiefen Eindruck in Ihrer Seele hinterläßt. Es kommt vor, daß die bei dieser einfachen Zwiesprache »aufgenommenen Eindrücke« erst viel später in unser »Normalbewußtsein« gelangen. Oft werden sie uns erst durch einen Traum in den folgenden Nächten bewußtgemacht.

Indianer, die einem Baum ihre Sorgen anvertrauen, lassen in der Regel ein kleines Geschenk zurück, meistens etwas Tabak. Es gibt aber Geschenke, wie ich in den letzten Jahren herausfinden konnte, die Bäume viel lieber mögen: Gerne nehmen sie einen faustgroßen rundlichen Stein, etwas Eisen oder einen Nagel als Geschenk an. Haben Sie für den Baum ein kleines Geschenk mitgebracht, dann stekken Sie den Nagel mit ein paar netten Worten in den Erdboden. Achten Sie aber darauf, daß Sie keine Wurzel an der Rinde verletzen.

Den Stein legen Sie einfach innerhalb der Aura des Baumes auf den
Boden. Granit und Gneis strahlen stärker als die weicheren Gesteins-
sorten – mit sogenannten Feldsteinen liegen Sie also immer richtig.
    Verabschieden Sie sich nun auch wieder vom Geist des Ortes.
Schlagen Sie das schließende Pentagramm vor Ihrem Körper, indem
Sie mit der rechten Hand mittig oben vor Ihrem Kopf beginnen und
mit weiteren Armbewegungen das Pentagramm lückenlos schließen.
    Waren Sie mit mehreren Personen unterwegs, sollten Sie das Er-
lebte auf dem Heimweg nicht zerreden!

Vertiefung des Kontaktes durch Zeichnen und Malen

Bleiben Sie geduldig, spirituelle Entwicklung braucht Zeit. Wiederholen Sie einige Male die Kontaktaufnahme. Ich bin mir sicher, daß
Sie jedesmal etwas Neues entdecken oder empfinden werden.

Vertiefen Sie dann den Kontakt, in dem Sie sich ein Abbild
von dem Baum schaffen. Nicht jeder ist zum Künstler geboren, doch zu einer Zeichnung oder einem kleinen Bildchen von Ihrem Baum reicht es allemal. Sollte es überhaupt nicht gelingen, eine
Skizze von Ihrem Baum zu Papier zu bringen, machen Sie ein Foto.
Zeichnen Sie dann zu Hause nach dem Foto in aller Ruhe Ihren
Baum, zunächst mit Bleistift. Bei einem Laubbaum ist es wichtig,
daß Sie nicht einzelne Blätter zeichnen. Machen Sie es wie die Pro-
fis: Zeichnen Sie erst in feinen Umrissen den Körper des Baumes.
Dort, wo der Stamm und die Äste durch Laubmassen verdeckt sind,
konstruieren Sie den Verlauf frei weiter. Erst dann setzen Sie darüber
die Umrisse der Laubformen. Betrachten Sie die Laubmassen dabei
als Flächen. Wie solche Zeichnungen aussehen könnten zeigt Ihnen
Abb. 10.
    Legen Sie keine zu starken Schattierungen an! Wenn Sie das näch-
ste Mal zu Ihrem Baum gehen, bestücken Sie sich mit Farbstiften,
Kreide, Wasserfarbe oder was immer für ein Farbmedium Sie bevor-
zugen. Vertiefen Sie sich diesmal in das Farbspiel Ihres Baumes. Farben sind Kräfte!

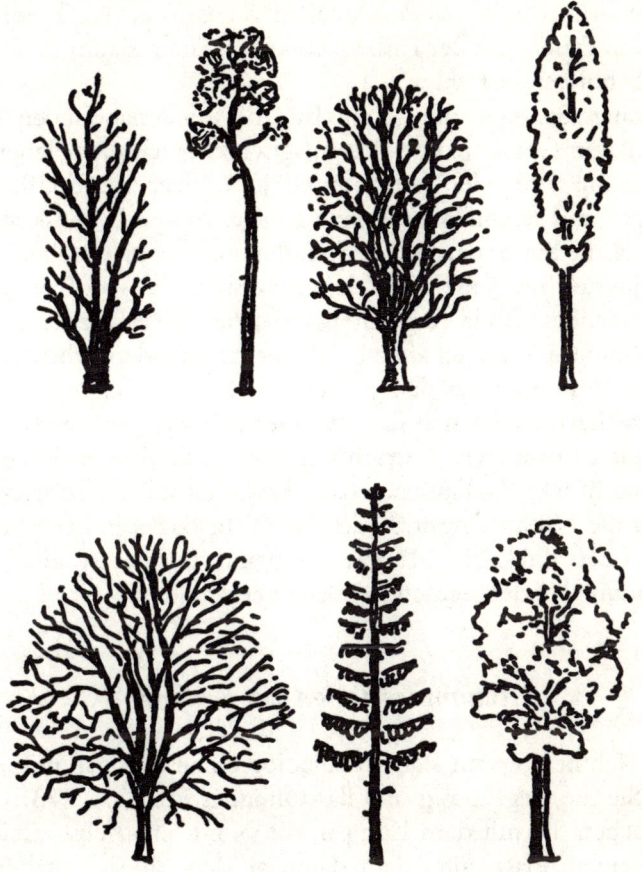

Abb. 10: Zielstrebigkeit der Wachstumsformen

Alle Farben stehen mit Schwingungen aus den feinstofflichen Ebenen in Verbindung. Über ihre Deutung gibt es unterschiedlichste Auffassungen. Ein feuriges Rot ist für den einen die Farbe der Liebe, für den anderen bedeutet dieses Rot eher Aggressivität. Malen Sie bedächtig mit den Farben, die Sie innerlich empfinden. Das müssen nicht unbedingt die Farben sein, die Sie mit Ihren körperlichen Augen sehen. Sie können aber auch die Farben, die Sie sehen, einfach

übersteigern. Statt eines blassen Grün nehmen Sie z.B. das leuch-
tendste Grün, das Sie haben. Gestalten Sie das Bild von Ihrem Baum
zu einem Feuerwerk der Farben. Lassen Sie Ihren Baum in überirdischer Schönheit erstrahlen!

Schauen Sie sich einmal ein Bild des niederländischen Malers
Vincent van Gogh an. Von dem magischen Spiel seiner lebendigen
Farbgebung wird jeder Betrachter tief im Inneren berührt. Ihm ist es
gelungen, mit seinen Bildern eine Brücke zu den Lebenskräften zu
schlagen, die hinter den äußeren Erscheinungsformen stehen.

Gelingt es Ihnen nicht gleich beim ersten Mal, von Ihrem Baum
ein strahlendes Abbild zu schaffen, versuchen Sie es wieder und wieder. Es lohnt sich. Sie schaffen bei dieser vertiefenden Arbeit eine besondere Beziehung zu den in und durch Ihren Baum wirkenden
Kräften. Schauen Sie sich Ihr Bild abends immer wieder an. Hören
Sie bei der meditativen Betrachtung Musik, die Ihre seelische Stimmung ausdrückt. Sie brauchen dann bestimmt nicht allzu lange warten, bis die Nacht kommt, in der Ihnen Ihr Baum in der Einschlaf-
phase oder direkt im Traum erscheint. Damit ist eine starke
Verbindung auf der seelischen Ebene hergestellt.

Baummeditation am Kraftort

Nehmen Sie zur Baummeditation einen Kompaß mit. Haben
Sie die Begrüßung und das Öffnungsritual (s. S. 173) vollzogen, suchen Sie mit dem Kompaß die Nord-Süd-Achse. Zeichnen
Sie an einem Platz unter dem Baum, an dem Sie sich wohlfühlen,
ein größeres Kompaßkreuz. Es genügt, wenn Sie die Nord-Süd-
und die Ost-West-Achse in den Boden ziehen. Legen Sie in ca. 2 m
Entfernung vom Kreuzmittelpunkt im Norden den Stein nieder,
den Sie dem Baum als Geschenk überlassen wollen.

Stellen Sie sich in die Mittelachse des Kreuzes, so daß die Körpervorderseite nach Norden zeigt. Drehen Sie nun leicht Ihre Arme,
und öffnen Sie dabei die Hände muschelförmig, so daß die Handinnenflächen nach vorne zeigen. Lassen Sie Ihren Blick auf der mit
dem Stein markierten Stelle ruhen. Stellen Sie sich jetzt vor, daß al-

les, was Sie belastet, durch Ihre Füße in den Erdboden sickert. Beugen Sie sich dann zum Erdboden nieder. Ihre Hände plazieren Sie dabei vor Ihren Füßen mit den Handflächen auf dem Erdboden. Im Yoga heißt diese Stellung »Padahastasana« (Abb. 11).

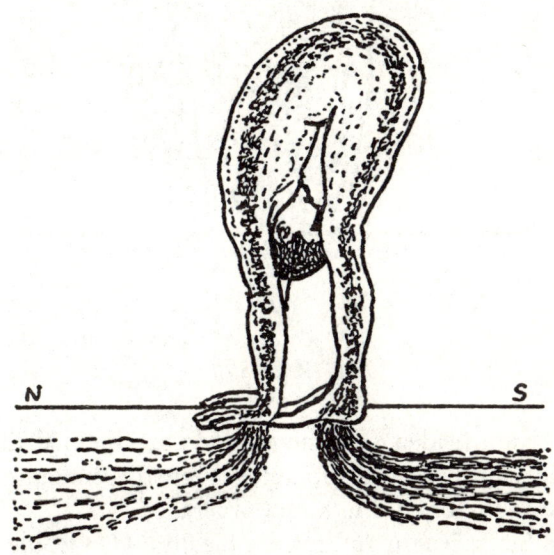

Abb. 11: Padahastasana

Stellen Sie sich nun lebhaft vor, wie der Energiestrom, von Norden kommend, durch Ihre Handmitte in den Körper eintritt, alle Bioplasmaschlacken mitreißt, über das Rückgrat die Beine hinabfließt und durch die Fußsohlen in die Erde zurückkehrt. Schon bald werden Sie diesen Energiezufluß deutlich spüren.

Richten Sie sich anschließend halb auf, und wenden Sie sich in dieser halbgebeugten Haltung (Abb. 12) nach Nordosten[13]. Machen Sie jetzt einen tiefen Atemzug. Beim Ausatmen geben Sie mit leicht geöffneten Lippen den Vokal »U« als summenden Ton von sich. Sie spüren die Vibration besonders stark in den Fingerspitzen, weil die Energie des Erd-Chi Sie dort regelrecht anspringt. Machen Sie die

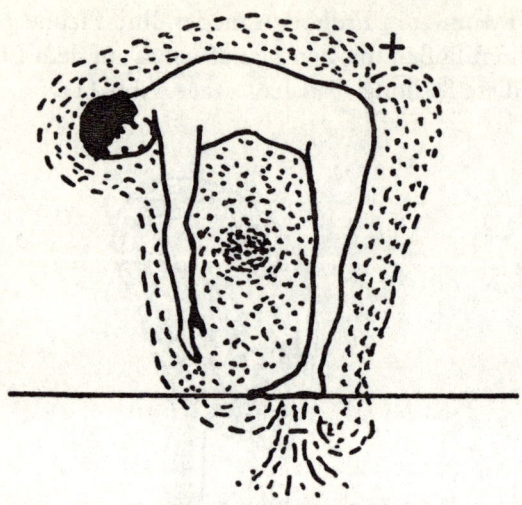

Abb. 12: Ur-Stellung

Übung des summenden Ausatmens mindestens dreimal. Ihr gesamtes
Energiefeld wird nach der vorausgegangenen Reinigung durch die
Padahastasana stimuliert und harmonisiert.

Richten Sie sich nun auf. Halten Sie Ihre Hände, die jetzt stark
energetisiert sind, in einem Abstand von 3–4 cm vor Ihr Gesicht.
Das Magnetfeld Ihrer Hände können Sie deutlich als eine durch-
dringende, angenehme Wärme spüren. Oft wird auch ein Prickeln
auf der Haut empfunden. Ist die Wahrnehmung für Sie unbefriedi-
gend, bewegen Sie Ihre Hände einige Male ganz langsam vor Ihrem
Gesicht hin und her.

Machen Sie diese beiden Yogaübungen immer dann, wenn Sie mit
Baum- und Erdenergien arbeiten wollen, und zwar vor und nach der
Arbeit oder der örtlichen Meditation. Diese Übungen magnetisieren
nicht nur den Körper, sondern stimulieren auch die feinstofflichen
Energiezentren im Ätherkörper und verhindern vor allem eine
Überladung mit feinstofflichen Kräften. Energieüberschuß kann sich
genauso ungünstig auf den Organismus auswirken wie Energieman-

gel. Unsere germanischen Vorfahren kannten diese Körperstellungen unter dem Namen »UR« (Abb. 12).

Nach einer kurzen, besinnlichen Pause nehmen Sie nun wie gewohnt mit Ihrem Baum Kontakt auf. Streicheln Sie seinen Stamm. Sprechen Sie ein paar verbindliche Worte, die aus Ihrem Herzen kommen sollten. Gehen Sie dann in einiger Entfernung, aus der Sie den Baum gut im Blickfeld haben, um den Baum herum. Bleiben Sie dann an einem Platz stehen, der Ihnen zusagt. Betrachten Sie nun liebevoll Ihren Baum. Haben Sie dabei den Wunsch, eine tiefere Verbindung mit ihm einzugehen! Atmen Sie nun tief aus, atmen Sie dann in 7 Intervallen ein (einfach mit gleichbleibendem Tempo bis 7 zählen!). Verharren Sie ein Intervall lang bei voller Einatmung. Atmen Sie aus und zählen bis 7, verharren Sie und überlassen den Atem dann wieder sich selbst. Blicken Sie jetzt gelöst auf die Wurzeln des Baumes, versuchen Sie dabei, ihren Verlauf im Erdreich zu erahnen. Wandern Sie dann mit dem Blick langsam den Stamm hoch. Registrieren Sie dabei die Hauptverästelungen, bis Sie mit Ihrem Blick den Baumwipfel erreichen. Verharren Sie dort ein wenig. Schauen Sie mit entspannten, entfokussierten Augen dann auf den Raum dicht über dem Wipfel. Sind Sie voll entspannt und gelöst, werden Sie dort feine, pulsierende Energieströme wahrnehmen.

Nun nehmen Sie als Steigerung noch die gelenkte Atmung dazu. Die Augen bleiben bei dieser Energiemeditation in der Regel offen. Nur wenn Sie spüren, daß es Ihre Verinnerlichung fördert, können sie auch zeitweise geschlossen werden.

Beim Einatmen ziehen Sie nun die Erscheinung des Baumes in Ihren Körper, in Ihre Seele hinein.

Beim Ausatmen dehnen Sie Ihr Bewußtsein bis in den Baum aus, von den Wurzeln bis in den Wipfel.

Wiederholen Sie den Vorgang mehrmals. Sobald ein Gefühl Ihnen sagt, daß es genug ist, hören Sie einfach auf, indem Sie normal ausatmen. Bleiben Sie noch eine Weile im stummen Zwiegespräch vor dem Baum stehen.

Eine schöne Anregung zu einer anderen Baummeditation habe
ich vor Jahren von der amerikanischen Hexe Starhawk[14] persönlich
erhalten; diese Meditation kann auch bequem im Sitzen ausgeführt
werden:

Nehmen Sie so am Baumstamm Platz, daß er hinter Ihrem
Rücken in nördlicher oder östlicher Richtung steht, weil
dann die Baumenergie leichter durch einen der Hauptenergieströme
der Erde in Sie einfließen kann. Legen Sie die offenen Handflächen
auf Ihre Beine oder neben sich auf den Erdboden. Die Beine sind
überkreuzt. Werden Sie in Ihrer Vorstellung nun selbst zu einem
Baum. Stellen Sie sich vor, wie aus Ihrem Steißbein eine Wurzel
wächst, die tief in das Erdreich eindringt – tief und tiefer, durch den
Mutterboden, durch Ton- und Mergelschichten, durch Gestein und
Wasser. Dringen Sie in Ihrer Vorstellung immer tiefer in den Erdboden vor, bis es heiß wird und Sie den Schmelztiegel der Urfeuer erreichen. Lassen Sie diese feurige Energie jetzt in Ihren Wurzelkanal
fließen und steigen Sie mit ihr wieder hoch; zurück durch heißes
Gestein, Wasser, Felsenschichten, Mergel, Ton, schwarze Mutter-
erde, in Ihren Körper.
    Geben Sie der Energie jetzt einen Ton, z. B. durch die Vokale U
oder I, und heben Sie die Hände beim Intonieren langsam an bis
über den Kopf. Ist der Energiestrom durch Sie hindurchgerauscht,
lassen Sie die Hände wieder auf den Boden sinken.
    Fühlen Sie sich nun meditativ in den Baum und die Sie umge-
bende Natur ein. Schauen Sie dabei nach außen und nach innen,
denn nur durch die Integration von Außensicht und Innenschau ist
das wahre Bild der Welt zu erkennen. Beenden Sie die Baummeditation mit dem bereits beschriebenen Ritus. Diesmal nehmen Sie etwas vom Baum mit nach Hause. Bitten Sie den Baum darum, sich
ein Blatt oder einen Nadelzweig abpflücken zu dürfen. Seien Sie
aber nicht erstaunt, wenn der Baum Ihnen zuvorkommt und ein
Blatt herunterfallen läßt! Legen Sie dieses Blatt zu Hause in ein dik-
kes Buch. Später lernen Sie, wie man über ein Blatt oder einen Nadelzweig aus der Entfernung eine feinstoffliche Verbindung herstellen kann.

Legen Sie abschließend Ihr Gastgeschenk nieder. (»Und wo soll ich immer diese vielen Steine herbekommen?« fragte mich einmal eine junge Frau etwas pikiert. Ich habe damit nie Probleme. Bei jedem Spaziergang finde ich am Wegrand oder an einem Feldrain mehr Steine, als ich mit nach Hause tragen kann. Diese selbstgefundenen Steine sind auch die wertvollsten. Bei meiner abendlichen Meditation nehme ich gerne Steine in die Hände.) Steine sind kristallisierte Lebenskraft – Chi, Ki, Od, Mana, Vitalkraft oder wie auch immer diese Urenergie benannt wird.

Versuchen Sie einmal, bei Ihrer Abendmeditation die verschiedenen Schwingungsfrequenzen der unterschiedlichsten Steine zu erfühlen. Legen Sie sich eine kleine Vorratssammlung an. Sind Sie unruhig oder fühlen Sie sich von den Gedanken eines anderen Menschen belästigt, so legen Sie einfach aus diesen Steinen einen großen Kreis[15], in den Sie sich hineinsetzen oder hineinlegen können. Der Kreis ist ein Symbol Gottes, das »Rühr-mich-nicht-an« der Märchen. Im Steinkreis findet das Meer Ihrer Gedanken und Gefühle Ruhe und Frieden.

5. Der heilmagnetopathische Lebensstrom

Unser Wohlbefinden und unsere Gesundheit sind stark von der Tätigkeit des Ätherkörpers abhängig. Ist er leistungsfähig, kann er genügend Lebensenergie aus unserer Umwelt, aus unserer Nahrung, aus unserer Aura heraustransformieren, fühlen wir uns rundum wohl. Wir sind dann beschwingt und lustig, möchten singen und springen. Die Arbeit geht uns leicht von der Hand. Unser Körper »brummt« vor Kraft.

Die natürlichen Fähigkeiten des Ätherkörpers, aus der Umgebung die Lebenskräfte herauszufiltern, lassen aber mit zunehmendem Alter nach. Ab dem vierzigsten Lebensjahr beginnt die Aura eines Menschen langsam zu schrumpfen. Kommt ein älterer mit einem jüngeren Menschen, der viel Lebenskraft abstrahlt, zusammen, erhält der Organismus der älteren Person eine Auffrischung.[16]

Ähnliches geschieht, wenn Gesunde und Kranke zusammen sind. Vielleicht haben Sie es bei einem Krankenbesuch auch schon erlebt: Der anfangs einsilbige Kranke wird mit der Zeit immer gesprächiger und munterer. Sie selbst treten am Ende der Besuchszeit müde und erschöpft den Heimweg an.

Am besten fluten die Energien zwischen den Geschlechtern, also zwischen Männern und Frauen.

Das Wissen um diese natürlichen Zusammenhänge gehört zu den Urerfahrungen der Menschheit. Die uns lebendig erhaltende Feinkraft fließt also ständig durch uns hindurch und verändert uns, je nachdem, mit wem oder was wir uns verbinden. Wir sind alle untereinander vernetzte, offene Energiesysteme. Der normale, ungeübte Mensch ist nicht fähig, seine feinstofflichen Energien zu steuern. Sie fließen ihm ab oder zu nach Gesetzen, die ihm verborgen bleiben.

Wird er erschreckt, fließen ihm schlagartig durch das Solarplexus-chakra alle Energien ab[17]: Die Beine zittern, die Knie werden weich, die Zähne klappern, die Stimme versagt. Er steht wie gelähmt da, wie ein Elektromotor, dem man die Stromzufuhr abgeschaltet hat. Ohne Lebensenergie sind wir nicht lebensfähig! Auch wer meint, daß er feinstoffliche Energien dauerhaft speichern kann, irrt sich! Lebensenergie will fließen. Wo Lebenskräfte sich stauen, rufen sie Störungen und Krankheit hervor. Leben ist geben und nehmen, stetiger Wandel, stetiger Fluß.

Wir können uns mit der Sonne, dem Mond, der Erde, dem Meer, mit einem Berg oder einem Baum verbinden. Sie sind, genau wie wir auch, Gestalt gewordene Erscheinungen der göttlichen Schöpfung. Für den wissenden Therapeuten und Heiler können sie unerschöpfliche Spender werden, wenn er ihre Kräfte richtig kanalisieren und weiterleiten kann. Das bewußte Lenken heilender Energien auf einen Kranken durch Berührung mit den Händen, durch magnetische Striche oder Anhauchen ist ein Urheilmittel der Menschheit.

Die eigentlichen Auslöser, die die feinstofflichen Heilenergien verstärkt zum Fließen bringen, sind die selbstlose Liebe und das Mitgefühl. »Der höchste Grund der Arznei ist die Liebe«, schrieb der große Heilarzt Paracelsus der Nachwelt einst in sein Tagebuch. Die mit den Schwingungen der Liebe durchsetzten Heilkraftströme des Menschen sind das kostbarste Heilmittel, das überhaupt erzeugbar ist! Ein liebevoller Heiler dient der universalen Gottheit, die durch ihn Wunder bewirken kann.

Wer bewußt viel Energie abgibt, muß dafür sorgen, daß sein vitaler Pegel stets hoch bleibt. Wir leben in einer bipolaren Welt. Jede Bewegung löst eine Gegenbewegung aus. Auf der Rückseite des Heilstromes fließen die kranken, feinstofflichen Substanzen in den Körper des Heilers. Leitet er sie nicht nach jeder »Behandlung« gewissenhaft aus seinem Energiesystem ab, schwächt er seine eigene Gesundheit. Selbst bei einer Fernheilung spiegeln sich die Krankheitssymptome des Patienten im Ätherkörper des Heilers und geben ihm durch Schmerzen zu erkennen, wo es an Lebenskraft mangelt.

Eine der besten Methoden zur gründlichen Ableitung kranker Strahlungen ist das altbewährte Padahastasana (Abb. 11, Seite 77) sowie das Ableiten in Wasser. Halten Sie dazu Ihre Arme bis an den Ellbogen unter fließendes Wasser, und stellen Sie sich dabei vor, wie alles abfließt; duschen verstärkt diese Wirkung.

Wie können wir nun selbst unseren durch Heilen oder Alter abgesunkenen Energiepegel wieder anheben? Es gibt dazu verschiedene Methoden, von denen zwei besonders wirksam sind: das bewußte Atmen und die Kraftabnahme an unseren Bäumen. Eine gesunde Ernährung und eine gesunde Lebensführung werden als selbstverständlich vorausgesetzt.

Eine gute, altbewährte Möglichkeit, die Lebensenergie zu steigern, ist, wie bereits erwähnt, das bewußte Atmen:

Sie atmen bewußt, indem Sie im Geiste dem Atemstrom bis in die Bauchregion folgen. Ihr Bauch wölbt sich beim Einatmen vor und zieht sich beim Ausatmen zusammen. Lassen Sie es geschehen! Komplizieren Sie diesen Vorgang nicht unnötig: Sie atmen Luft mit Prana ein und verbrauchte Luft aus.

Als »Prana« bezeichneten die Adepten im alten Indien kleine, elektrisch geladene Vitalitätskügelchen, die in der frischen Luft enthalten sind und von der Sonne stammen. Diese Vitalitätskügelchen kann ein Aurasichtiger im Sommer sehr gut umherschwirren sehen. Manchmal springen sie mir auch ins Auge, wenn mein Blick spontan auf eine weiße Fläche fällt. Durch bewußtes Atmen kann diese Vitalenergie verstärkt in den Körper eingesaugt werden. Sie erzeugt im Zusammenwirken mit der Körperflüssigkeit das lebenserhaltende elektromagnetische Fluid.

Von meinem Lehrer Dr. Kuang No durfte ich viel über das chinesische Feng Shui und die feinen Energieströme lernen. Er war der Überzeugung, daß das durch bewußtes Atmen in den Unterbauch strömende Prana durch Einwirkung auf den in der Blase gesammelten Urin den körpereigenen elektromagnetischen Lebensstrom erzeugt.

Die Chinesen nennen diesen Lebensstrom »Chi«, die Japaner »Ki«. Dr. Reichenbach nannte ihn »Od«. Prana und Od sind also unterschiedliche Energien. Chi, Ki, Od, Äther oder Bioplasma sind verschiedene Ausdrücke für die gleiche feinstoffliche Kraft. Prana ist reine Sonnenelektrizität.

Die aufbereitete elektromagnetische Lebenskraft Chi wird auch von der gesamten Natur in ununterbrochenem Wechselspiel erzeugt. Der dicht unter und über der Erde fließende Vitalstrom lädt sich durch diese ständige Reibung stark auf. Dadurch steigt in ihm die Spannung der elektrischen Energieteile höher an. Die Natur ist aber immer um Ausgleich bemüht. Der Ausgleich in diesem elektromagnetischen Lebenskraftstrom wird dadurch erreicht, daß die überschüssigen elektrischen Anteile in alles hineingeschleudert werden, was senkrecht zum Erdmittelpunkt steht: in den aufrecht stehenden Menschen, in die Stämme der Bäume, in Balken und Säulen, in jede kegelförmige Erhebung, in die Mauern der Gebäude.

Von den aufgeladenen Körpern fließen sie wieder, nach weiterem Ausgleich suchend, in das weltumspannende elektromagnetische Netzwerk ab. Bei aufrechter Körperhaltung laden wir also unser elektrisches Potential auf natürliche Weise auf, im Liegen das magnetische Potential.

Besonders starke und unermüdliche Kraftspender sind unsere Bäume und Pflanzen. Sie sind die großen Transformatoren und Alchemisten unserer Erde. Für die Heiler früherer Zeiten war es daher naheliegend, sich dieser bereits aufbereiteten Energien zu bedienen. Sie bieten uns die Möglichkeit, auch im Alter den Ätherkörper voll funktionsfähig zu erhalten, so daß wir dann bequem mit jüngeren Menschen mithalten können und über das gleiche oder sogar über ein höheres energetisches Potential als sie verfügen. Eine leichtere und bessere Methode zur Regeneration gibt es meiner Ansicht nach für uns in Nord- und Mitteleuropa nicht. Die Luft ist bei uns nicht so reich mit Prana angefüllt wie in den südlichen Ländern, dazu kommt heute noch die Luftverschmutzung in den Industriestaaten, die den Gehalt an Prana stark reduziert. Eine Aufladung von 5 Minuten an einem »Feuerbaum«, also an einer Kiefer, Fichte oder Tanne, beschert uns deshalb eine größere Zufuhr elektrischer Energien als ein halbstündiges Pranayama (Atemübung aus dem Yoga).

Schon im Buch Jesus Sirach (ca. 190 v. Chr.) ist zu lesen: »Gott läßt die Arznei aus der Erde wachsen und ein Vernünftiger verachtet sie nicht. Damit heilt er und vertreibt die Schmerzen, und der Apotheker macht die Arznei daraus.«[18] Auch hier heißt wieder das Zauberwort, das diese Kräfte von den Bäumen in unseren Ätherkörper fließen läßt, »Liebe«.

Die Bäume geben uns gerne aus ihrem großen Überschuß Lebensenergien ab. Doch so, wie die Kräfte eines Heilmagnetopathen von seinem Charakter »gefärbt« sind, haben auch die Heilkräfte der Bäume ihre »Färbung«, ihre spezifischen Heileigenschaften. Ein einzelnes Menschenleben reicht kaum aus, um in der Praxis die Kräfte einer größeren Anzahl von Bäumen zu erproben und zu überprüfen. Es war deshalb die Aufgabe der alten Ordensgemeinschaften, Erfahrungswissen über viele Generationen anzusammeln und die Erkenntnisse der einzelnen Heilkundigen zu vergleichen. Selbst »Hexen« und Kräuterkundige gehörten geheimen Verbindungen an, die das Heilwissen hüteten. Auch bei Schamanen und Medizinmännern wurden wichtige Erkenntnisse von »Mund zu Ohr« weitergegeben. Bei den christlichen Ordensbrüdern unterlag dieses Wissen strengster Geheimhaltung, galt doch die Verehrung von Bäumen, Kräutern, Quellen und Bergen als Merkmal des Heidentums. Solch ein Tun ließ schnell den Verdacht der Hexerei und Zauberei aufkommen. Kräuterkundige Hexen und Zauberer aber wußte man mit dem Teufel im Bunde – sie wurden ertränkt oder verbrannt. So ging uns im christlichen Abendland viel altes Heilwissen verloren.

Die magnetopathische Baumheilkunde öffnet uns erneut den Weg zu einer ganz natürlichen Form des Heilens. Besonders für die Selbstheilung und zur Erhaltung der jugendlichen Vitalität des Ätherkörpers kann sie gerade in unserer heutigen Zeit wieder zu einem unerschöpflichen Gesundbrunnen werden.

Der liebevolle Umgang mit kraftspendenden Bäumen hebt schon nach kurzer Zeit das gesamte energetische Potential eines Menschen an. Ihre Heil- und Lebenskräfte bringen wieder Frische, Freude und Elan in unser Leben zurück. Wir können also selbst entscheiden, ob wir uns mit zunehmendem Alter mit grauen Schatten oder bunten Lebenslichtern umgeben wollen.

Die einfache Aufnahme von Baumenergien

Wir Menschen neigen leicht dazu, unsere Energieströme durcheinanderzubringen oder zu schwächen. Schon allein durch unkontrolliertes sprunghaftes Denken rufen wir in unserem Energiesystem große Unordnung hervor, da unsere feinen Kraftströme immer unserer Aufmerksamkeit folgen. So vergeuden wir unsere hochtransformierten mentalen Energien meistens völlig nutzlos. Gelingt es uns, unser Denken zu ordnen oder vorübergehend stark einzuschränken, kann sich unser feinstofflicher Organismus rasch erholen.

Der große Körper

Diese Übung kann im Prinzip überall ausgeführt werden und bewirkt auch bei Anfängern eine sofortige Kraftzufuhr. Ihre größte Wirkung entfaltet sie aber im Wald oder unter einem Baum.

Sind Sie an Ihrem »heiligen Ort«, reinigen Sie sich zuerst nach dem Begrüßungsritual (S. 173) durch *Padahastasana* (Abb. 11, S. 77). Lehnen Sie sich dann mit dem Kopf und dem Rücken an den Baumstamm, die Arme hängen locker am Körper. Rutschen Sie in dieser Stellung mit den Füßen ein wenig nach vorne, damit Ihr Rücken sich vom Baumstamm lösen kann. Nur der Hinterkopf bleibt am Stamm angelehnt und fängt das Körpergewicht ab. Schon nach kurzer Zeit reagiert die Muskulatur: Hals und Kopf fangen leicht an zu vibrieren. Diese Vibration kann sich bis zu Schüttelbewegungen steigern.

Haben Sie das Gefühl, es sei genug, richten Sie Ihren Körper ganz, ganz langsam auf. Sie spüren, wie das Blut aus Ihrem Nacken in Ihren Kopf schießt. Der Nacken ist heute bei fast allen Menschen der Bereich mit den größten Verspannungen. Nach dieser vorbereitenden Stellung kann die Energie wieder frei durch den Hals in den

Kopf fließen. Treten Sie nun vom Baumstamm weg, und stellen Sie
sich so hin, daß er mindestens 3 m entfernt von Ihnen in nördlicher
oder östlicher Richtung steht. Schütteln Sie nun kräftig das rechte
Handgelenk, als wollten Sie Wassertropfen abschütteln, dann das
linke Handgelenk, den rechten und den linken Fuß. Dadurch wird
der Energiefluß im Körper angeregt.

Nun folgt die eigentliche Übung mit der Konzentration auf
die sieben Regionen Kopf, Brust, Bauch, die beiden Handinnenflächen und die beiden Fußmitten. Gelingt es Ihnen, die Konzentration auf diese Punkte aufrechtzuerhalten, haben Sie keine Zeit
mehr zum Denken. Der Ätherkörper kann sich augenblicklich regenerieren und das Bewußtsein dehnt sich in den Ätherkörper aus.
Zuerst werden Sie fühlen, wie die Hände den doppelten oder drei-
fachen Umfang annehmen und dann die anderen Körperteile.

Diese einfache Stellung führt, wenn sie sorgfältig ausgeführt wird,
dazu, daß Ihr Ätherkörper augenblicklich ungehemmt die ihn umgebenden feinstofflichen Energien aufnehmen und verarbeiten
kann. Bei regelmäßiger Ausführung hat sie eine stärkende und ver-
jüngende Wirkung auf den gesamten menschlichen Organismus. Sie
stammt aus den »torelosen Klöstern«[19] der Taoisten und wurde jahr-
hundertelang streng geheimgehalten. Mein Lehrer Dr. Kuang No
hatte mir aber erlaubt, sie nach seinem Tod weiterzugeben. Ich wünsche mir, daß sie allen Lesern großen Nutzen und Segen bringt.

Die Pentagrammstellung

Eine weitere gute Übung, die vor allem die feinstofflichen Ätherkräfte zu einer verstärkten Zirkulation anregt, ist die Pentagrammstellung. Sie stärkt vor allem das Nabel- und das Solarplexuschakra
sowie die mit ihnen verbundenen Nervengeflechte.

Sie bereiten sich auf die Übung vor wie bei der Stellung »Der
große Körper«. Stellen Sie sich dann mit gegrätschten Beinen
und ausgebreiteten Armen mit der Körpervorderseite in Richtung

Norden oder Osten. Werfen sie den Kopf etwas in den Nacken, die rechte Handinnenfläche weist nach oben, die linke nach unten oder je nach Empfinden umgekehrt. Die Pentagrammströmung beginnt im Stirnchakra, fließt abwärts zum rechten Fuß, dann aufwärts zur linken Hand, durchfließt das Schlüsselbein zur rechten Hand, geht wieder abwärts zum linken Fuß und von dort wieder aufwärts zum ätherischen Stirnchakra (Tafel 11; der elektrisch abstrahlende Energiestrom ist blau gezeichnet, der magnetisch abstrahlende rot).

Diese Stellung erhöht die feinstoffliche Ausstrahlung Ihrer Augen und den persönlichen Magnetismus. Sie verstärkt also Ihre Anziehungskraft auf andere Menschen. Die Pentagrammstellung wurde früher von den Druiden in den Bergen in körpergroßen Fünfecken, die aus dem lebenden Fels gehauen waren, zur Erhöhung ihrer Strahlkraft geübt. An abgelegenen Stellen in den Pyrenäen, z. B. nahe Oloron, konnte ich zusammen mit Freunden in erhaltenen Fünfecknischen diese Übung gut nachvollziehen. Richten Sie Ihre Aufmerksamkeit bei der Pentagrammstellung auf Ihre Körperform.

Das Aktivieren der Klangaura

Auch die Klangaura entfaltet im Wald oder unter einem Baum eine erhöhte Wirkung. Bereiten Sie sich vor:

Stellen Sie sich wieder so hin, daß Ihre Körpervorderseite nach Norden oder Osten zeigt. Um Sie herum brauchen Sie 3–4 m freien Raum. Die Tonfolge wird jetzt so gestaltet, daß sich die Energie von unten nach oben transformieren kann. Atmen Sie dazu dreimal tief ein und aus. Gehen Sie dann in Ihrer Vorstellung in den Unterleib, atmen Sie ein und intonieren Sie das »U«. Wenn Sie zwei Drittel der Atemluft verbraucht haben, brechen Sie das Intonieren ab. Atmen Sie die restliche Luft tonlos aus. Setzen Sie nach tiefem Einatmen neu an. Intonieren Sie das »U« auf diese Weise siebenmal. Es folgt siebenmal das »Ü«. Im Geiste wandern Sie dazu in die Nieren, die sich beim Intonieren des »Ü« erwärmen. Dann kommt siebenmal »Ö« für das Zwerchfell, die Leber, den Magen und den So-

larplexus. Mit »O« entlasten und erwärmen Sie Ihr Herz. Die Lippen
sollten beim »O« schön gerundet werden, damit der Vokal rein
schwingt. Gehen Sie dann weiter mit »A« in die Lungenflügel, die
mit der äußeren Auraschicht korrespondieren; mit »E« in den Hals,
den Kehlkopf, die Schilddrüse und mit »I« schließlich in den Kopf,
das Knochengerüst und in die innere Sphäre der Klangaura.

Erscheint es Ihnen anfangs zu lange, jeden Vokal siebenmal zu intonieren, beginnen Sie mit drei Folgen, bis Sie nach einiger Zeit freudig sieben Folgen durchhalten. Dies ist eine einfache, für jeden an-
wendbare Methode, um den Energiepegel hoch, die Aura rein und
die Organe gesund zu erhalten.

Kraftaufnahme im Liegen

Im Sommer können Sie sich bei warmer Witterung unter
einem Baum auf die Erde legen, um Ihr Kraftpotential zu stärken. Die Himmelsrichtung spielt bei dieser Stellung keine Rolle. Sie
hat zwei Varianten: die Rechtswirbellage, um Kraft aufzunehmen,
und die Linkswirbellage, um nervöse Energien abzuladen.

Die Rechtswirbellage

In dieser Position nehmen Sie Kraft auf. Legen Sie sich dazu
auf den Bauch. Schieben Sie nun Ihren abgewinkelten rechten
Arm nach oben, so daß die rechte Hand oberhalb des nach rechts ge-
drehten Kopfes liegt. Der linke Arm zeigt abgewinkelt nach unten.
Das rechte Knie wird mit dem angewinkelten Bein ebenfalls nach
oben geschoben. Das linke Bein bleibt gestreckt oder wird leicht
nach außen abgewinkelt (Abb. 13).

Die Linkswirbellage

Sind Sie nervös oder mißmutig, wird die Stellung wie folgt
ausgeführt: linker Arm abgewinkelt oben, rechter nach unten;
linkes Knie mit angewinkeltem Bein nach oben, das Gesicht schaut

Abb. 13: Die Rechtswirbellage des Körpers

nach links. In dieser Stellung können Sie abladen, entspannen, schlafen, dösen oder tagträumen.

Günstige und ungünstige Zeiten

Unter einem Baum, in der Aura des Baumes oder eines Waldes können Sie immer Kraft tanken. Anders ist es, wenn wir einen Baum berühren: Hier greifen wir bewußt in sein Energiesystem ein. Dabei sind einige Regeln zu beachten.

Das menschliche Befinden unterliegt zu einem guten Teil dem Einfluß der Sonne, die den Tages- und Jahresrhythmus bestimmt. Noch größer ist der Einfluß des Mondes, vor allem auf das Unbewußte und die Körperflüssigkeiten in uns. Hinzu kommt noch unser persönlicher Biorhythmus.

Ähnliches können wir bei den Bäumen beobachten. Eine Zeit, in der man das Anstellen an Laubbäume ganz vermeiden sollte, ist die Zeit, in der sie knospen, denn hier ist der Baum ganz mit sich selbst beschäftigt und möchte nicht gestört werden. Bei Regen sollten wir ebenfalls keine Heilkräfte direkt vom Baum abnehmen, denn das

mögen die Bäume nicht besonders, und die Resultate sind deshalb
nur gering. Es ist möglich, daß das Wasser die feinstofflichen Energieströme stört. Im Winter ziehen sich die Kräfte weitgehend in das
Wurzelwerk zurück. In dieser Zeit haben wir bei Laubbäumen nur
Erfolg, wenn wir den »Wintergriff« anwenden (siehe S. 95). Bei zunehmendem Mond bis Vollmond erziele ich gute Erfolge bei ge-
sundheitlichen Problemen, die oberhalb des Solarplexus liegen.
Auch lassen sich für mich in dieser Zeit viele Dinge günstig beeinflussen, die mich beschäftigen, die ich vollenden oder abschließen
will.

Zwei Tage vor bis zwei Tage nach Vollmond überwiegt die energetische Spannung in der oberen Baumhälfte. Bei abnehmendem
Mond haben die feinstofflichen Baumenergien bei mir einen günstigen Einfluß auf alle Körperzonen, die unterhalb des Solarplexus liegen. Im seelischen Bereich steigen dann auch manchmal Erinnerungen oder Erkenntnisse aus dem Unbewußten hoch. Oft lösen sich in
dieser Periode auch verhärtete Blockaden im Gefühlsleben auf. Die
Trennung von allem, was mir unliebsam erscheint, findet in dieser
Zeit durch die Heilkräfte des Baumes volle Unterstützung. Die besten Erfolge erziele ich zwei Tage vor bis zwei Tage nach Neumond.
Im Jahreslauf erreichen die Bäume ihre größte Kraftentfaltung zur
Blütezeit.

Im Tagesrhythmus erreichen alle Bäume gegen 14 Uhr ihre optimale Strahlkraft. Nach 17 Uhr gehen sie schlafen. Ab dieser Tageszeit sind auch keine Temperaturunterschiede[20] zwischen lunaren
und solaren Bäumen mehr feststellbar. Bei den Nadelbäumen überwiegen generell die elektrische Spannung und das solare Prinzip. Sie
strahlen stark ab und lieben den Körperkontakt am Stamm nicht besonders. Bei der Wintereiche, Buche, Birke, Erle, Holunder, aber
auch bei Obstbäumen wie Kirsche, Birne, Apfelbaum überwiegen
die magnetischen Kräfte und das lunare Prinzip. Die lunaren Bäume
mögen den Körperkontakt am Stamm. Wer jedoch ständig friert,
müde und antriebslos ist, sollte sich zunächst bei den Nadelbäumen
nach einem Freund umsehen. Jede Nadel ist eine Antenne, mit der
der Baum das Sonnenprana und die Elektrizität aus der Umgebung
aufnimmt. Wie ich schon selbst beobachten konnte, holen sich auch

oft die Feen, die »Elektrozoa«, aus den Nadelbaumwäldern ihre Kraft für Einwirkungen auf die physische Welt.

Das Anstellen

Wenn Sie die genannten Regeln berücksichtigen, ist das einfache Anstellen problemlos. Es bieten sich nach den bereits beschriebenen Vorbereitungen mehrere Varianten an:

Die passive Frontalstellung

Der Baum steht im Norden, Sie stehen im Süden; auch möglich ist die Konstellation Baum im Osten und Sie im Westen.[21] Umfassen Sie nun mit beiden Händen den Stamm. Schieben Sie Ihren Körper so dicht an den Stamm, daß er ihn stellenweise berührt. Stirn oder Wange können leicht angelehnt werden. So verharren Sie gut 5 Minuten. Beschleunigt sich die Herztätigkeit oder die Atmung, sollten Sie den Kontakt bald wieder lösen. Bei dieser passiven Form des Anstellens findet ein einfacher Energieaustausch von Ätherkörper zu Ätherkörper statt. Die passive Frontalstellung wird insgesamt dreimal hintereinander ausgeführt. Dazwischen liegen Pausen von jeweils 5–10 Minuten. Die aufgenommenen Energien machen sich oft erst ein bis zwei Stunden später im Körper bemerkbar.

Die aktive Frontalstellung

Das Anstellen erfolgt wie bei der passiven Frontalstellung. Nun nehmen Sie zur Energieaufnahme die bewußte Atmung (S. 84) hinzu. Saugen Sie dazu beim Einatmen mit Hilfe Ihrer Vorstellungskraft die Baumenergien durch Ihre Hände in Ihren Körper, und atmen Sie normal durch die Nase wieder aus. (Bitte nie, aber auch wirklich niemals durch andere Körperteile, Organe oder Chakren Energien einsaugen. Damit würden Sie Ihr ganzes Energiesystem durcheinanderbringen!) Bei einer innigen Umarmung kann es passieren, daß Ihr Überbewußtsein und das Überbewußtsein des

Baumes den Kräftefluß koordinieren, dann fühlen Sie das Ein- und
Ausströmen der Energien auch in anderen Körperregionen. Diesen
Zustand können Sie aber nicht bewußt herbeiführen. Er ist eine
Gnade, die zum Erwachen des kosmischen Bewußtsein führen kann.
Varianten der Frontalstellung sind die Balg- und die Barstellung.

Die Balgstellung

Die linke Hand des nach oben ausgestreckten Armes liegt seitlich am Stamm. Die rechte Hand Ihres nach unten herabhängenden Armes legen Sie ebenfalls seitlich an den Stamm. Diese Position fördert den Ausgleich sexueller Spannungen im Körper und
lindert seelische Nöte. Die stärkste Wirkung wird erzielt, wenn Sie
Ihre Körpervorderseite am Baum nach Norden ausrichten.

Die Barstellung

Wie die Balgstellung, jedoch rechten Arm oben und linken
unten. Mit dieser Körperhaltung fügen Sie sich willig in den
Lebensstrom der Natur ein. Sie fördert Ihre geistigen und seelischen
Kräfte und schafft Harmonie zwischen Ihnen und Ihrem Baumfreund.

Die Rückenstellung

Kopf, Nacken und Gesäß lehnen am Stamm an. Die Hände
Ihrer herabhängenden Arme legen Sie mit den Handflächen
seitlich an den Stamm. Diese Stellung ist bei abnehmendem Mond
bis zwei Tage nach Neumond gut für die Linderung von Kreuz- und
Rückenschmerzen. Stellen Sie sich dabei so an den Baumstamm,
daß der Rücken nach Norden oder Osten zeigt. Die Rückenstellung
stärkt außerdem das vegetative Nervensystem.

Die Fußstellung

Nehmen Sie eine Position ein, in der Ihr Körper mit angewinkelten Beinen vor dem Baum liegt. Der Baum steht im
Norden, ebenso zeigen die Füße Richtung Norden. Ihre Zehen berühren die Stelle, an der der Baum aus der Erde wächst. Lassen Sie
Ihre Arme leicht abgespreizt neben Ihrem Körper ruhen. Aus dieser
Lage legen Sie Ihre nackten Fußsohlen an den Stamm. Die Fußstel-
lung sollten Sie erst ab dem späten Nachmittag ausführen, denn sie
hilft bei Schlafstörungen und Kribbeln in den Beinen. Die besten
Erfolge werden mit dieser Stellung in der abnehmenden Mondphase
erzielt.

Der Wintergriff

Sie hocken vor dem Baum und greifen mit den Händen in einer Höhe zwischen 30 und 60 cm seitlich an den Stamm. Es
gibt drei Varianten:

1. *Der normale Griff:* zum Energieaustausch oder zur kurzen
   Meditation.
2. *Der aktive Griff:* Hier saugen Sie wieder unter Mithilfe von
   Atmung und Vorstellungskraft Energie durch Ihre Hände ein.
3. *Der magnetische Griff:* Mit Ihren sensibilisierten Händen gehen
   Sie in den Ätherstrom am Baumstamm zum Aufladen der
   Handchakren und der Hände; das Abladen erfolgt über Ihren
   Ätherkörper.

Vergessen Sie bitte bei allen Exerzitien die Liebe und das Bedanken
nicht!

Zur Erinnerung
Jeder Besuch bei Ihrem Baum sollte wie folgt ablaufen:

1. Begrüßung (S. 173) und Einstimmung (S. 70/71)
2. kleines Ritual zum Öffnen (S. 174–176)
3. Padahastasana (S. 77) und offene Ur-Stellung (S. 78)
4. Nacken entspannen (S. 87)
5. Orten (die Himmelsrichtungen feststellen)
6. Beziehungstest (S. 100)
7. Kraftaufnahme (S. 87 ff.) (beim Anstellen dreimal mit Pausen)
8. Zwiesprache, Bedanken (S. 73)
9. kleines Ritual zum Schließen (S. 174–176)
10. Verabschieden (S. 73/74; 173/174)

Es ist nicht ratsam, am Anfang des Praktizierens mit Baumheilkräften von mehreren Bäumen am gleichen Tag Energie aufzunehmen. Dazu gehört viel Erfahrung, die langsam wachsen muß. So wie es Menschen gibt, die die Ausstrahlung von bestimmten anderen Menschen nicht vertragen können, so gibt es auch Bäume, die sich energetisch nicht mögen. Nehmen Sie von mehreren unterschiedlichen Bäumen nacheinander Energien ab, so kann es passieren, daß widerstrebende Kräfte in Ihnen Unwohlsein und Widerwilligkeit hervorrufen. Auch in der Baumheilkunde gilt der alte Grundsatz aller Heiler: »Maßvoll dosieren und sorgfältig aufeinander abstimmen!«

Wir sensibilisieren unsere Hände

Alles strahlt und gibt über die Qualität seines Befindens und seines Daseins Auskunft. Je stärker wir unsere Aufmerksamkeit auf die feinstofflichen Strahlenkleider lenken, um so besser können wir sie bei der Berührung wahrnehmen. Kranke Organe strahlen entweder ganz stark ab oder an der betreffenden Stelle befindet sich beim Abtasten der Aura ein energetisches Loch. Die Aura selbst kann mit den Händen als lebendig und prickelnd empfunden werden oder als stumpf und klebrig. Es gibt Körperzonen, die sich warm anfühlen, andere strahlen Kälte ab.

Bei den höheren Lebewesen fungiert die Aura auch als Schutzschild vor ungünstiger Strahlung und krankmachenden, feinstofflichen Ausströmungen anderer biologischer Systeme. Mit unseren sensibilisierten Händen können wir Beschädigungen oder Beeinträchtigungen in den Strahlenfeldern einer Aura ertasten. Ganz großen Nutzen durch die sensibilisierten Hände haben wir beim Suchen der feinstofflichen Kraftflüsse am Baumstamm.

 Wir wollen nun zunächst einige einfache Versuche machen, die Ihre Wahrnehmungsfähigkeit steigern:

1. Lenken Sie Ihre Aufmerksamkeit auf Ihren rechten Zeigefinger. Führen Sie die Fingerspitze langsam bis auf einen Abstand von 1 cm zwischen die Augenbrauen an die Stirn. Sie werden sofort an dieser Stelle ein bohrendes Gefühl haben oder einen starken Druck empfinden, obwohl Sie Ihre Stirn gar nicht berührt haben. Machen Sie den gleichen Versuch mit dem linken Zeigefinger. Führen Sie die Versuche mit offenen und mit geschlossenen Augen durch, und vergleichen Sie die Ergebnisse.

2. Öffnen Sie die linke Hand. Lenken Sie Ihre Aufmerksamkeit wieder in den rechten Zeigefinger. Schieben Sie die Fingerspitze in einem Abstand von 1 cm langsam zur Mitte der linken Hand. Stellen Sie sich dabei vor, Ihr Zeigefinger sei ein Wasserschlauch, aus dem ein Wasserstrahl in Ihre linke Handmitte schießt. Halten Sie Ihre Hände locker und unverkrampft. Fühlen Sie die Reaktion in Ihrer Handmitte? Bestimmt!

Lassen Sie den Zeigefinger nun langsam im Uhrzeigersinn kreisen. Er ruft dabei eine pulsierende Gefühlssensation auf Ihrer Handfläche hervor. Bewegen Sie den Zeigefinger nun auch einmal in die entgegengesetzte Richtung, damit Sie den Unterschied spüren können. Ziehen Sie mit Ihrem Zeigefinger langsam Striche über die Handfläche. Von links nach rechts, von oben nach unten, von unten nach oben; dann diagonal über die Handfläche gehen. Anschließend die Hände wechseln. Möglich, daß

Sie die Ausstrahlung des linken Zeigefingers als stärker oder
schwächer wahrnehmen.

3. Halten Sie die Handflächen so gegeneinander, daß ein Zwi-
   schenraum von 2–3 cm bleibt. Bewegen Sie die Handflächen
   nun in ganz langsamen Intervallen voneinander weg und wieder
   aufeinander zu. Stellen Sie sich vor, in beiden Handinnenflächen
   sitze ein Magnet. Sie spüren bald beim Auseinanderbewegen einen leichten Zug oder Sog, beim Aufeinanderzubewegen einen
   leichten Druck.

4. Machen Sie jetzt mit den locker gehaltenen Händen Bewegungen, als wollten Sie einen 10 cm dicken Schneeball formen. Bald
   schon entwickelt sich ein Gefühl dafür, daß ein feines, ballähn-
   liches Gebilde entsteht.

Um diese Erfahrungen noch zu vertiefen, wollen wir nun zwei altbewährte Hilfsmittel hinzuziehen: Pendel und Rute.

Pendel und Rute

Schon in der Urzeit benutzt und immer noch beliebt sind Pendel
und Rute, vor allem, wenn es um das Auffinden unsichtbarer Strahlungen oder im Erdboden verborgener Dinge geht. Es sind zwei
nützliche Instrumente, auf die bei sorgfältiger Handhabung stets
Verlaß ist. Pendel und Rute sind nur optische Hilfen, um uns eine
Reaktion unserer unbewußt gesteuerten, strahlenfühligen Nerven
sichtbar zu machen.

Unser Nervensystem reagiert u. a. auf Strahlungen, auf die wir
unsere Aufmerksamkeit fixieren. Es zeigt sie uns durch Reaktionen
unserer Muskeln und Gelenke an, sobald wir ihren Einflußbereich
durchschreiten. Beim Gehen mit einer Rute drehen sich die Hand-
gelenke. Sie lassen die Rute nach oben oder unten ausschlagen.

Für die ersten Versuche können Sie sich einen Pendel selbst
schnell herstellen: Nehmen Sie dazu ein langes Haar oder einen dünnen Seidenfaden. Knoten Sie ein Ende an Ihren Fingerring.
Da wir aber auch draußen arbeiten wollen, lohnt es sich, bei Gele-

genheit einen schweren Messingpendel zu erwerben. Es schwingt durch seine größere Masse ruhiger und läßt sich nicht so leicht von Luftströmungen irritieren.

Wir schreiten jetzt zur Tat: Gehen Sie mit Ihrem Pendel zu einem freistehenden rechteckigen Tisch mit leerer Tischplatte. Drehen Sie die Längsseite in die Nordost-Südwest-Achse. Stellen Sie sich seitlich vor eine Tischecke. Nehmen Sie die Pendelschnur (oder das Haar) in einer Länge von ca. 12 cm zwischen Daumen und Zeigefinger. Sind Sie Rechtshänder, halten Sie Ihr Pendel in der rechten Hand. Linkshänder halten es in der linken Hand. Bringen Sie Ihr Pendel nun vor der Tischecke in einer Entfernung von ca. 3 cm in Position. Heben oder senken Sie die Pendelspitze solange, bis Ihr Pendel anspricht. Ihre Aufmerksamkeit ist gelassen auf den Vorgang gerichtet. Die rechteckige Tischplatte erzeugt ein elektromagnetisches System, wie es in der Formengruppe III auf Tafel 1 abgebildet ist. Sie erhalten mit dem Pendel an der Ecke einen rechtsdrehenden oder einen linksdrehenden Schwingungsausschlag. Haben Sie einen rechtsdrehenden Anschlag (Drehung im Uhrzeigersinn) erhalten, hat die diagonal gegenüberliegende Ecke einen linksdrehenden Wirbel. Erhalten Sie einen linksdrehenden Anschlag, hat die diagonal gegenüber liegende Ecke einen rechtsdrehenden Energiewirbel.

Die Tischplatte hat insgesamt 5 Energiewirbel, wie das Rechteck auf Tafel 2, Formengruppe III: zwei Pluswirbel, zwei Minuswirbel und den Hauptenergiewirbel an den Schnittpunkten der Diagonalen. Dieses Ergebnis bleibt wie bei einer mathematischen Gleichung immer konstant. Nach einem Naturgesetz korrespondiert der Pluswirbel immer mit einem Minuswirbel und umgekehrt. Gleiche Pole stoßen sich ab!

Diese Übung dient dem Trainieren Ihrer Pendelfähigkeit. An einem Tisch können Sie die Resultate überprüfen und werden dadurch sicherer.

Waren diese einfachen Versuche von Erfolg gekrönt, machen wir die nächsten Schritte:

Halten Sie Ihren Pendel zwischen zwei Topfpflanzen. Schwingt er freudig auf einer Linie zwischen den Pflanzen hin und her, vertragen sich diese Pflanzen auf der feinenergetischen Ebene. Macht er zwischen den Pflanzen eine trennende Querbewegung, vertragen sie sich nicht. Tauschen Sie dann eine davon aus. Wenn Sie auf diese Weise Ihre Pflanzen zusammenstellen, werden sie besonders gut gedeihen. Genauso können wir auch die feinstofflichen Korrespondenzen zwischen uns und einem anderen Menschen feststellen – oder zwischen einem Baumstamm und unserem Körper. Aus diesem Grund ist ein Pendel als »Beziehungstester« in der magnetopathischen Baumheilkunde ein unverzichtbares Instrument.

Wir können zwar die Bäume in solare und lunare Gruppen einteilen, doch damit wissen wir noch nicht, ob uns das »Anstellen« an einen bestimmten Baum solch einer Gruppe guttut oder ob es in unserer augenblicklichen Situation für uns ungünstig ist. Ein solarer Baum, z. B. eine Fichte, strahlt positiv ab; ein gesunder Körper des Menschen auch. Wenn Sie Ihren Pendel zwischen Ihren Körper und den Stamm einer Fichte halten, bekommen Sie – wenn Sie gesund sind – einen trennenden Ausschlag, denn die beiden positiv strahlenden Körper stoßen einander ab. Sie können sich dann die für bestimmte Heilbehandlungen zusätzlich benötigten Heilenergien dieses Baumes nur durch Exerzitien aus seiner Aura holen oder mit Ihren Händen aus dem Ätherkörper seines Stammes. Einfaches Anstellen führt hier zu keinerlei Resultaten. Anders verhält es sich, wenn Ihr Körper krank oder sehr geschwächt ist. Sie erhalten dann von dem Pendel einen korrespondierenden Ausschlag und können Ihren Organismus durch einfaches Anstellen an den Baumstamm aufladen.

Gehen Sie nun mit Ihrem Pendel zu einer Pflanze, mit größeren Blättern. Halten Sie ihn über ein Blatt und registrieren Sie den Ausschlag. Schnell werden Sie feststellen, daß sich Ihr Pendel bei dem einen Blatt im Uhrzeigersinn dreht, beim nächsten entgegengesetzt und so fort. Die Blätter sind im elektromagnetischen Netz der Pflanzenaura plus- und minusgepolt und tauschen sich in ständiger Korrespondenz zwischen den Polen energetisch aus. Ähnliches geschieht im Laub- oder Nadelkörper unserer Bäume.

Sie sehen, auch bei unserer Reise in die Wunderwelt der Bäume begegnen uns jene bereits bekannten Gesetzmäßigkeiten der feinstofflichen Welt wieder. Sie sind alle nachprüfbar und für alle Lebensformen gleich.

Die geteilte Aufmerksamkeit

Für die nächsten beiden Versuche brauchen Sie einen Übungspartner. Es kann ein Mensch, ein Haustier oder ein Baum sein. Wir wollen unsere Hände jetzt für den Ätherkörper sensibilisieren.

Übung am menschlichen Körper

Sind Sie Rechtshänder, dann stellen Sie sich etwas seitlich vor Ihren Partner, so daß Sie bei ausgestrecktem linken Arm mit Ihrer offenen Hand bequem seinen rechten Oberarm seitlich berühren können. Den Pendelfaden halten Sie zwischen Daumen und Zeigefinger Ihrer rechten Hand. Der Pendel hängt etwas oberhalb der Hüfthöhe, so daß Sie ihn gut im Blickfeld haben. Die linke Hand führen Sie nun bei gleicher Armhaltung vom Oberarm Ihres Übungspartners seitlich so weit weg, daß der Abstand Ihrer Hand zum Oberarm des Partners ca. 60 cm beträgt. Sie dient Ihnen als »Fühler«. Nun teilen Sie Ihre Aufmerksamkeit: Geben Sie 50 % in Ihre Fühlhand und 50 % in Ihre Pendelhand. Bringen Sie Ihren Pendel nun bewußt in eine leichte hin- und herschwingende Bewegung, die auf einer geraden Linie erfolgen muß. Dies ist sehr wichtig, besonders wenn Sie im Freien arbeiten. Stellen Sie Ihr inneres Wollen nun darauf ein, daß Ihr Pendel mit Kreisbewegungen reagiert, sobald Ihre sich jetzt langsam auf den Oberarm des Partners zubewegende Fühlhand die äußere Schicht seines Ätherkörpers berührt. Wiederholen Sie diesen Vorgang häufiger und achten Sie darauf, welches Gefühl, welches Empfinden Sie in Ihrer Fühlhand spüren, wenn der Pendel Ihnen anzeigt, daß Sie die Ätherkörperschicht berühren – in sie eindringen. Bald schon können Sie dann mit Ihrer sensibilisierten Hand auch ohne Pendel die Ätherkörperschicht wahrnehmen.

Macht es Ihnen Spaß, auf diese Weise neue Erfahrungen zu gewinnen, können Sie mit Ihrem Pendel auch alle Schichten der Klangaura Ihres Übungspartners ausfindig machen. Ihr Partner muß dabei, wie auf Seite 51 beschrieben, die von Ihnen gesuchten Auraschichten durch Intonieren zum Vibrieren bringen.

Übung an einem Baumstamm

Stellen Sie sich so vor den Baumstamm, daß Ihr ausgestreckter linker Arm mit der Handfläche die Seite des Stammes berühren kann (Linkshänder umgekehrt). Die rechte Hand hält wie vorher beschrieben das in gerader Linie leicht in Schwung versetzte Pendel. Teilen Sie wieder die Aufmerksamkeit und bewegen Sie Ihre lockere Fühlhand aus einer 60 cm vom Baum entfernten Position ganz, ganz langsam auf den Stamm zu. Beobachten Sie mit Ihren Augen mehr Ihr Pendel und mit Ihrem Gefühl die linke Hand. Sobald der Pendel zu kreisen beginnt, halten Sie die Bewegung Ihrer linken Hand an. Gehen Sie mit Ihr ein paarmal langsam vor und zurück. Versuchen Sie sich dabei das Gefühl, das beim Berühren des Ätherkörpers des Baumes entsteht, genau einzuprägen. Durchdringen Sie immer wieder diesen kleinen energetischen Strom; hinter ihm kommt einige Zentimeter nichts Fühlbares. Dann, kurz vor dem Baumstamm, werden Sie nochmal auf eine energieführende Schicht stoßen. Üben Sie das immer wieder, bis Sie auch ohne Pendel die Ätherströme spüren können.

Das Aurasehen

Sie möchten mit den feinstofflichen Heilkräften der Bäume kranken Tieren und Menschen helfen? Dann ist das Aurasehen für Sie von großer Wichtigkeit! Es ist ein Unterschied, ob Sie nur an die feinstoffliche Ausstrahlung Ihrer Hände und Finger glauben oder ob Sie diese tatsächlich sehen können. Das ist nicht nur für das Magnetisieren wichtig, sondern auch für die Gelenkmassagen und die Übertragung von Heilenergien auf Trägerstoffe. Die Wahrnehmung der sogenannten Gesundheitsaura – und um die handelt es sich hier – ist auch für Sie einfach zu erlernen, wenn Sie meinen Anleitungen genau folgen.

Aurasehen an Händen und Fingern

Setzen Sie sich für die ersten Wahrnehmungen an einen Tisch ohne Tischdecke. Das elektrische Licht oder das Tageslicht sollte von vorne oder schräg von der Seite auf Sie fallen. Rücken Sie nun mit dem Stuhl etwas nach hinten, und nehmen Sie die Oberschenkel auseinander. Zwischen der Tischkante und Ihren Oberschenkeln entsteht so ein dunkler Raum.

Legen Sie Ihre zu einer lockeren Faust geformten Hände auf Ihre Oberschenkel. Strecken Sie die Zeigefinger aus. Drehen Sie nun die Hände so, daß die Handrücken auf den Oberschenkeln aufliegen. Die Fingerspitzen zeigen in einem Abstand von ca. 2 cm zueinander. Die Innenseite der Finger muß voll im Licht liegen. Unter den Fingern befindet sich der dunkle Hintergrund. Schauen Sie jetzt mit entspanntem Blick auf Ihre Finger, das dunkle Feld und die Oberschenkel. Es kommt also der sogenannte »Autofahrer-Rundumblick« zur Anwendung: Man hat alles im Blickfeld, ohne die Augen auf einen festen Punkt zu fixieren. Sind Sie Brillenträger, setzen Sie Ihre Brille ruhig ab! Zwischen Ihren beiden Fingern ist ein graues, milchiges Band zu sehen. Sie werden es vielleicht erst für eine optische Täuschung halten. Bewegen Sie deshalb Ihre Zeigefinger langsam wechselseitig ein wenig nach oben und unten. Behalten Sie aber den »Rundumblick« bei, verfolgen Sie also die Bewegung der Finger nicht mit den Augen. Sie können nun wahrnehmen, daß das feine, durchsichtige, milchig graue Band die Bewegungen Ihre Finger mitmacht, als sei es aus Gummi (Abb. 14).

Ziehen Sie Ihre Finger jetzt langsam auseinander. Irgendwann reißt das Band ab. Führen Sie Ihre Finger wieder näher zusammen, bildet die ausströmende Energie wieder eine Brücke. Spielen Sie jetzt ein wenig. Machen Sie den gleichen Versuch mit offenen Hän-

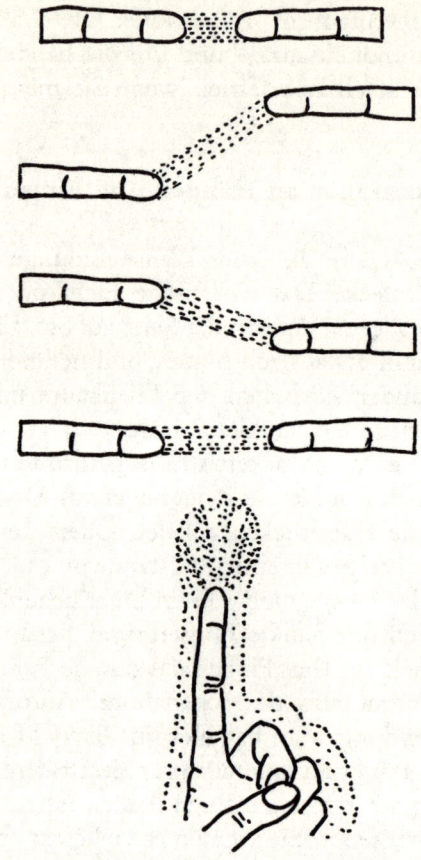

Abb. 14: Aurasehen am Beispiel der Zeigefinger

den und aneinandergelegten Fingern. Das Band wird jetzt dicker.
Machen Sie nun den gleichen Versuch mit etwas abgespreizten Fin-
gern. Jeder Finger ist mit dem gegenüberliegenden verbunden. Be-
trachten Sie dann die Ausstrahlung aus einer einzelnen Fingerkuppe.
Bewegen Sie den Finger dabei auch ruhig ein wenig hin und her.
Diese Übungen gelingen auch besonders gut vor einem geöffneten
Fenster, wenn es draußen dunkel ist. Im Raum sollte dazu eine
dezente Lichtquelle vorhanden sein, die die Hände beleuchtet.

Sobald wir die Ausstrahlung sehen, fühlen wir sie auch. Besonders interessant sind Partnerübungen. Es ist schon eine ungewöhnliche Erfahrung, zu sehen und zu fühlen, wie man ohne Körperkontakt jemanden berühren oder streicheln kann. Dieses Erleben wird zu persönlichem, wahrem Wissen, das Ihnen niemand mehr wegnehmen kann.

Aurasehen am menschlichen Körper

Das Aurasehen am menschlichen Körper ist für jeden »Auraheiler« – und das sind alle Heilmagnetopathen – eine wichtige Voraussetzung für erfolgreiche Behandlungen. So können Sie z. B. vor einer Behandlung sehen, wo Ihr Patient in seinem Energiesystem belastet oder blockiert ist oder ob alle Chakren ordnungsgemäß arbeiten. Nach der Energetisierung können Sie nachschauen, ob eine herabhängende Strahlung, wie z. B. beim Herzchakra bei Abb. 15, sich langsam wieder aufrichtet.

Für diese Übung brauchen Sie einen oder mehrere Partner. Hängen Sie eine große, schwarze Decke an die Wand, und stellen Sie den Übungspartner in einem Abstand von 25–30 cm mit dem Rücken davor. Sorgen Sie dafür, daß ein schwaches Licht auf den Körper der Person fällt. Der Hintergrund bleibt unbeleuchtet und dunkel. Der Abstand zwischen Ihnen und Ihrem Übungspartner sollte mindestens 3 m betragen. Lassen Sie Ihren Blick dann entspannt auf den Körper und seine Umgebung fallen, ohne einen bestimmten Körperteil ins Auge zu fassen. Nach einiger Zeit werden Sie eine weißgraue Substanz wahrnehmen, die den Körper in einer Stärke von ungefähr 5 cm umgibt. Meinen Sie, es sei eine optische Täuschung, so pendeln Sie mit Ihrem Oberkörper ein wenig hin und her. Sie werden dann feststellen, daß die Strahlung konstant bleibt. Über dem Kopf türmt sich ein anfangs fast durchsichtiges helmartiges Gebilde auf, das Scheitelchakra. Stärkere Abstrahlungen gehen oft auch von den Schultern, den Ellbogen, den Handgelenken, den Knien und den Fußgelenken aus. Strahlen sie stärker als 8 cm ab, kann dies ein Hinweis auf geopathogene Belastungen oder

Rheuma sein. Ist die Aura am und über dem Kopf zerrupft wie aus-
einandergezogene Watte, dann ist Unordnung im Denken des Menschen vorhanden, die Person grübelt über zu viele Probleme nach.

Die Kopfaura zeigt Belastungen durch nicht bewältigte Probleme an. Die
herabhängende Strahlung des Herzchakras weist auf eine depressive Ge-
mütslage hin. Das Solarplexuschakra ist zu weit geöffnet und verliert
Energie. Der Nacken ist stark verspannt und hemmt den Energiefluß.

Abb. 15: Odausstrahlungen am menschlichen Körper (Gesundheitsaura)

Haben Sie Erfahrung mit geistigen Heilweisen, können Sie solch eine Kopfaura mit liebevollen, langsamen Streichbewegungen glätten. Die betreffende Person empfindet das in der Regel als sehr angenehm.

Lassen Sie Ihren Übungspartner sich jetzt ins Profil drehen, so daß seine Nase nach Ihrer linken Seite zeigt. Sie können an der Körpervorderseite nach einiger Zeit recht gut den Rückstau der Energie der Chakren sehen. Arbeiten die Chakren gut, zeigen die Abstrahlungen verstärkt schräg nach oben. Bei zufriedenen und ausgeglichenen Menschen ist das ganz besonders beim Herzchakra zu sehen. Vor normal arbeitenden Chakren hängt ein milchiges, eiförmiges Gebilde. Fällt dieses milchige Gebilde wie ein schlaffer Sack nach unten, liegen Störungen vor, die aber auch vorübergehender Natur sein können. Zum Nachprüfen der Beobachtungen wird Ihnen Ihr Pendel gute Dienste leisten. Überstarke Abstrahlungen deuten auf die Störung eines im Chakrenbereich liegenden Organs hin. Ist der Nacken stark verspannt, können auch dort starke Abstrahlungen wahrgenommen werden. Ebenso in der Nierengegend oder bei beeinträchtigten Rückenwirbeln (Abb. 15).

Das Aurasehen ist eine reine Erfahrungswissenschaft: Je öfter Sie es probieren, um so mehr Erkenntnisse erwerben Sie – vor allem durch die Rücksprache mit den betreffenden Personen. Entdecken Sie ungewöhnliche Gebilde in der Aura, berühren Sie diese ruhig vorsichtig mit den Fingern oder den Strahlen Ihrer Finger. Lassen Sie sich dabei von Ihrem Patienten sagen, wo er dabei im Körper eine Reaktion verspürt oder welche Gefühle dabei auftreten. Führen Sie darüber Buch, fertigen Sie Skizzen an! So lernen Sie mit der Zeit aus Ihren Erfahrungen.

Aurasehen bei Bäumen und Pflanzen

Stellen Sie eine Zimmerpflanze so auf einen Tisch, daß sie vor einem dunklen Hintergrund steht und auf ihre Blätter und Stengel Licht fällt. Nähern Sie sich mit dem Zeigefinger einem Blatt. Bitte wieder entspannt und unscharf gucken. Fällt Ihnen das schwer, öffnen Sie Ihren Mund, so daß zwischen den Zähnen ein kleiner freier Raum bleibt. Dadurch wird die energetische Brücke zum Gehirn unterbrochen und das Tagesbewußtsein etwas gedämpft. Zuerst sehen Sie wahrscheinlich die Ausstrahlung Ihrer Fingerspitze bis diese bei der weiteren Annäherung an das Blatt mit der Blattaura zusammenfließt.

Machen Sie diese Übung mehrmals und an verschiedenen Tagen. Sie stärken damit nicht nur Ihr Selbstvertrauen sondern ersetzen auch Glauben und etwas für »wahr halten« durch Sehen und Erkennen.

Auch Ihr Pendel ist von einem sichtbaren Energiefeld umgeben. Beobachten Sie, wie es mit der Ausstrahlung eines Blattes Kontakt aufnimmt und anfängt zu schwingen.

Gehen Sie in der Dämmerung spazieren, lenken Sie Ihren »Autofahrer-Rundumblick« einmal auf die Kronen alter Bäume. Sie können dann deutlich sehen, wie ihre pulsierenden Energiefelder sich vom Abendhimmel abheben. Sehr gut sichtbar werden die Energiekörper auch bei Vollmond vor einer dunklen Wasserfläche. Die Abstrahlungen aus dem eigenen Körper sieht man in der Dämmerung besonders gut vor einem blühenden Holunderbaum.

Es stärkt Ihr Vertrauen in den Umgang mit den heilmagnetischen Kräften unserer Bäume, wenn Sie die Abstrahlungen sehen, fühlen und berühren können. Dieses Vertrauen öffnet Ihr Bewußtsein für die feinstofflichen Ebenen des Lebens, das uns umgibt. Eine offene Geisteshaltung gegenüber anderen Lebensformen ist eine unerläßliche Vorbedingung für eine spätere erfolgreiche Kommunikation mit ihnen.

Baumkräfte für heilende Hände

Die optimale Form der Heilkraftaufnahme von Bäumen mit den Händen ist folgende:

Stellen Sie sich wieder so vor einen Baum, daß dieser im Norden steht und Sie im Süden. Die dadurch aktivierte Nord-Süd-Achse der Erde läßt die Energie leichter zu Ihnen fließen. Wiederholen Sie jetzt mit dem Pendel den im Abschnitt *Übung an einem*

Baumstamm, S. 102, beschriebenen Vorgang. Haben Sie die stark strömende äußere Auraschicht des Baumes gefunden, stecken Sie Ihr Pendel weg und gehen mit Ihrer Pendelhand auf der anderen Baumseite ebenfalls in diesen Energiestrom.

Beide Hände liegen nun in der Ätherströmung des Baumes. Bewegen Sie Ihre Hände nun in einem langsamen Rhythmus in der Ätherströmung auf und ab. Schon bald werden Sie merken, wie sich die Handchakren vollsaugen. Es stellt sich ein Gefühl ein, als hätten Sie Kuchenteig an den Händen. Haben Sie das Gefühl, es sei genug, treten Sie drei Schritte Richtung Süden zurück. Heben Sie Ihre Arme hoch und kreuzen Sie sie vor dem Gesicht, die Handinnenflächen zeigen dabei zum Gesicht.

Fahren Sie nun mit den Händen langsam in einem Abstand von ungefähr 5 cm über Ihren Körper nach unten. Vor dem Solarplexus drehen Sie die Hände, bis die Fingerspitzen nach unten weisen. Bücken Sie sich langsam und fahren Sie über den Bauch und Ihre Beine weiter abwärts. Über den Füßen lösen Sie die überkreuzten Arme und lassen sie in einem weiten Bogen nach außen schwingen.

Wiederholen Sie diesen Vorgang so oft, bis Sie das Gefühl haben, daß Ihre Hände entladen sind. Dann gehen Sie wieder zum Aufladen an den Baum. Bei einem normalen »Durchgang« für die Selbstbehandlung reicht ein dreimaliges Aufladen aus. Behandeln Sie andere Personen, können Sie sich so oft aufladen, wie Sie es für notwendig halten. Die Übertragung sollte sich aber pro zu behandelnder Person auf höchstens drei volle Abfüllungen Ihrer Hände beschränken.

Warum aber sollten Sie bei der Selbstbehandlung die Arme überkreuzen? Ganz einfach: Durch die gegensätzliche Polarisierung fließt die Energie leichter in den Ätherkörper. Ein Beispiel: die rechte Körperseite ist plusgepolt, die linke minusgepolt (oder umgekehrt). Würden Sie jetzt mit der rechten Hand über die rechte Körperseite hinabfahren und mit der linken über die linke Seite, würde nur wenig Energie aus den Händen vom Ätherkörper aufgenommen, da sich, wie Sie schon gelernt haben, gleiche Pole abstoßen. Probieren Sie es ruhig aus! Bei überkreuzten Händen spüren Sie viel deutlicher das Überströmen der Heilenergie. Das Übertragen von feinstofflichen Heilenergien durch »Striche« der Hände über den Ätherkörper nennt man »Magnetisieren« und die so heilende Person wird als »Heilmagnetopath« bezeichnet.

Übertragung der Baumheilkräfte auf andere Personen

Möchten Sie die Heilkräfte eines Baumes auf jemanden übertragen, steht die zu behandelnde Person schon während Ihrer Kraftaufnahme am Baumstamm in gut 1 m Entfernung in direkter Linie hinter Ihnen. Treten Sie nach dem Aufladen mit erhobenen, offenen Händen auf Sie zu. Sind Sie beide Rechtshänder oder Linkshänder, dann setzen Sie jetzt die parallel gehaltenen Hände an den Seiten der Schläfen Ihres »Patienten« an und streichen Ihre Hände langsam vom Kopf bis zu den Füßen in einem Abstand von 3–5 cm über der Körpervorderseite ab. Lassen Sie Ihre Hände über seinen Füßen in einem weiten Bogen ausssschwingen und zum Kopf zurückkehren, um sie erneut zum Parallelstrich anzusetzen. Beim langsamen Gleiten über den Ätherkörper Ihres »Patienten« werden Sie deutlich spüren, wie die Energie auf ihn überströmt. Er kann ebenfalls ein leichtes Prickeln oder Wärme fühlen. Sind nur Sie Linkshänder und Ihr »Patient« Rechtshänder, haben Sie größeren Erfolg, wenn Sie beim Magnetisieren die Arme über Kreuz halten.

Das Magnetisieren von Tieren

Nähern Sie sich nach dem Aufladen dem Tier immer von vorne. Bei größeren Tieren stellen Sie sich mit einem Fuß, sofern sie seitlich ausgestreckt liegen, zwischen die Vorder- und Hinterbeine. Setzen Sie den ersten Strich über der Nasenspitze an, fahren Sie dann mit den Handflächen über den Körper bis zur Schwanzspitze. Ist die Aufladung stark, werden die Nerven und Muskeln des Tieres Ihren Bewegungen mit Zuckungen folgen. Kleinere Tiere, z. B. Hamster oder Meerschweinchen, können Sie während der Behandlung mit einer Hand festhalten oder auf den Arm nehmen. Diese Tiere spüren die Heilenergie sofort und werden dabei meistens ganz ruhig.

Wenn Sie gut mit Pferden umgehen können, bietet sich Ihnen

hier ebenfalls ein weitreichendes Betätigungsfeld an, besonders bei
der Behandlung der Gelenke. Die verstorbene englische Heilerin
Sylvia Christal Broadwood, die mir manche Lektion im Heilen er-
teilt hat, fand weltweit Anerkennung durch die Behandlung bekannter Rennpferde.

Achten Sie bei der Behandlung darauf, daß Sie fremde Tiere nie
durch Rückstriche (also von hinten nach vorne) über das Rückgrat
reizen, denn das mögen sie nicht. Sie werden bald erfahren, daß
kranke Tiere, vor allem Hunde, dankbare Patienten sind.

Das heilmagnetopathische Aufladen von Trägerstoffen

Hier eröffnet sich für experimentierfreudige Leser ein weites Betätigungsfeld für die Anwendung der Baumheilkräfte.

Zunächst wollen wir ein Glas *Wasser* magnetisieren. Dazu
können Sie normales Leitungswasser nehmen. Nachdem Sie
Ihren Ätherkörper mit Baumenergien gesättigt haben, nehmen Sie
das Glas Wasser und stellen es auf die linke Handfläche. Zwischen
der Kraftaufnahme am Baum und dem Magnetisieren sollten mindestens 3 Stunden liegen. Halten Sie das Glas seitlich mit Ihren Fingern
vor dem Körper fest. Die nicht ganz geschlossenen Finger der rechten Hand werden nun über die Wasserfläche gehalten. (Mit der rechten Hand magnetisiertes Wasser hilft bei Durchfall; mit der linken
Hand magnetisiertes bei Verstopfung.) Stellen Sie sich dabei lebhaft
vor, wie die Energie aus Ihren Fingern in das Wasser strömt.

Wer noch nicht ganz von der Wirksamkeit des Heilmagnetismus
überzeugt ist, kann das Wasser vor und nach dem Magnetisieren mit
einem Galvanometer messen. Selbst von Anfängern magnetisiertes
Wasser wird den Zeiger ausschlagen lassen. Eine sehr gute Möglichkeit, sich von der Wirksamkeit des magnetisierten Wassers zu über-
zeugen, ist das Begießen von Blumen und Zimmerpflanzen: Sie
werden mit stärkerem Wachstum reagieren und prächtig gedeihen.
Für die eigene, innere Anwendung sollten Sie nur stilles Mineralwasser magnetisieren.

Sie können Heilungsuchende auch mit magnetisiertem Wasser besprenkeln. Als wohltuend wird magnetisiertes Badewasser empfunden. Es genügt, wenn Sie dem Badewasser ein kleines Fläschchen magnetisiertes Wasser beimengen. Natürlich können Sie diese Fläschchen auch zusätzlich »besprechen« oder »bebeten«. (Ich persönlich bade gern unter Zugabe von magnetisiertem Baumabsud, Eibe ausgenommen. Siehe Seite 136). Die Ärzte und Heilpraktiker unter den Lesern können durch Magnetisieren von Flüssigkeiten mit den Baumheilkräften auch Medikamente zur inneren Anwendung herstellen. Hier eröffnet sich für Fachleute ein umfangreiches Sachgebiet.

Für hochpotenzierte Medikamente zur inneren Anwendung, die (wie bei den Bachblüten) nur geringe Spuren der Baumheilkräfte zur Anregung des Selbstheilungsprozesses enthalten sollen, gebe ich hier ein Herstellungsverfahren bekannt:

Zwischen dem Aufladen des Ätherkörpers und der Herstellung der Medizin sollte, wie gesagt, mindestens ein Zeitraum von 3 Stunden liegen. Füllen Sie dann eine saubere Schüssel mit stillem Mineralwasser. Die Schale steht auf einem Stuhl im Süden, Sie sitzen auf einem Stuhl im Norden. Legen Sie nun Ihre vorher gründlich gesäuberten und mit klarem Wasser abgespülten Hände in die Schale. Je kühler das Wasser, desto besser nimmt es auf. Meditieren Sie nun über die großen Kräfte heilender Hände, wie Jesus und viele Heilige sie besesssen haben, oder sprechen Sie ununterbrochen ein Heilgebet. Wichtig ist, daß der Prozeß der Heilkraftabgabe in das Wasser von liebevollen Gedanken begleitet wird. Der Vorgang dauert gut eine halbe Stunde. Ist es für Sie angenehmer, können Sie diese Prozedur auch mit nur einer Hand ausführen. Von dieser Medizin sollten 5–6mal täglich 2 Eßlöffel eingenommen werden.

Dieses Heilwasser wurde ursprünglich nach Hypothesen von Prof. Schwarzmann im 1. Weltkrieg von dem französischen Biologen Marcel Contier hergestellt. Es heilt nach seinen Aussagen Herzschwäche, Asthma, Hautjucken, Geschwüre, Ekzeme und Zucker-

Tafeln

Tafel 1

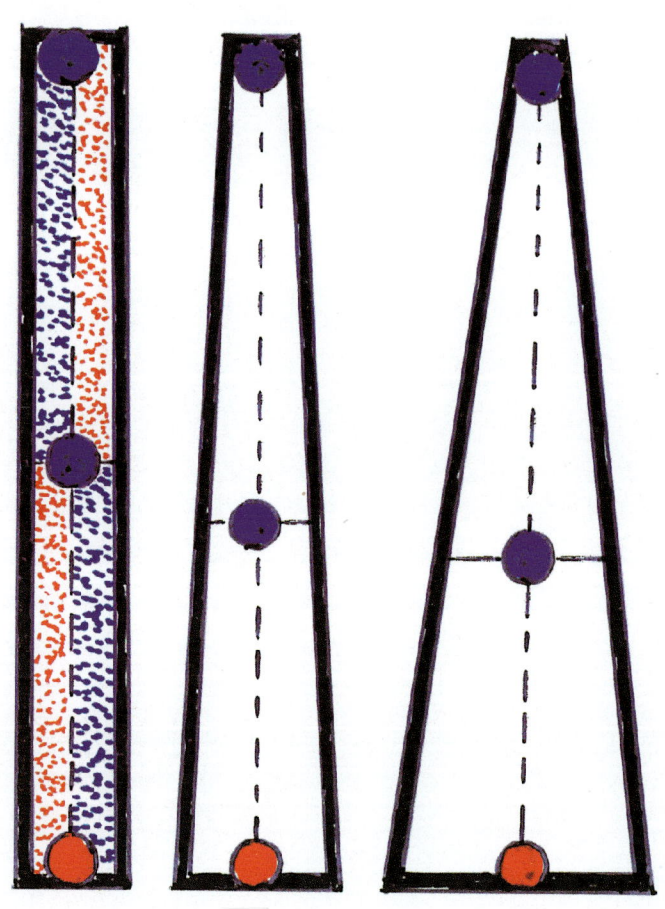

Formengruppe I

Tafel 1

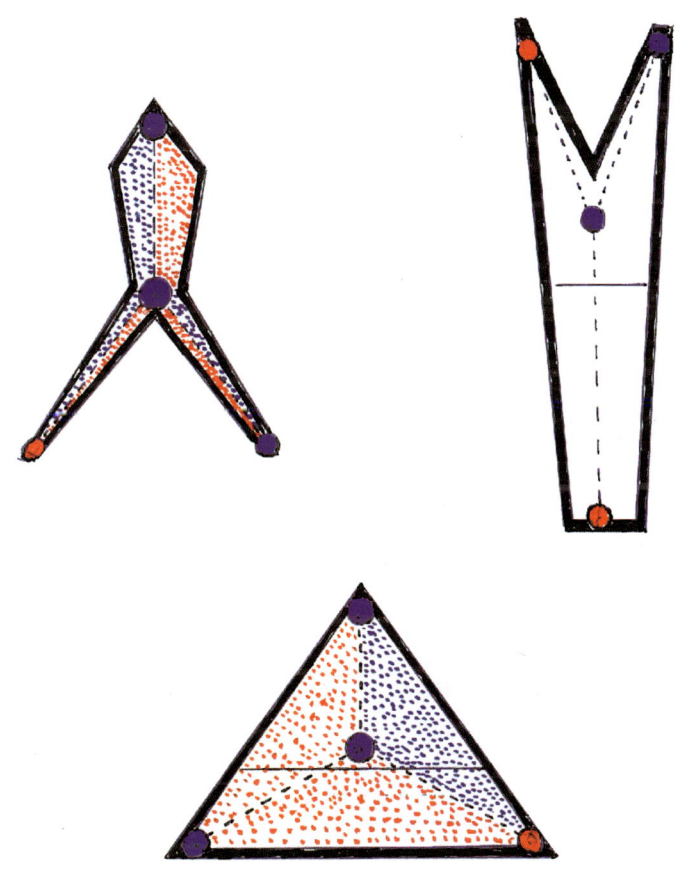

Formengruppe II

Tafel 2

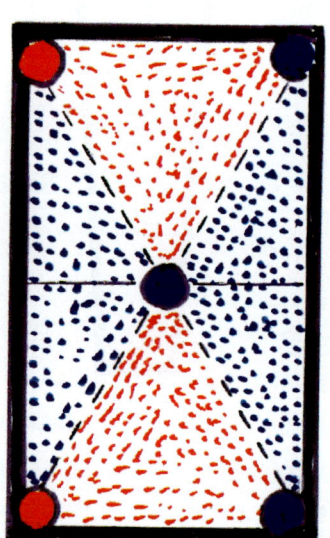

Formengruppe III

Tafel 3

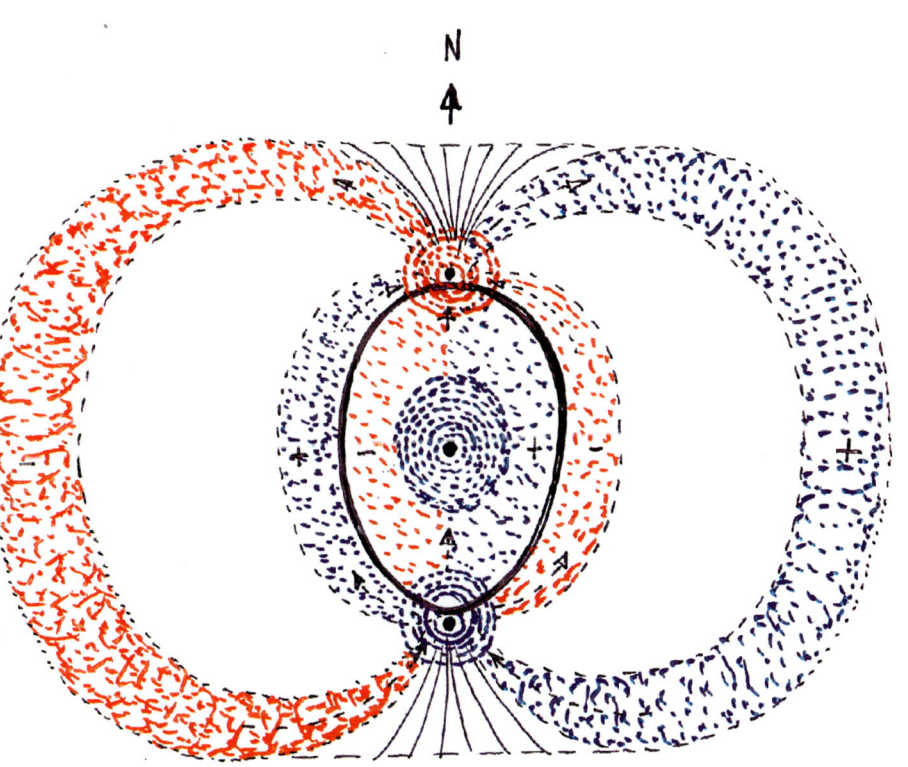

Strahlenfelder bei einem Ei

Tafel 4

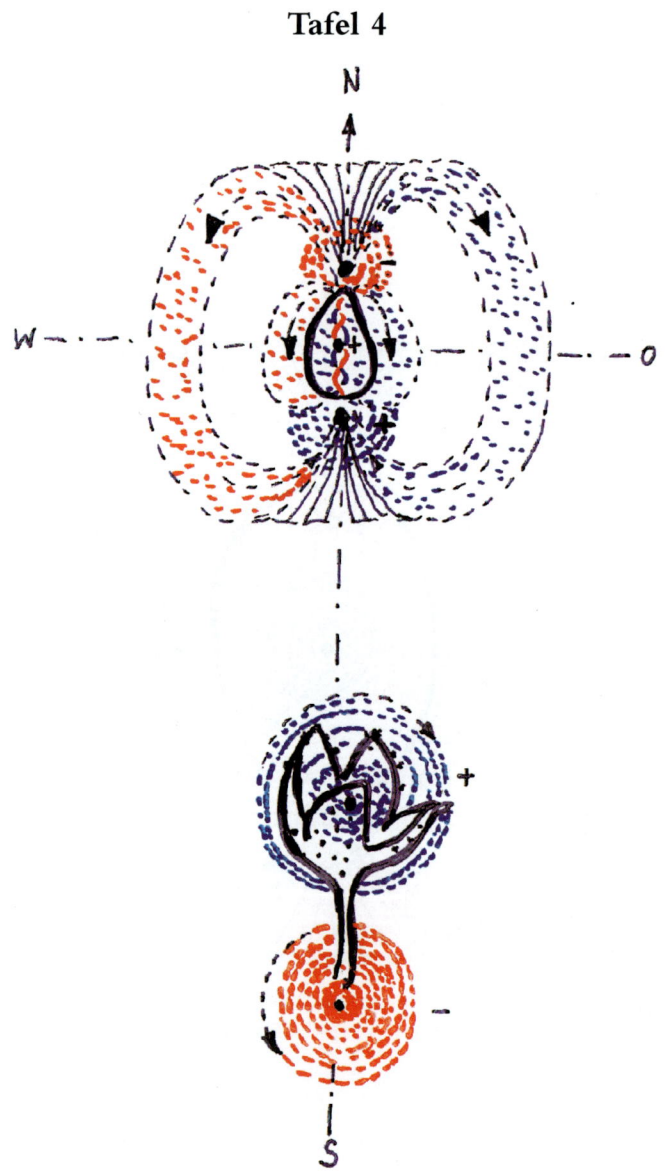

Das Strahlenfeld einer Buchecker und beim Fruchthalter

Tafel 5

Die elektromagnetischen Felder der Erde

Tafel 6

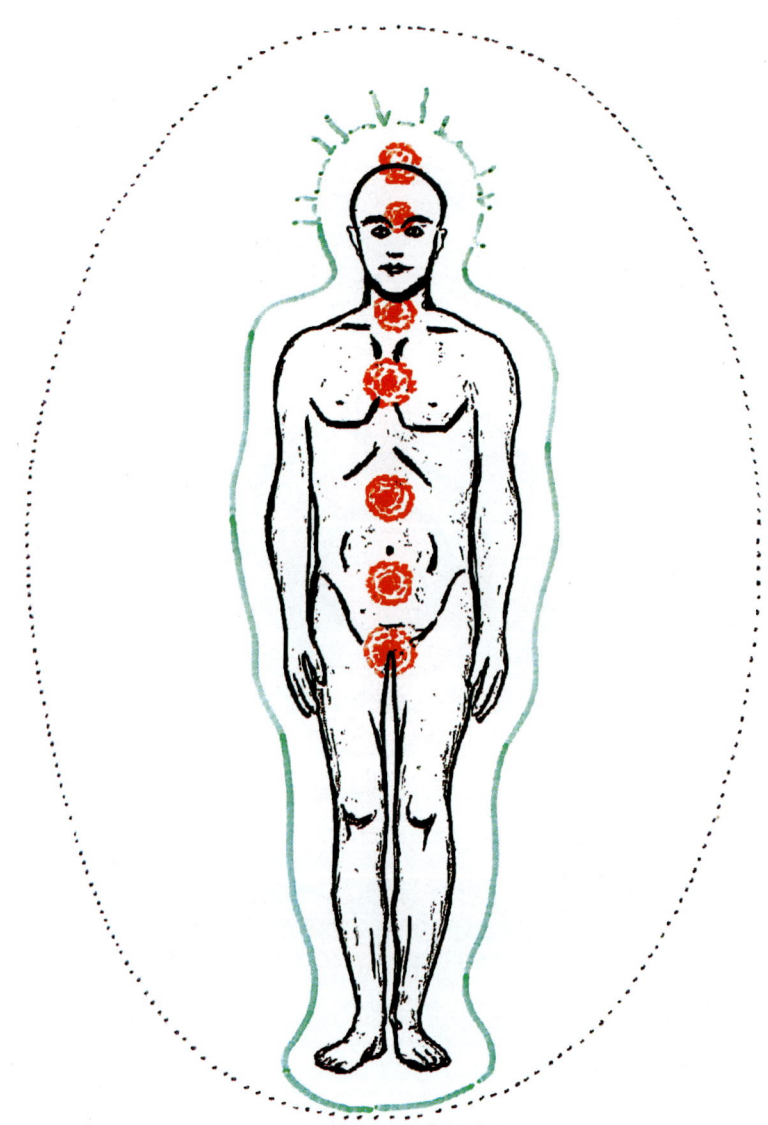

Die menschliche Aura I

Tafel 7

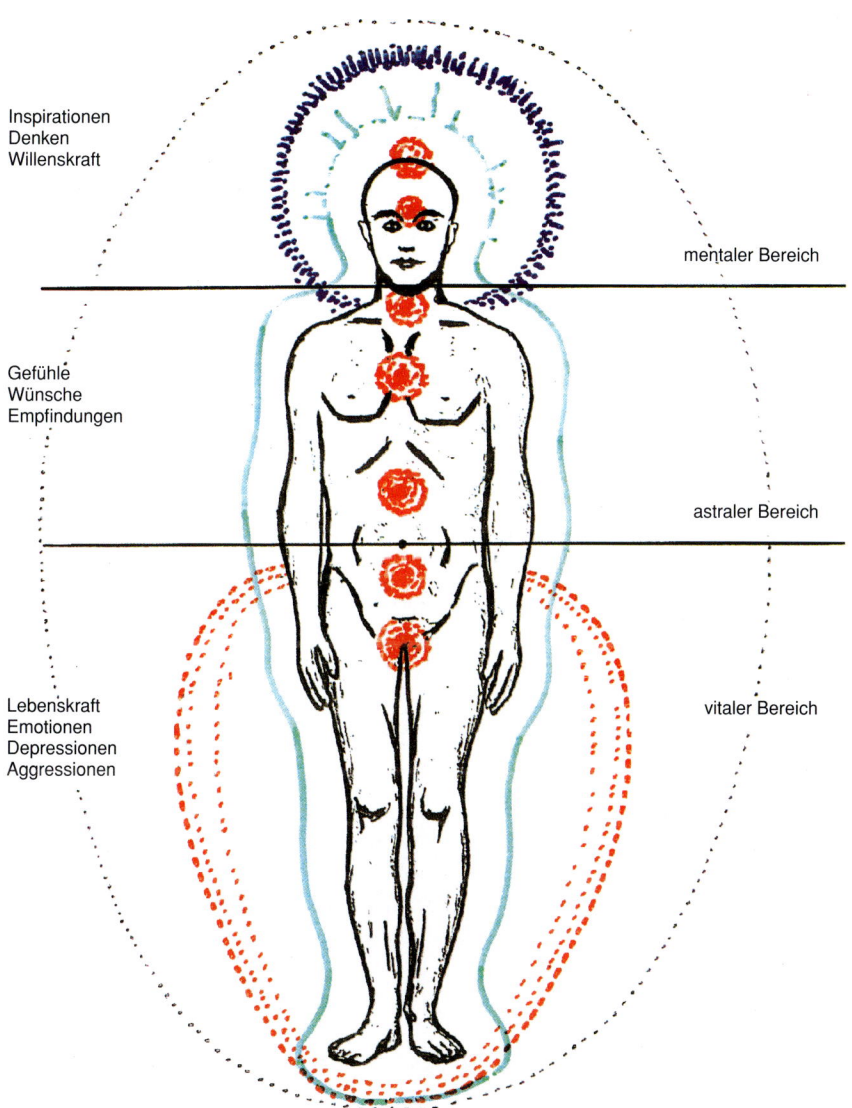

Inspirationen
Denken
Willenskraft

mentaler Bereich

Gefühle
Wünsche
Empfindungen

astraler Bereich

Lebenskraft
Emotionen
Depressionen
Aggressionen

vitaler Bereich

Die menschliche Aura II

Tafel 8

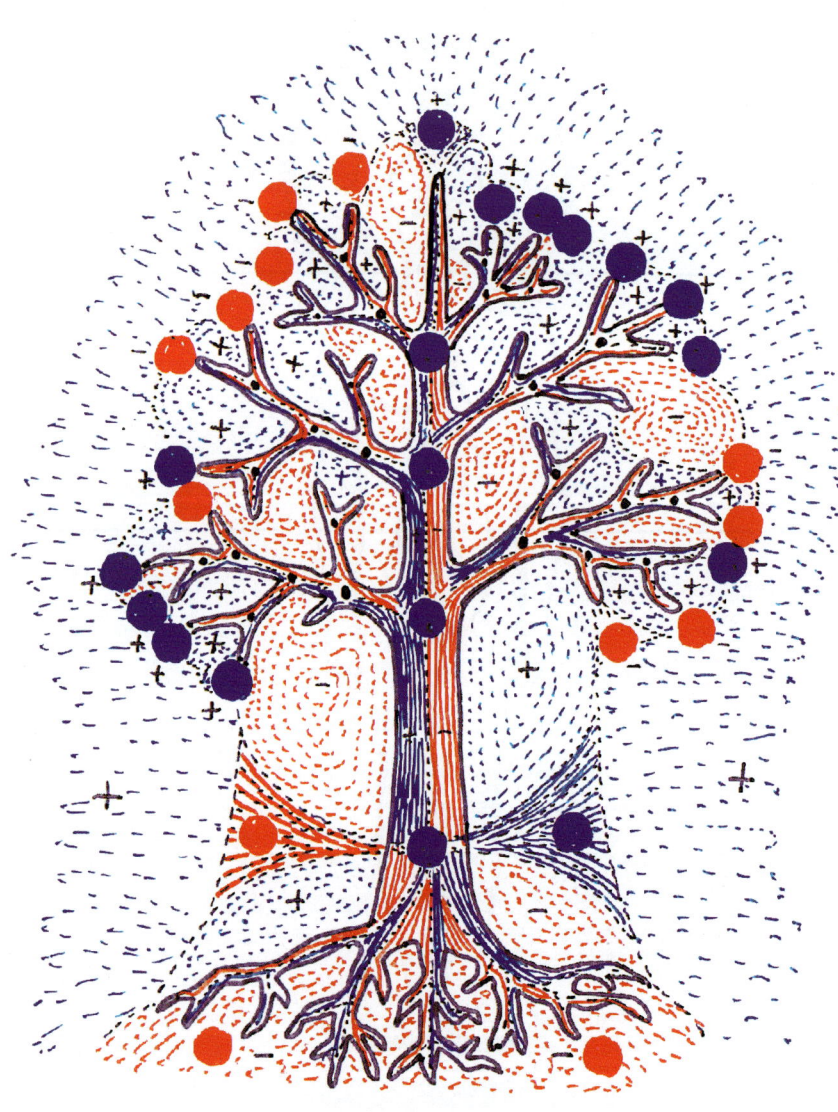

Baum mit Strahlenfeld

Tafel 9

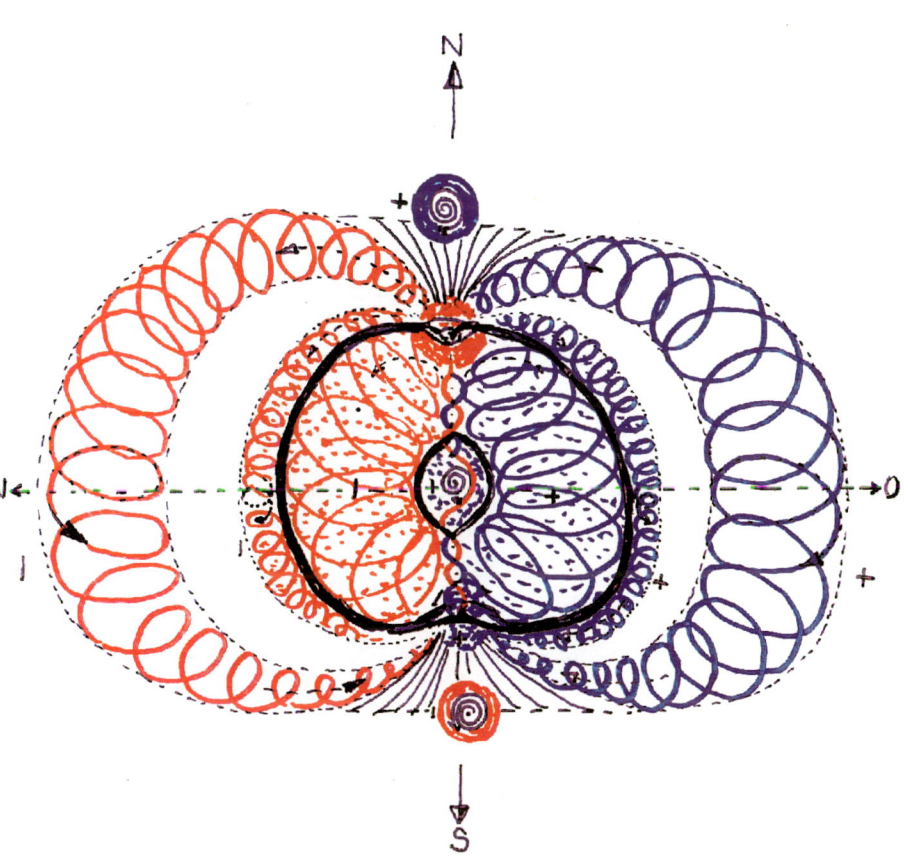

Strahlenfelder bei einem Apfel

Tafel 10

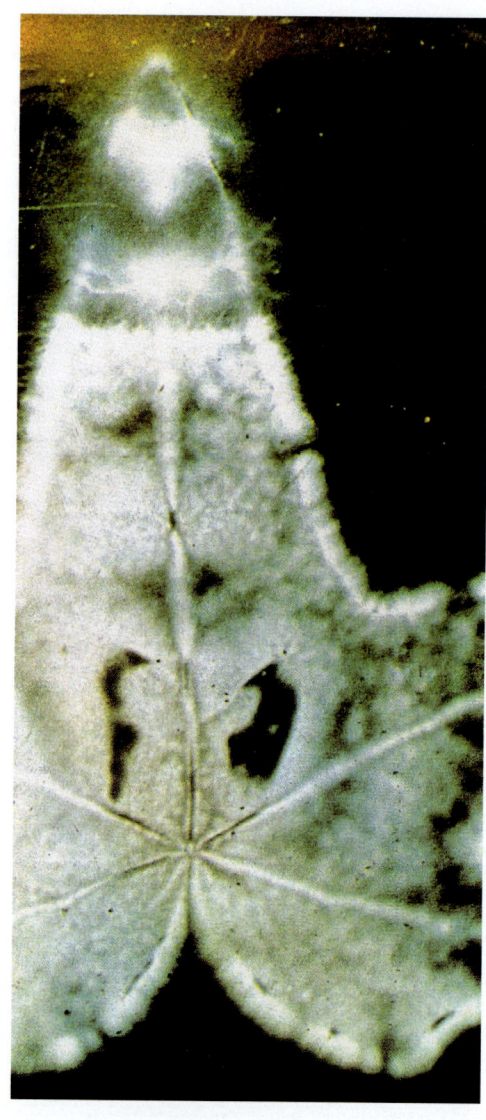

Kirlianfoto eines Blattes

Tafel 11

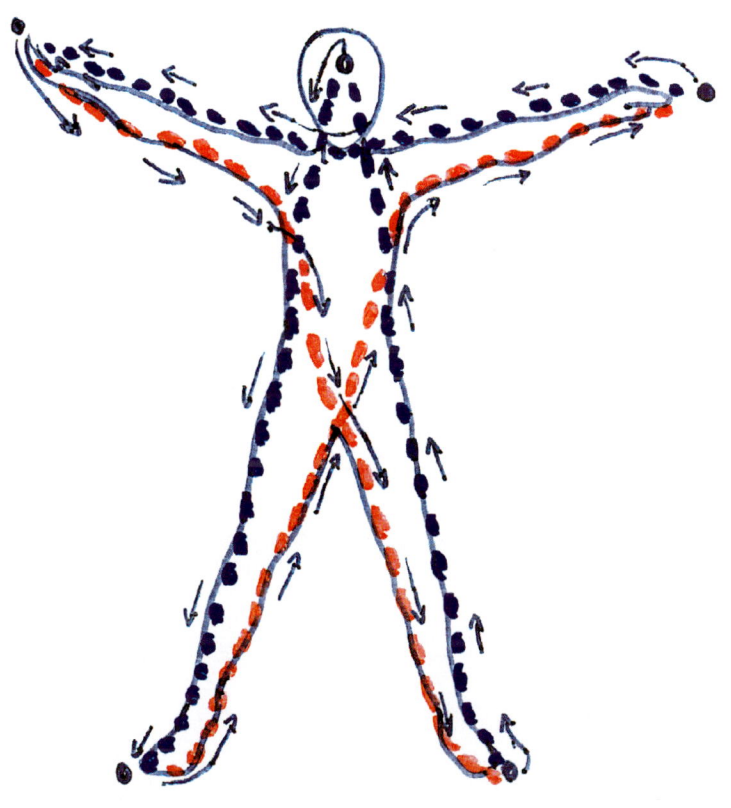

Pentagrammströmung

Tafel 12

Der Sonnenblumenelf
(Ölfarbe auf Leinwand, gespachtelt, 70 x 90 cm)

krankheit. Voraussetzung ist natürlich, daß der herstellende Heilmagnetiseur selbst vollkommen gesund ist und eine hohe ethische Einstellung hat.

Durch unmittelbares Bestreichen mit den Händen kann man die vom Baum empfangenen Heilkräfte auch auf Materialien wie Papier, Leinenstoffe, Baumwollstoffe, Flanell, Watte, Leder, Holz und Stanniol übertragen. Magnetisierte Stoffe haben eine eigenartige Ausstrahlung, wenn man sie in den sensibilisierten Händen hält; sie fühlen sich irgendwie lebendig an.

Aus persönlicher Erfahrung weiß ich: Bei Rückenschmerzen hilft ein mit heilmagnetischen Baumkräften aufgeladenes Unterhemd; bei ständig müden Füßen magnetisierte Socken oder Schuhe; bei ständiger Unlust und Antriebslosigkeit eines Menschen wirkt ein magnetisiertes Stück Papier wahre Wunder, wenn Sie es mit den Heilkräften einer Fichte durch Bestreichen aufladen.

Verfahren Sie wie beim Wasser. Stellen Sie aber vorher fest, ob Ihr Pendel ausschlägt, wenn Sie ihn über die Papiermitte halten. Laden Sie nun Ihre Hände am Baumstamm auf und streichen Sie die Energie wie geübt an Ihrem Ätherkörper ab. Laden Sie sich nochmals auf und legen dann das Papier auf die linke Handfläche und führen mit den nicht ganz geschlossenen Fingern der rechten Hand magnetisierende Striche von oben nach unten über das Papier. Sie stehen dabei vorteilhaft mit dem Rücken nach Norden vor dem Baum, Ihre Hand mit dem Papier ist nach Süden ausgerichtet. Laden Sie Ihre Hände wieder am Baumstamm auf und wiederholen Sie diesen Vorgang. Überprüfen Sie anschließend das Papier mit Ihrem Pendel. Es wird jetzt stark im Kreis von links nach rechts schwingen.

Sie laden Ihre Hände also insgesamt dreimal auf: Die erste Aufladung streichen Sie über Ihrem Ätherkörper ab, mit den beiden weiteren Aufladungen magnetisieren Sie direkt das Papier. Gut bewährt hat sich dafür ein einfacher, verschlossener Briefumschlag, den man hinterher durch Falten auf die gewünschte Größe bringt.

Steht Ihnen nur eine Fichte zur Verfügung, deren Zweige bis fast auf
den Boden reichen, verfahren Sie folgendermaßen: Der Baum steht
im Norden, Sie im Süden. Ergreifen Sie nun mit Ihren Händen zwei
Zweige und senken Sie Ihre Arme in einem Winkel von 45 Grad
nach unten. Ihre Arme zeigen also nach unten, die Zweige der Fichte
auch. Ihr Körper bildet nun zusammen mit dem Baumkörper die
Form einer alten Lebenskraftrune, der Ehe-Rune, die aus zwei Laf-
Runen gebildet wird. Dies ist auch ein symbolischer Ausdruck dafür,
daß Sie mit dem Baum eine tiefere Verbindung eingehen wollen.

Beim Einatmen ziehen Sie nun die Baumenergie durch Ihre
Hände in Ihren Körper, beim Ausatmen dehnen Sie sich mit Ihrem
Bewußtsein in den Baum aus. Schon nach mehreren Atemzügen
sind Ihre Handchakren heiß. Verfahren Sie dann weiter wie bereits
beschrieben. Sind Sie geschwächt und lustlos tragen Sie das Papier
direkt auf der Haut, indem Sie es mit Heftpflaster festkleben. Ein
Beziehungstest mit dem Pendel zeigt Ihnen die geeignete Körper-
stelle an.

Wollen Sie vorzugsweise mit Papier arbeiten, dann suchen Sie in
der Beschreibung der Walt-Bäume, Seite 118, nach den geeigneten
Heilkräften für die Beschwerden. Machen Sie aber bitte überall und
immer den Beziehungstest!

Bis zum Aufkommen der Apparatemedizin haben viele namhafte
Ärzte erfolgreich als Heilmagnetopathen gearbeitet. Viele hatten jedoch das Problem, daß sie nach mehreren Behandlungen die eigenen
Kräfte nicht mehr regenerieren konnten. Sie haben sich kräftemäßig
verausgabt, da ihnen das direkte Aufladen in der Natur nicht bekannt
war. Auch das Ableiten kranker feinstofflicher Energien wurde oft
versäumt.

Wenn Sie jedoch zu einer tieferen Verbindung mit Ihren Bäumen
finden, stärkt der ständig latente Zustrom von Baumheilkräften Leib
und Seele. Deshalb möchte ich Ihnen noch ein bewährtes Rezept
zur Vertiefung der Mensch-Baum-Beziehung vorstellen:

Kochen Sie aus den Blättern, Nadeln oder Früchten Ihres Baumes einen Absud. Gießen Sie ihn durch ein grobes Sieb, damit kleinere Teilchen in der Flüssigkeit verbleiben. Füllen Sie dann davon ein handliches Fläschchen ab, das Sie bei jedem zukünftigen Baumbesuch magnetisieren. Eine solche Flüssigkeit kann sehr alt werden, ohne zu verderben. Diese kleine Flasche können Sie auch gut in der ersten Zeit ständig bei sich tragen. Es ist »gute Medizin«, die allein schon durch ihr Dasein wirkt; vor allem abends bei der Meditation, wenn Sie Verbindung zu Ihrem Baumfreund suchen, sollten Sie die Flasche in die Hand nehmen oder in greifbarer Nähe aufstellen. Über die Flasche erhalten Sie einen besseren Energiefluß von und zu Ihrem Baum

Kraftaufnahme aus der Ferne

Ein praktizierender Heiler benötigt die Heilkräfte meistens in seiner Praxis; er wird nicht mit jedem seiner Patienten zu einem Baum gehen können. Die höhere Form der Arbeit mit den Baumheilkräften ist die Kraftaufnahme aus der Ferne. Sie wird aber nur zuverlässig erfolgen, wenn der Heiler ein inniges Verhältnis zu seinen Bäumen entwickelt hat. Bei fortgeschrittener Verbundenheit fördern sie auch seine Intuition für den richtig dosierten Einsatz ihrer Energien.

Da heute die Aura vieler Menschen Verhärtungen und Blockaden aufweist, steht das Magnetisieren mit Birkenfeinkraft in der Regel am Anfang jeder Heilbehandlung.

Der Heiler steht vor oder hinter seinem Patienten und konzentriert sich dabei auf seine Birke, streckt die linke (oder rechte) Hand als unterstützende Geste als Antenne aus. Mit der rechten Hand streicht er bei einsetzendem Energiefluß die Heilenergie der Birke auf den Ätherkörper des Patienten ab. Auch hier ist es wieder wichtig, dem Ätherkörper des Patienten den Weitertransport und die Transformation der empfangenen Kräfte zu überlassen. Der Ätherkörper weiß viel besser, wo und wie etwas gebraucht oder verteilt werden muß, als der Heiler.

Heilmassagen mit Baumkräften

Wollen Sie beruflich mit Massagen arbeiten, können Sie mit den
Grundlagen, die Ihnen dieses Buch bietet, sehr erfolgreich werden.
Zur Meisterschaft führt jedoch nur die tagtägliche Praxis; aber die
Anstrengungen lohnen sich, besonders dann, wenn Sie sich auf die
Gelenkmassage spezialisieren. Beginnen Sie einfach mit Gelenkheil-
massagen in Ihrer Familie und Ihrem Bekanntenkreis. Es sollte
jedoch immer eine ärztliche Diagnose vorliegen, die die Unbedenk-
lichkeit von Massagen bescheinigt!

Beginnen Sie mit einem Selbstversuch. Setzen Sie sich dazu
entspannt auf einen Stuhl. Umfassen Sie mit Ihrer linken
Hand Ihr rechtes Handgelenk. Der Daumen ruht dabei auf den Sehnen der Innenseite. Die anderen Finger suchen auf dem Gelenkrük-
ken oder den Seiten Stellen auf, an denen eine behutsame, langsam
pulsierende Druckausübung als angenehm empfunden wird. Erinnern Sie sich dabei an die Aura- oder Ätherstrahlen Ihrer Finger, die
Sie beim Aurasehen wahrgenommen haben. Halten Sie diese während der gesamten Massage in Ihrem Bewußtsein fest. Verlegen Sie
dabei Ihre Aufmerksamkeit vor Ihre Fingerkuppen. Sie werden bald
ein verstärktes Strömen der Energie wahrnehmen können. Verbinden Sie sich jetzt über Ihren Nacken mit dem Heilstrom Ihrer Birke.
Massieren Sie mit fast unmerklichen, pulsierenden, minimalen
Druckbewegungen weiter. Der eigentliche Heilimpuls wird durch
die aus Ihren Fingern strömenden Vitalkräfte ausgelöst. Nach 10 Minuten bedanken Sie sich bei Ihrem Baum und machen eine Pause.

Bei einer Fremdbehandlung leiten Sie womöglich aufgenommene
kranke Strahlungen durch Padahastasana in die Erde ab. Anschließend waschen Sie Ihre Hände.

Werden die Gelenkschmerzen durch eine rheumatische Erkran-
kung verursacht und Sie haben schon mehr Erfahrung im Umgang
mit den Baumheilkräften, werden Sie sich wohl bei der zweiten
10minütigen Massage mit Ihrem Eibenbaum verbinden. Dann machen Sie wieder Pause mit der Prozedur wie gehabt.

Bei der dritten 10minütigen Behandlung lassen Sie abschließend nun Ihre eigenen Heilkräfte fließen. Machen Sie möglichst 3 Tage lang eine Behandlung pro Tag. Reagiert der Patient positiv, und das ist fast immer der Fall, setzen Sie die Behandlung in größeren Zeitabständen fort, bis eine vollkommene Heilung eingetreten ist. Da Menschen und Tiere gleichermaßen positiv auf diese Behandlung reagieren, kann Ihre Wirkung wohl kaum auf Einbildung beruhen.

Besonders wirkungsvoll ist diese Massage bei Muskelprellungen, Zerrungen, Verspannungen und Schmerzen der Wirbelsäule, da sie den Selbstheilungsprozeß stark anregt. Wichtig ist, daß Sie mit Ihren sensibilisierten Händen ein feines Gefühl für eine minimale Druckausübung und Bewegung der Finger, vor allem bei Gelenk- und Muskelbehandlungen, entwickeln.

Der zweite Faktor ist die richtige Auswahl und Dosierung der Baumheilkräfte. Hier kann es hilfreich sein, wenn Ihre Intuition noch nicht voll entwickelt ist, zwischen den betroffenen Stellen und Ihren Baumabsud-Flaschen einen Beziehungstest (siehe S. 100) zu machen. So erfahren Sie, welcher Baum am besten helfen kann. Führen Sie nach Möglichkeit ein Notizbuch darüber, in dem Sie festhalten, was bei welchen Beschwerden gut geholfen hat. Da Ihr eigener Gesundheitszustand und Ihr persönliches energetisches Potential beim Heilvorgang mit integriert sind, kann es sein, daß Ihre Ergebnisse nicht unbedingt mit denen anderer Heiler übereinstimmen.

6. Die speziellen Energien einzelner Bäume

Die überlieferten 10 Walt-Bäume beinhalten alle Kräfte, die ein Mensch benötigt, um an Leib und Seele gesund zu werden. Viele dieser Kräfte finden sich in ähnlicher Form in anderen Bäumen. Bevor Sie selbst zu forschen und experimentieren anfangen, sollten Sie sich an die einst geheime Überlieferung der bewährten Walt-Apotheke halten (»Walt« stammt von »walten«). Hier besitzen Sie eine natürliche Medizin, die zusammen mit der Liebesstrahlkraft Ihres Herzens Ihre persönliche Heilfähigkeit bis ins Wunderbare steigern kann.

Diese 10 Bäume nehmen nicht nur durch ihre enorm starken Heilkräfte eine Sonderstellung ein; es sind vor allem die totgeschwiegenen und längst in Vergessenheit geratenen hohen Mächte, die durch sie hindurchwirken und Körper und Seele zu höherer Lebendigkeit anregen. Egal, welche Kräfte uns auf der körperlichen oder seelischen Ebene fehlen, bei diesen 10 Bäumen werden wir sie finden. Ihre Zusammmmenstellung weist durch die Götternamen auf eine Zeit hin, in der christliche und heidnische Überlieferungen noch nebeneinander existiert haben müssen.

Ich habe zur besseren Übersicht hier die Deutung einiger Baumnamen verkürzt wiedergegeben, die vollständig überlieferte Ausdeutung finden Sie bei den einzelnen Walt-Bäumen im Kapitel *Die Heilkräfte der zehn waltenden Bäume*, S. 123. Die Zuordnung der Bäume in der überlieferten Reihenfolge ist folgende:

Waltbaumzahl	Baum	Namensdeutung	Göttername
10	Birke	Wiedergeburt	Saga
9	Weide	Höheres Wissen	Idun
8	Buche	Lebensträgerin	Frika
7	Föhre	Feuerzeugung	Sigun
6	Tanne	Lebenswille	Nanna
5	Fichte	Geistige Zeugung	Artha
4	Eibe	Seelenklärerin	Rinda
3	Eiche	urgesetzliche Bewegung	Sibia
2	Erle	Lebenskämpferin	Skadi
1	Esche	Weltenbaum Yggdrasil	Odin

Auffallend ist hier zunächst die umgekehrte Numerierung: Den Anfang macht die 10 und die 1 den Schluß. Alle Bäume enden im Weltenbaum, alle Göttinnen streben Odin zu, der auch als »Allvater« bezeichnet wird. Ich halte es für wahrscheinlich, daß die Bäume mit den Zahlen in einem tieferen Zusammenhang stehen und daß die Zahlen Kräfte oder Werte der Bäume ausdrücken. Das würde bedeuten, daß die Reihenfolge nicht zufällig gewählt wurde. In diesem Zusammenhang möchte ich darauf hinweisen, daß bei Runenformeln, die magischen Zwecken dienten, der Platz bzw. die Stelle (also an erster, dritter oder fünfter Stelle) an der eine Rune in der Formel steht, von großer Bedeutung ist. Eine Aussage über den Zusammenhang von Zahl und Waltbaum wäre hier aber rein hypothetisch, da in den überlieferten Schrifttexten kein Hinweis darüber enthalten ist. Ich finde es außerdem erwähnenswert, daß die Reihenfolge der Bäume nicht nur mit einem Baum endet, der in der Mythologie als »Weltenbaum« gilt, sondern auch mit einem solchen beginnt, nämlich mit der Birke.

Die Birke ist der Baum, der nach der letzten Eiszeit zuerst die Tundra im nördlichen Europa und in Sibirien wiederbesiedelte. In der Mythologie sibirischer Volksstämme ist die Birke der »Weltenbaum«, der die Regionen der Götter, der Menschen und der Unterwelt miteinander verbindet.

Ebenfalls eigenartig ist die Zuordnung der nordischen Götternamen. Neun der Walt-Bäume sind weiblichen Gottheiten zugeordnet. Die 9 war, genau wie die 3 und die 7, bei den Germanen eine heilige Zahl. Als einziger männlicher Göttername steht der Name Odins bei der Esche. Die Esche Yggdrasil gilt in der Edda als Odins Baum, doch das scheint nicht immer so gewesen zu sein, denn an den Wurzeln der Weltenesche wohnen in der Edda die Nornen.

Die Nornen kommen in der Mythologie des Weltenbaumes Yggdrasil aus dem Reich der Riesen (Thursheim) und gelten sogar als Töchter der Erdmutter. Sie haben Macht über Leben und Tod; sie bestimmen über das Schicksal der Götter und der Menschen. In der Edda, die in christlicher Zeit aus Bruchstücken alter mündlicher Überlieferungen zusammengestellt wurde, sind viele der Götter und Göttinnen nur kurz namentlich erwähnt. Eines haben jedoch alle im Zusammenhang mit den Bäumen erwähnten Göttinnen gemeinsam: Sie sind alle Herdmütter, also »Hausfrauen«, mit Wohnsitz in Asgard.

Die Göttinnen und Götter der Edda sind fast alle den Menschen wohlgesonnen; sie helfen stets, ähnlich wie die Götter und Göttinnen der alten Griechen und Römer, ihren menschlichen Schützlingen. Die Götter und Göttinnen der Germanen bezeichnen sich selbst als »Asen« und leben in »Asgard«, einem Bezirk mit Hallen und Palästen, der als Götterhimmel der Asen aufzufassen ist. Die Asengötter kamen wahrscheinlich mit kriegerischen Eroberern aus Asien nach Nordeuropa und hatten nach der mythologischen Überlieferung in der Edda mit den »Vanen«, den Göttern der bäuerlich-mutterrechtlich orientierten nordischen Urbevölkerung manche Auseinandersetzung zu bestehen. Die Vanen sind Vegetations- und Naturgottheiten einer wesentlich älteren Glaubensschicht. Nachdem Asen und Vanen miteinander Frieden geschlossen hatten, tauschten sie untereinander Geiseln aus, um diesen Frieden zu sichern. Einige Vanengötter und -göttinnen werden in der Mythologie mit Asen vermählt, andere Götter verheiraten sich auch mit den Töchtern von Riesen, die dann ebenfalls als Göttinnen in Asgard leben. Die Riesen der Edda sind Wesenheiten, die man nach heutiger Auffassung im »kollektiven Unbewußten« ansiedeln könnte. Sie haben Macht über die Naturgewalten, über Wolken, Wind und Meer und sind im Besitz jenes »Urwissens«, das Odin ständig zu erlangen sucht. Auch Odins Mutter war eine Riesin!

Unter welchem Aspekt können wir die bei den Bäumen angegebenen Gottheiten nun sehen? Sind sie als die Schutzgottheiten dieser Bäume aufzufassen? Ich kann auf diese Frage keine befriedigende Antwort geben, glaube aber aufgrund persönlicher Erlebnisse, daß diese alten Gottheiten über die angegebenen Bäume zu erreichen sind. Die Walt-Bäume scheinen so etwas wie ein »Telefonanschluß« zu diesen göttlichen Wesen zu sein. Heute halten es viele für unwahrscheinlich, daß es noch Götter und Göttinnen geben soll (Inder, Chinesen, Japaner verehren immer noch ihre Götter, zu denen sich heute viele Europäer und Amerikaner bekennen). Mit dem Einzug des Christentums war es den Sachsen und anderen germanischen Volksstämmen bei Androhung der Todesstrafe verboten, Bäume, Quellen oder Berge anzubeten oder zu verehren (8.–11. Jahrhundert).[22] Trotzdem riskierten viele Menschen ihr Leben und beteten heimlich weiter zu bestimmten Bäumen.

Mir sind in mystischen Zuständen bei Baumverbindungen hin und wieder Göttinnen erschienen! Es sind engelhafte Wesen von überirdischer Schönheit und höherer Geistigkeit. Auch wenn sie nur kurz Gestalt annehmen, strömt eine Woge der Seligkeit in die menschliche Seele, die für lange Zeit irdische Sorgen und allen Kummer vergessen läßt. Ich bin heute davon überzeugt, daß viele Marienerscheinungen, über die über Jahrhunderte hinweg immer wieder berichtet wird, ebenfalls Erscheinungen dieser göttlichen Wesenheiten sind. Warum sonst stehen unter so vielen alten Bäumen Marienstandbilder?

Sie finden im Folgenden nun einige Angaben zu den bei den Walt-Bäumen genannten Götternamen. Die Angaben in der Edda sind allerdings äußerst spärlich; vielleicht wissen wir eines Tages wieder mehr über die von unseren germanischen Vorfahren verehrten Götter.

10	Birke, Saga:	Diese Göttin ist wohl die zur Gestalt gewordene Sage oder deren Inspiratorin. In der Edda sitzt Odin oft mit Saga an einem Wasserfall und lauscht ihrer Sprache.
9	Weide, Idun:	Iduna, die Göttin der unsterblichen Jugend und

Schönheit, deren zauberkräftige Äpfel den Göttern die »ewige Jugend« verleihen.

8 Buche, Frika: Frigga oder Freya, Gemahlin Odins (aus dem Vanengeschlecht). Sie ist die Göttin der Ehe und der Fruchtbarkeit und fährt oft mit einem katzenbespannten Wagen durch die Lande.

7 Föhre, Sigun: Hier ist wohl Sigyn gemeint, die Gemahlin des Feuergottes Loki. Sigyn bewahrt den gefesselten Loki in der Edda vor ätzendem Schlangengift, das in sein Gesicht zu träufeln droht.

6 Tanne, Nanna: Nanna ist die Gemahlin Balders, dem Gott der Sonne, des Lichtes, des Frühlings. Nanna war einst Sinnbild für Treue und Liebe. Sie wartet nach Balders Tod zusammen mit ihm in der Unterwelt auf die Rückkehr nach Asgard.

5 Fichte, Artha: Mit Artha könnte Gerda gemeint sein, die schöne, moralisch und geistig starke Gemahlin des Friedensgottes Freyr. Sie ist eine Tochter des Riesen Gymir, der über die Wolken und das Meer herrscht.

4 Eibe, Rinda: Rinda ist eine Erdgottheit, um die Odin lange vergeblich geworben hat. Er bezwingt sie schließlich mit seinem Runenstab und zeugt mit ihr Wali, der Balders Tod rächt.

3 Eiche, Sibia: Hier ist wohl Sif gemeint, die Gemahlin des Hammergottes Thor. Sif hat goldenes Haar und ist auch die Göttin der Ernte. Sie wird als die schönste aller Frauen gepriesen.

2 Erle, Skadi: Skadi ist die kämpferische Tochter des Riesen Thiassi. Sie heiratet erst Niörd, den Gott des Meeres und der Seefahrt, später Ullr, den Gott des Winters.

1 Esche, Odin: Odin bezeichnet sich gerne als »Allvater« und ist der höchste Asengott; Gott der Ekstase, des Atems, des Windes – Kriegsherr und oberster Runenmeister, Gott der Weisheit und der Dicht-

kunst. Ursprünglich galt er aber als Seelengeleiter, führte wie die sibirischen Schamanen die Seelen zur Verkörperung auf die Erde und – nach dem Tod des Körpers – wieder zurück in den Himmel.

Die Heilkräfte der 10 waltenden Bäume

Im Folgenden finden Sie die mir überlieferten Heilwirkungen der Bäume, Hinweise auf die Heilkraftaufnahme und deren Anwendungsmöglichkeiten. Neu hinzugefügt habe ich die botanischen Namen der Bäume, einen kurzen Hinweis auf volkstümliche Überlieferungen sowie eine kurze Beschreibung, wie die betreffenden Bäume aussehen. Wenn Sie sich die Abbildungen dazu anschauen, können Sie diese Bäume leicht finden.

Später wurden den Walt-Bäumen noch weitere heilkräftige Bäume hinzugefügt: Linde, Holunder, Roßkastanie, Ahorn, Kirschbaum, Apfelbaum und Birnbaum. Die Beschreibung ihrer Heilkräfte finden Sie auf Seite 144. Auch diese Bäume leisten uns in der Heilmagnetopathie gute Dienste, führen aber auf der spirituellen Ebene nicht zu jenem tiefen Erleben der ursprünglichen Schöpfungsenergien, die sich durch die 10 Walt-Bäume offenbaren.

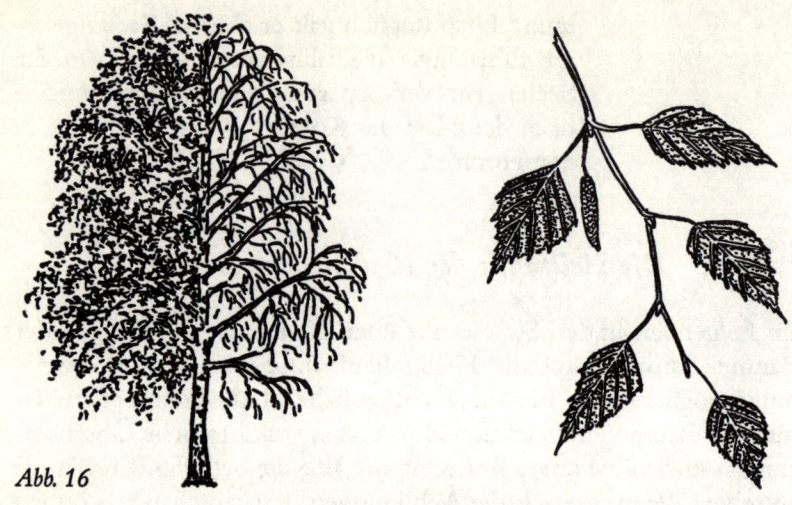

Abb. 16

Birke

WALT-BAUMZAHL: 10
DEUTUNG: inneres, wiedergebärendes jugendliches Leben
MYTHOLOGISCHE ZUORDNUNG: Saga
BOTANISCHER NAME: Betula pendula
FAMILIE: Birkengewächse (Betulaceae)
BLÜTEZEIT: April/Mai
VORKOMMEN: in ganz Europa

AUSSEHEN: Die Weißbirke wird 20–25 m hoch. Ihre lichte Krone
hat überhängende Zweige. Die glatte, weiße Rinde überziehen mit
zunehmendem Alter dunkle, waagerecht aufgesprungene Stellen
und gekerbte, senkrecht schwarze Borkenrisse. Die wechselständigen Blätter sind dreieckig zugespitzt und an den Rändern doppelt
gesägt. Die Weißbirke wird 100–150 Jahre alt.

VOLKSTÜMLICHE ÜBERLIEFERUNGEN: Die Birke als Maibaum ist der Lebens- und Weltenbaum der wiedererwachenden Natur. Der für die »Angebetete« aufgestellte Maibaum ist ein Heiratsantrag, der den Wunsch nach Paarung und Nachkommenschaft ausdrückt. Das Schlagen auf die Oberschenkel mit frischen Birkenzweigen sollte die sexuellen Energien anregen. Dieser Brauch des »Pfefferns« junger Frauen mit der Lebensrute war einst bei den Maifeiern weit verbreitet.

HEILWIRKUNG: Die Eigenstrahlung der Birke bringt das Energiefeld des Menschen wieder zum Strömen, wirkt erfrischend, vertreibt Unlust, Beklemmungen, Depressionen und beruhigt die Nerven. Die Heilkraft der Birke öffnet den Geist für Inspirationen, löst Verhärtungen der Seele und des Körpers, regt den Stoffwechsel an, lindert und heilt Hautkrankheiten, durch Massagen mit Birkenenergie auch Arthritis, Gicht, Rheuma. Sie greift über magnetisiertes Wasser regulierend in den Flüssigkeitshaushalt ein, regt Blase, Nieren und die Hautfunktion an, beeinflußt einen hohen Cholesterinspiegel sowie Übergewicht günstig. Hildegard von Bingen bezeichnete die Birke als »das Glück«.

HEILKRAFTAUFNAHME: Anstellen; Übungen in der Baumaura; mit den Händen aus dem Ätherkörper des Baumes; durch meditative Verbindung zum Baumfreund.

HEILKRAFTÜBERTRAGUNG: Bestreichen des Ätherkörpers; durch magnetisierte Trägerstoffe; Bäder mit magnetisiertem Wasser; Trinken von magnetisiertem Mineralwasser; Heilmassagen.

Abb. 17

Weide

WALT-BAUMZAHL: 9
DEUTUNG: höheres Wissen um Leben und Tod
MYTHOLOGISCHE ZUORDNUNG: Idun
BOTANISCHER NAME: Salix alba
FAMILIE: Weidengewächse (Salicaceae)
BLÜTEZEIT: April/Mai
VORKOMMEN: in ganz Europa

AUSSEHEN: Die ausgewachsene Silberweide ist 25–30 m hoch und kann einen mehr als 1 m dicken Stamm haben, dessen Borke netzförmige Risse aufweist. Ihre wechselständigen Blätter sind lanzettig mit feingesägtem Rand. Sie haben auf der Unterseite eine seidigsilbrige Behaarung. Der Baumkörper hat eine kugelige bis ovale Form. An Bachläufen stehende Kopfweiden sind meistens aus geköpften Silberweiden gezogen. Die Silberweide wird über 100 Jahre alt.

VOLKSTÜMLICHE ÜBERLIEFERUNGEN: Seit grauer Vorzeit findet die Weidenrute als magisches Reis Verwendung. Die dreifach gedrehte Weidenschlinge, »Wyd« genannt, wurde in alter Zeit um den Hals des Verurteilten geschlungen. Die Weide steht als Richter zwischen der Ober- und der Unterwelt. Sie ist im Glauben der Landbevölkerung auch der Hexen- und Gespensterbaum, oft auch Aufenthaltsort von Kobolden, Elfen und Feen.

HEILWIRKUNG: Der Weide entströmt Melancholie, die auf empfindsame Menschen übergeht und diese an das Ende ihrer irdischen Laufbahn mahnt. Sie fördert dadurch Eigenverantwortlichkeit und Ethik. Sie wirkt beruhigend und lösend auf alle, die voller Kälte, Haß, Mißmut, Verbitterung und Enttäuschung sind. Bei stabilen Charakteren regt sie die Fähigkeit zum Hellhören und Hellsehen an. Bäder und Einnahme von mit Weidenkraft magnetisiertem Wasser helfen bei Fieber, Blasenschwäche, Ruhr, Magen- und Darmkrankheiten, Blutungen, Menstruationsbeschwerden, Augenleiden. Das Trinken von magnetisiertem Mineralwasser dämpft außerdem den Sexualtrieb. Gurgeln mit magnetisiertem Wasser lindert Rachen- und Mandelentzündungen sowie Zahnfleischblutungen. Bestrahlungen mit den Fingern oder durch die in den aufgeladenen Händen gehaltene Weidenrute fördern den Heilprozeß von Wunden und Geschwüren.

HEILKRAFTAUFNAHME: Alle beschriebenen Methoden.

HEILKRAFTÜBERTRAGUNG: Alle beschriebenen Methoden, außer Massagen.

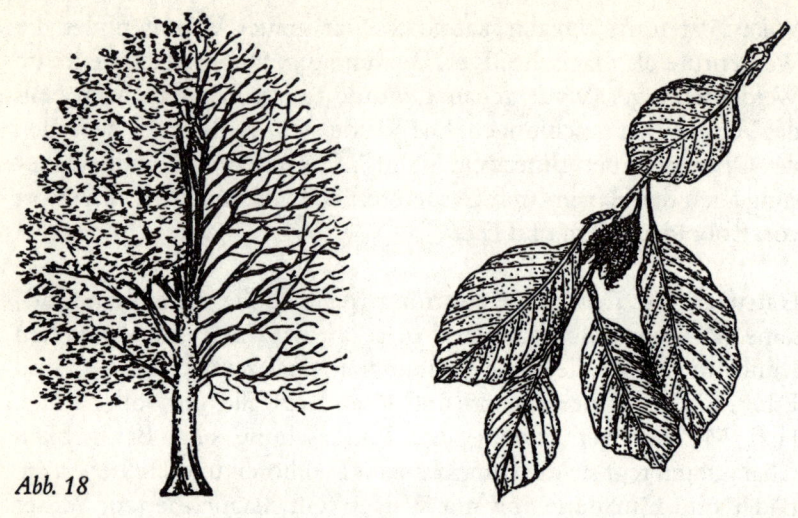

Abb. 18

Buche

WALT-BAUMZAHL: 8
DEUTUNG: magisch zeugende Lebensträgerin
MYTHOLOGISCHE ZUORDNUNG: Frika
BOTANISCHER NAME: Fagus silvatica
FAMILIE: Birkengewächse (Fagaceae)
BLÜTEZEIT: April/Mai
VORKOMMEN: in ganz Europa

AUSSEHEN: Die Buche wächst bis 40 m hoch. Der gegabelte Stamm
hat eine hoch angesetzte Krone und eine glatte, silbergraue Rinde.
Die wechselständigen Blätter sind auf der Unterseite heller. Sie sind
eiförmig und haben einen gewellten Rand. Der Baumkörper hat
ebenfalls eine pralle Eiform. Die Buche kann 100–200 Jahre alt
werden.

VOLKSTÜMLICHE ÜBERLIEFERUNGEN: In der Buche schaffen magisch zeugende Kräfte. In das lebende Buchenholz wurden von den Hagedisen, den alten Heilsrätinnen, die Krankheit abnehmenden Ast-Runen geritzt. In aufgespaltene Buchenstäbe (Stab = beständiges Zeugen) ritzten sie sakrale Runen, die der Schicksalsbefragung dienten. Über die Hüterinnen der Runen, die Nornen, Töchter der Erdmutter, heißt es in der Edda:»Urd, hieß man eine, die andere Werdandi – sie schnitten ins Scheit –, Skuld die dritte; Lose lenkten sie, Leben koren sie Menschenkinscheitern, Männergeschick.«

HEILWIRKUNG: Die Buche ist ein starker Sauger und gibt freiwillig beim Anstellen keine Kraft ab. Sie nimmt aber Krankheiten auf, vor allem Kopfschmerzen und Migräne. Bäder in magnetisiertem Wasser wirken lindernd bei hitzigen Erkrankungen, Prellungen, Entzündungen, Schwellungen. Ihr Energiefeld klärt wirre Gedanken, fördert das geistige Schaffen, die geistige Arbeit, verhilft zu mehr Klarheit, Toleranz, Mitgefühl, Lebensmut und zu einer positiven Lebenseinstellung. Magnetisiertes Trinkwasser hat einen günstigen Einfluß auf Leber, Galle und die Klarheit des Kopfes. Mit Buchenkraft aufgeladene Wünsche realisieren sich oft sehr schnell.

HEILKRAFTAUFNAHME: Übungen in der Baumaura; mit den Händen aus dem Ätherkörper des Baumes; durch meditative Verbindung zum Baumfreund; Anstellen nur mit der beschriebenen Haltung S. 73.

KRAFTÜBERTRAGUNG: Bestreichen des Ätherkörpers; durch magnetisierte Trägerstoffe; Bäder mit magnetisiertem Wasser; Trinken von magnetisiertem Mineralwasser.

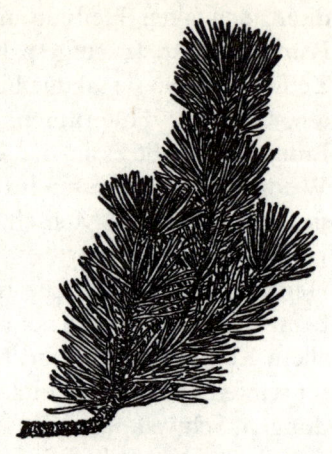

Abb. 19

Föhre (Kiefer)

WALT-BAUMZAHL: 7
DEUTUNG: Feuerzeugung
MYTHOLOGISCHE ZUORDNUNG: Sigun
BOTANISCHER NAME: Pinus silvestris
FAMILIE: Kieferngewächse (Pinaceae)
BLÜTEZEIT: Mai (erstmals im Alter von 30 Jahren)
VORKOMMEN: in ganz Europa

AUSSEHEN : Die Zweige des bis zu 40 m hohen Baumes wachsen in
mehreren Etagen. Der bis zu einem Meter dick werdende Stamm
gabelt sich und bildet eine schirmartige oder kugelige Krone. Der
Baumkörper ist oval bis dreieckig. Die schuppige Rinde ist im oberen Bereich orangebraun und geht nach unten in eine plattenför-
mige, rissige, schwärzliche Borke über. Die dünnen langen Nadeln
sind zu zweit gebündelt, graugrün und meistens gebogen. Die Föhre
kann 100–200 Jahre alt werden.

Volkstümliche Überlieferungen: Die Föhre versinnbildlicht die Feuererregung, die Verwirklichung des Zweckes in der Tat. Sie ist der Feuerbaum, der Fackelbaum, mit dessen Kienspäne und Äste die Burgen und Rauchhallen der Bauerngehöfte beleuchtet wurden.

Heilwirkung: Die Ausstrahlung der Föhre ist wohltuend, stärkt die Lungen und kann die Eigenschaft der Güte fördern. Die Föhre gehört zu den Feuerbäumen und stärkt, wie viele andere Nadelbäume auch, den feurig-elektrischen Anteil der Lebenskraft bei allen Menschen, die antriebslos und lustlos sind. Sie bringt Licht und Lebensfreude in die Seele zurück, löst Traurigkeit und Schwermut auf, befreit von lebenshemmenden Selbstvorwürfen. Sie wälzt mit ihrer herzerwärmenden Heilkraft die Steine (Verhärtungen, Schuldgefühle, nicht verzeihen/vergeben können) von der Brust. Vielleicht wurde die Föhre deshalb von Hildegard von Bingen als »die Trauer« bezeichnet. Heilmagnetische Bäder, magnetisiertes Trinkwasser und Bestreichen des Ätherkörpers haben außerdem eine gute Heilwirkung bei Erkältungen, chronischem Husten, Asthma und Bronchitis.

Heilkraftaufnahme: Anstellen ist erfolglos, lohnt sich nur bei einem positiven Beziehungstest. Erfolgreich: Exerzitien in der Baumaura; mit den Händen aus dem Ätherkörper des Baumes; durch meditative Verbindung zum Baumfreund.

Kraftübertragung: Bestreichen des Ätherkörpers; durch magnetisierte Trägerstoffe; Bäder mit magnetisiertem Wasser; Trinken von magnetisiertem Mineralwasser.

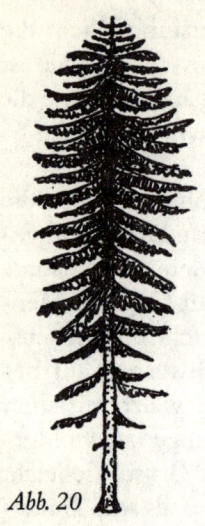

Abb. 20

Tanne

WALT-BAUMZAHL: 6
DEUTUNG: Lebensspenderin, Lebenstrieb, Lebenswille
MYTHOLOGISCHE ZUORDNUNG: Nanna
BOTANISCHER NAME: Abis alba
FAMILIE: Kieferngewächse (Pinaceae)
BLÜTEZEIT: Mai/Juni
VORKOMMEN: Mitteleuropa

AUSSEHEN: Die Weißtanne wächst in Waldbeständen innerhalb von
100 Jahren bis auf eine Höhe von 60 m heran. Die Borke ihres Stammes ist im Alter glatt und silbergrau. Der Baumkörper hat eine
kegelförmige Krone und läuft nach unten oval aus. Die Weißtanne
wird 500–600 Jahre alt.

VOLKSTÜMLICHE ÜBERLIEFERUNGEN: Die Tanne ist der Baum der Wiedergeburt, der Lichterbaum, der Weihnachtsbaum, der das alte Jahr vollendet und die Wiedergeburt des Lichtes aus dunkler Nacht verkündet. Die alten Wintersonnenwendfeiern standen mit der Fruchtbarkeit des neuen Jahres in Verbindung. Hinweise darauf geben der Lebkuchen, Gebildbrote, Stutenkerl, Krampen, Spekulatius, aber auch Früchte: Äpfel und Nüsse.

HEILWIRKUNG: Die Tanne fördert die Wiedergeburt, die ständige körperliche und geistige Erneuerung. Sie stärkt auch die Intuition des Menschen. Ihre Strahlkraft wirkt durchblutungsfördernd, heilt Lungenschwäche, verschleimte Atemwege, Bronchitis und beschleunigt Wundheilungen. Sie hilft aber auch bei mancherlei Kopf- und Herzbeschwerden. Das feinstoffliche Fluid der Tanne übt eine beruhigende und stärkende Wirkung auf das gesamte Nervensystem aus. Ihre magischen Kräfte schützen vor Unheil. Hildegard von Bingen wußte:»Geister hassen Tannenholz und vermeiden Orte, an denen sich solches befindet.« Räucherungen mit Tannennadeln reinigen die Atmosphäre.

HEILKRAFTAUFNAHME: Inhalieren der würzigen Tannenluft; Exerzitien in der Baumaura; mit den Händen aus dem Ätherkörper des Baumes; meditative Verbindung; Anstellen nur bei positivem Beziehungstest!

HEILKRAFTÜBERTRAGUNG: Bestreichen des Ätherkörpers; durch magnetisierte Trägerstoffe; Bäder mit magnetisiertem Wasser; Trinken von magnetisiertem Mineralwasser; Heilmassagen.

Abb. 21

Fichte

WALT-BAUMZAHL: 5
DEUTUNG: geistige Zeugung
MYTHOLOGISCHE ZUORDNUNG: Artha
BOTANISCHER NAME: Picea abies
FAMILIE: Kieferngewächse (Pineaceae)
BLÜTEZEIT: Mai
VORKOMMEN: Mittel- und Nordeuropa

AUSSEHEN: Die Höhe der Fichte schwankt zwischen 40 und 60 m. Der kegelförmige zugespitzte Baumkörper kann den Stamm bis zur Erde umkleiden. Die Rinde ist rotbraun gefärbt und wird mit zunehmendem Alter zu einer schuppigen Borke. Die kantigen Nadeln sind auf beiden Seiten grün. Die Fichte kann 300–500 Jahre alt werden.

Volkstümliche Überlieferungen: Die Fichte wird, wie die Birke, als Maibaum, als »Maie« in Bayern oder »Maien« im Rheinland, aufgestellt. In größeren Dörfern wurde der bis auf den Wipfel kahlgeschlagene Stamm mit Heilzeichen und bunten Bändern geschmückt. Seine Aufrichtung galt als Sinnbild für die Vereinigung himmlischer und irdischer Lebenskräfte. Er war auch dunkle Erinnerung an die alles Leben verbindende Säule, auf der ursprünglich die Schamanen in ihrem feinstofflichen Körper hinauf- und hinunterkletterten, um zwischen Menschen, Göttern und den Geistern der Tiefe zu vermitteln.

Heilwirkung: Die Ausstrahlung der Fichte ist besonders würzig und flutet bei bewußter Aufnahme in das Nervensystem. Ihre Strahlkraft reinigt die menschliche Aura von den Schlacken des niederen Trieblebens, erfüllt das Herz mit dem reinsten Od*, das die Fichte als Naturkraft spendet und stärkt dadurch den Willen für ein reines, gesundes und geordnetes Leben. Die Fichte ist wie die Föhre ein Feuerbaum und wirkt ebenfalls belebend auf lust- und antriebslose Menschen. Magnetisiertes Trinkwasser regt die guten Lebensgeister an und fördert die Verdauung und die Blutzirkulation.

Heilkraftaufnahme: Anstellen nur bei positivem Beziehungstest! Exerzitien in der Baumaura; mit den Händen aus dem Ätherkörper des Baumes; durch bewußtes Atmen; durch meditative Verbindung zum Baumfreund.

Kraftübertragung: Bestreichen des Ätherkörpers; durch magnetisierte Trägerstoffe; Bäder mit magnetisiertem Wasser; Trinken von magnetisiertem Mineralwasser.

---

* Im Originaltext »megin«.

Abb. 22

Eibe

WALT-BAUMZAHL: 4
DEUTUNG: Seelenklärerin
MYTHOLOGISCHE ZUORDNUNG: Rinda
BOTANISCHER NAME: Taxus baccata
FAMILIE: Eibengewächse (Taxaceae)
BLÜTEZEIT: April/Mai
VORKOMMEN: in ganz Europa

AUSSEHEN: Die Eibe wächst bis zu 20 m hoch. Der verästelte, knor-
rige Stamm wird von einer dünnen, in großen Schuppen abblättern-
den Borke bedeckt. Die flachen Nadeln laufen spitz aus, ihre Ober-
seite glänzt dunkelgrün, die Unterseite ist gelbgrün. Der
Baumkörper hat eine stumpfe, sich nach unten verbreiternde Kegel-
form und endet 1–2 m über dem Erdboden. Die heute unter Natur-
schutz stehende Eibe kann bis zu 2000 Jahre alt werden.

VOLKSTÜMLICHE ÜBERLIEFERUNGEN: Die Eibe war in fast allen Kulturen Europas der Totenbaum und hat auch hauptsächlich nur auf Friedhöfen und in den Alleen der Mausoleen überlebt. Trotzdem galt die Eibe als heilig, als Seelengeleiter, der durch die dunkle Unterwelt in das goldene Licht des Sommerlandes führt. So bezeichnete Hildegard von Bingen den Eibenbaum als »Sinnbild der Fröhlichkeit«, obwohl bis auf das Fruchtfleisch der roten Beeren alles an ihm giftig ist. Mit Eibengift wurden Pfeil- und Speerspitzen getränkt und der todbringende Becher Wein vergiftet.

HEILWIRKUNG: Die Eibe schützt vor dunklen Einflüssen und regt die Erinnerung an vergangene Existenzen an. Bäder in magnetisiertem Wasser fördern das Lösen der feinstofflichen Körper. Spaltungsversuche, also das Loslösen der feinstofflichen Körper, sollten aber niemals gewaltsam unter Eiben, in Eibenhecken oder Eibenwäldern vorgenommen werden, da sich unter Einwirkung des Eibendunstes leicht zu viele Lebenskräfte mit ablösen können. Heilmassagen mit Eibenenergie fördern den Heilungsprozeß in erstaunlich kurzer Zeit bei Gicht, Rheuma, Arthritis, Sehnen-, Bänder- und Knochenkrankheiten. Magnetisiertes Trinkwasser führt zur Innenschau, zur Einsicht in das eigene Seelenleben, zu mehr Abgeklärtheit.

HEILKRAFTAUFNAHME: Mit den Händen aus dem Ätherkörper des Baumes; durch meditative Verbindung zum Baumfreund.

KRAFTÜBERTRAGUNG: Bestreichen des Ätherkörpers; durch magnetisierte Heilbäder; Heilmassagen.

WARNUNG: Baden nur bei Zugabe von magnetisiertem Wasser! Eibenabsud ist hochgiftig!

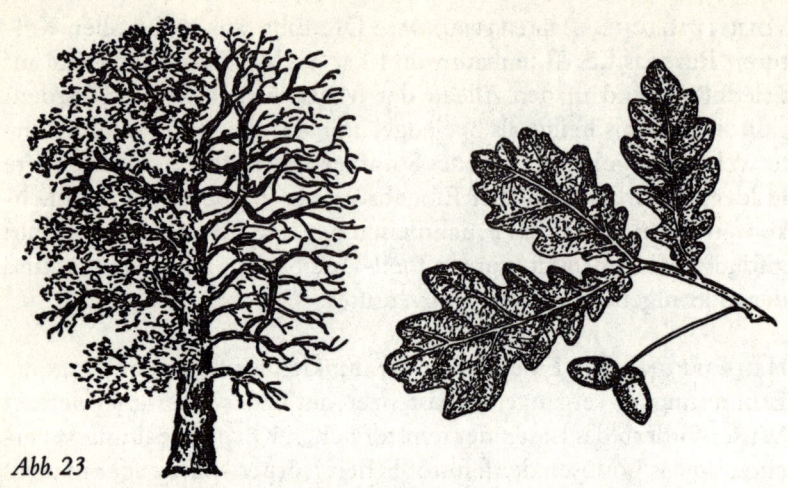

Abb. 23

Eiche

WALT-BAUMZAHL: 3
DEUTUNG: urgesetzliche Bewegung
MYTHOLOGISCHE ZUORDNUNG: Sibia
BOTANISCHER NAME: Quercus petraea (Wintereiche)
    Quercus robur (Sommereiche)
FAMILIE: Buchengewächse (Fagaceae)
BLÜTEZEIT: April bis Juni
VORKOMMEN: in ganz Europa

AUSSEHEN: Die Sommer- oder Stieleiche wird bis 40 m hoch, der
mächtige, verästelte Stamm hat eine dunkle, tiefrissige Borke. Die
wechselständigen buchtigen Blätter sitzen an einem kurzen Stiel.
Der Baumkörper ist prall oval bis rundlich. Die Wintereiche ist in
der Gestalt schlanker, der Blattstiel länger. Die Sommereiche kann
über 1000, die Wintereiche bis 500 Jahre alt werden.

VOLKSTÜMLICHE ÜBERLIEFERUNGEN: Die Eiche ist der Baum des gesetzmäßigen Handelns, der alte Gerichtsbaum unserer Ahnen. Sie ist aber auch der Baum der Kunst und der Weissagung. In ganz Europa gilt sie als Symbol der Langlebigkeit, Macht und Stärke. Die Sommereiche hat einen solaren Charakter, ihr Stamm fühlt sich von 8–16 Uhr warm an. Den Stamm der lunaren Wintereiche empfindet die aufgelegte Hand in dieser Zeit als kühl.

HEILWIRKUNG: Die Eiche regt den Menschen zum »Nachdenken« über sich selbst an und ordnet die Gedanken. Massagen mit Eichenkraft stärken und beleben das Gewebe, die Knochen, Bänder und Sehnen. Abstreichungen über den Ätherkörper stärken den gesamten grob- und feinstofflichen Organismus, vor allem nach Lebenskraftentzug oder langer Krankheit. (Die Eiche war einer der bevorzugten Bäume in der Medizin der Bader, der alten Volksärzte.) Ein Heilbad in magnetisiertem Eichenwasser stärkt kränkelnde Kinder und Erwachsene. Es hat zusammen mit Waschungen eine gute Wirkung bei allen Arten von Hautunreinheiten, Drüsenschwellungen, Frostbeulen, Fisteln, Scheidenschmerzen, Gebärmutterschmerzen, Hämorrhoiden. Magnetisiertes Trinkwasser wirkt allgemein stärkend, ebenso das Tragen von magnetisierter Unterwäsche.

HEILKRAFTAUFNAHME: Anstellen bei der Sommereiche nur bei positivem Beziehungstest; bei der Wintereiche alle Stellungen wie beschrieben; Exerzitien in der Baumaura; mit den Händen aus dem Ätherkörper des Baumes; durch meditative Verbindung mit Baumfreunden.

HEILKRAFTÜBERTRAGUNG: Bestreichen des Ätherkörpers; durch magnetisierte Trägerstoffe; Bäder mit magnetisiertem Wasser; Trinken von magnetisiertem Mineralwasser; Heilmassagen.

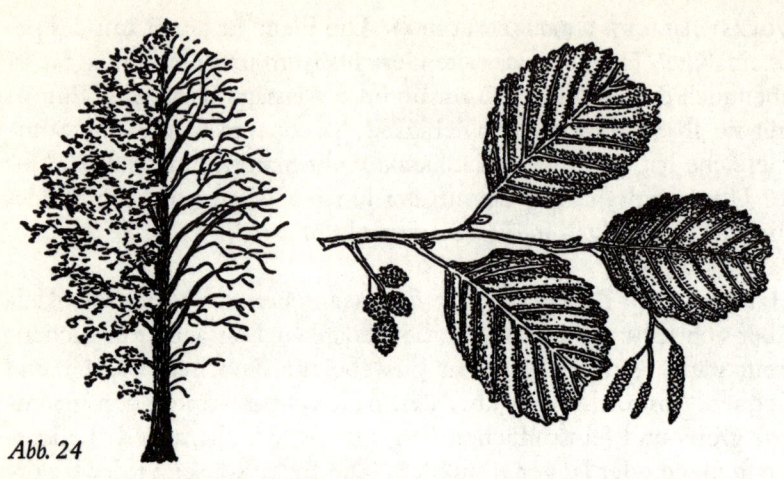

Abb. 24

Erle

WALT-BAUMZAHL: 2
DEUTUNG: Lebenskämpferin
MYTHOLOGISCHE ZUORDNUNG: Skadi
BOTANISCHER NAME: Alnus glutinosa (Schwarzerle)
FAMILIE: Birkengewächse (Betulaceae)
BLÜTEZEIT: März/April
VORKOMMEN: in ganz Europa

AUSSEHEN: Die Erle wird 20–30 m hoch und hat einen geraden, ver-
ästelten Stamm. Die grazilen Äste streben steil nach oben. Die Borke
ist braun-schwarz und rissig. Die breiten Blätter sind verkehrt eiförmig bis oval und oft an der Spitze eingekerbt. Die kätzchenförmigen
Blütenstände erscheinen schon im März vor dem Blattaustrieb. Die
Schwarzerle kann 100–150 Jahre alt werden.

VOLKSTÜMLICHE ÜBERLIEFERUNGEN: Die Erle ist in vielen schauerlichen Geschichten der Geister- und Gespensterbaum. In seiner Nähe tummeln sich Moorgeister, Kobolde, Undinen, Nebelfeen, Elfen und der berüchtigte Erlkönig. Die Erle steht als »Lebewesen Baum« zwischen dem festen Land und den gurgelnden Wassern, als Wesenheit zwischen der feinstofflichen und der grobstofflichen Welt. Sie ist der Walt-Baum, der am stärksten vom Mond beeinflußt wird.

HEILWIRKUNG: In der Nähe der Erle halten sich in der Tat die für das physische Auge unsichtbaren elfischen Wesen auf. Die Strahlung der Erle regt die spirituellen Organe an, die in vielen untätigen Drüsen ihren Sitz haben und kann mediale Begabungen entfalten oder verstärken. Ihre Strahlkraft wirkt abkühlend auf erregte und hitzige Gemüter. Besonders wohltuend wirkt sie auf »verkopfte« Frauen. Hier löst sie Gefühlsblockaden, fördert die weiblich-mütterlichen Impulse und regt die weibliche Sinnlichkeit an. Medial veranlagte Menschen sollten Erlenenergie nur in kleinen Dosierungen durch Abstreichungen über den Ätherkörper oder magnetisiertes Trinkwasser aufnehmen. Vom Baden in mit Erlenenergie magnetisiertem Wasser ist abzuraten.

HEILKRAFTAUFNAHME: Anstellen; Exerzitien in der Baumaura; mit den Händen aus dem Ätherkörper des Baumes; durch meditative Verbindung zum Baumfreund.

HEILKRAFTÜBERTRAGUNG: Bestreichen des Ätherkörpers; durch magnetisierte Trägerstoffe; Trinken von magnetisiertem Mineralwasser.

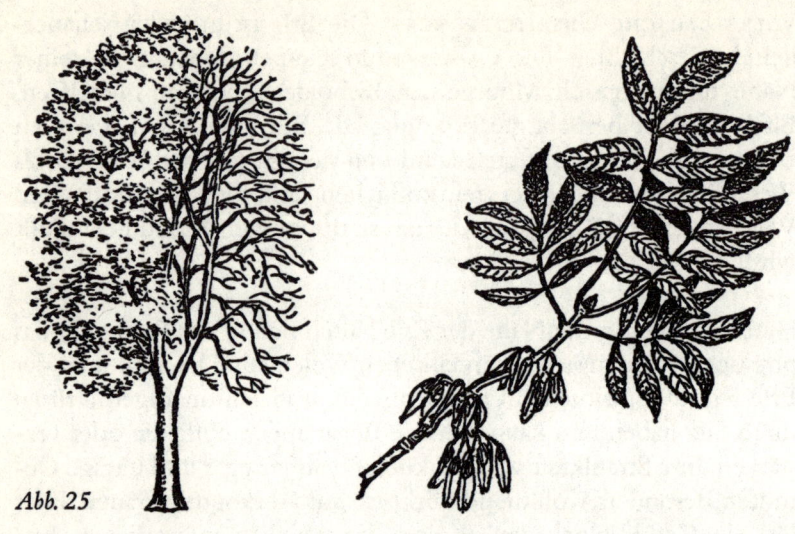

Abb. 25

Esche

WALT-BAUMZAHL: 1
DEUTUNG: Weltenbaum Yggdrasil, der alle Ebenen des Lebens
  verbindet
MYTHOLOGISCHE ZUORDNUNG: Odin als Ich- und Allbeseeler
BOTANISCHER NAME: Fraxinus excelsior
FAMILIE: Ölbaumgewächse (Oleaceae)
BLÜTEZEIT: April/Mai
VORKOMMEN: in ganz Europa

AUSSEHEN: Die Esche ist ein hoher Baum (bis 35 m) mit einem geraden Stamm und feinrissiger Borke. Der Laubkörper hat eine pralle
Eiform. Die Blätter sind unpaarig gefiedert, lanzettig und am Rande
gesägt. Die Esche wird 200–300 Jahre alt.

VOLKSTÜMLICHE ÜBERLIEFERUNGEN: Die »Irminsul«, die »Columnia universalis«[23], der heidnische Weltenbaum. Auch der Feuerquirl (hölzerne Vorrichtung zum Entfachen eines heiligen Feuers), der die heilige Flamme hervorbrachte, war aus Eschenholz. Die Ausstrahlung der Esche übt einen willensstärkenden Einfluß aus und kann die mystische Kraft im Menschen erwecken.

HEILWIRKUNG: Die Esche löst seelische und körperliche Verhärtungen. Sie regt die Leber- und Nierenfunktion an, wirkt harntreibend und abführend. Ihre Strahlung übt außerdem einen wohltuenden Einfluß bei fiebrigen Erkältungen aus. Über die Hände vermittelte Eschenkraft zeigt gute Erfolge bei rheumatischen Erkrankungen, bei Muskelkater und Hexenschuß. Wunden können ohne Berührung über die Finger bestrahlt werden. Alte Narben lassen sich erfolgreich mit Heilmassagen behandeln. Die Esche vermittelt auch jene Kraft, die in der nordischen Mythologie als »Odrörir«, als »Geisterreger« bezeichnet wird. Sie hilft die Begabung eines Menschen zu entfalten, stärkt das Ich und die Besonnenheit. Hildegard von Bingen bezeichnete die Esche als ein »Sinnbild der besonnenen Einsicht«.

HEILKRAFTAUFNAHME: Anstellen nur bei positivem Beziehungstest! Exerzitien in der Baumaura mit Ausnahme der liegenden Positionen; mit den Händen aus dem Ätherkörper des Baumes; durch meditative Verbindung zum Baumfreund.

HEILKRAFTÜBERTRAGUNG: Bestreichen des Ätherkörpers; durch magnetisierte Trägerstoffe; Bäder mit magnetisiertem Wasser; Trinken von magnetisiertem Mineralwasser; Heilmassagen.

Weitere heilkräftige Bäume

Linde: Sie war und ist der Baum der Verliebten. Bestreichungen des Ätherkörpers und magnetisiertes Trinkwasser haben eine lösende Wirkung bei Husten, Heiserkeit, Verschleimung der Atemwege und der Lunge. Das Wasser regt die Nieren an und vertreibt innere Unruhe. Kompressen, getränkt mit magnetisiertem Wasser, wirken wohltuend auf Haut und Augen. Bäder in mit Lindenkraft magnetisiertem Wasser fördern die Gelenkigkeit älterer Körper und öffnen die Seele wieder für »schöne Träume«.

Holunder: Er war einst der Baum von »Frau Holle« und diente bis in die Neuzeit dem »Ausbaden« vieler Krankheiten. Er regt durch Bestreichen des Ätherkörpers und heiße Heilbäder in magnetisiertem Wasser oder Absud die Abwehrkräfte des Körpers besonders bei Erkältungskrankheiten an, die noch »in den Knochen« stecken. Magnetisiertes Trinkwasser wirkt heilsam bei Leber- und Milzleiden, auch bei Geschwüren.

Roßkastanie: Viele Bauern und Jäger tragen heute noch nach der Sitte Ihrer Väter als Schutz vor Rheuma Kastanien in der Hosentasche. Bestreichen des Ätherkörpers mit Kastanienheilkraft fördert die innere Ruhe und kräftigt die Nerven. Innere Anwendungen durch magnetisiertes Trinkwasser wirken durchblutungsfördernd und wohltuend bei Krampfadern und venösen Stauungen. Heilmassagen mit Roßkastanienkraft wirken lindernd bei rheumatischen Erkrankungen.

Ahorn: Die vom Ahorn abstrahlende Heilkraft ist eine große Hilfe bei allen hitzigen Erkrankungen. Heilbäder in magnetisiertem Wasser helfen besonders gut bei geschwollenen Gliedern, ebenfalls Abstreichungen und Heilmassagen. Magnetisierte Kompressen lindern das Gerstenkorn, geschwollene Augen und Geschwüre. Magnetisiertes Trinkwasser wirkt ausgleichend und beruhigend.

Kirschbaum: Um den Kirschbaum versammeln sich zu seiner Blütezeit gerne feinstoffliche Wesenheiten. Der Kirschbaum hilft und tröstet bei körperlichen und seelischen Schmerzen. Er schützt auch vor dunklen Einflüssen. Bestreichungen, magnetisiertes Badewasser und Trinkwasser wirken potenzfördernd und stärken die »Herzenskräfte«.

Apfelbaum: Der Apfel ist der stärkste Odträger unter den Früchten. Der Genuß der Äpfel aus dem Garten der Göttin Iduna sicherte den germanischen Göttern die Unsterblichkeit. Neben einer allgemein stärkenden und anregenden Funktion beeinflußt das Bestreichen des Ätherkörpers oder der Genuß magnetisierten Trinkwassers alle Unpäßlichkeiten im Magen-Darm-Bereich günstig. Magnetisiertes Badewasser hilft Verhärtungen, Verbitterungen, Blockaden und andere Schlacken im körperlich-seelischen Bereich zu lösen.

Birnbaum: Die feinstoffliche Heilenergie des Birnbaums wirkt reinigend und entgiftend auf den gesamten Organismus ein. Heilmassagen sind hilfreich bei Gicht und rheumatischen Erkrankungen. Die Verwendung von magnetisiertem Trinkwasser ist oft erfolgreich bei Kopfschmerzen, aber auch bei Magen-, Darm-, Leber-, Nieren- und Blasenerkrankungen.

Teil III

Wir holen die Ernte ein

Rückbesinnung auf die Einheit allen Lebens

7. Wege zur Kommunikation mit Pflanzen und Bäumen

Nachdem Sie erfahren haben, wie Sie eine Verbindung zu den Bäumen herstellen und wie reich sie uns mit ihren Kräften beschenken können, wollen wir noch einen Schritt weitergehen. Wie Sie bereits wissen, ist alles Lebendige auf der seelischen Ebene miteinander verbunden. Deshalb können wir unter bestimmten Voraussetzungen auch mit Lebewesen auf anderen Entwicklungsstufen kommunizieren. Die Teilnehmer meiner Seminare üben zunächst die innere Verständigung mit Blumen und Pflanzen. Frauen entwickeln dabei oft erstaunliche Fähigkeiten, die weit darüber hinausgehen. Vor allem, wenn sie das Überbewußtsein zur Mitarbeit gewinnen können, wird die auf der höheren Bewußtseinsebene laufende Verständigung als regelrechte Wortfolge innerlich wahrgenommen.

Mona T. hatte schon etwas Erfahrung im »Gedankenlesen«.

Während eines Seminars gab ich ihr als Übungspartnerin ein »Fleißiges Lieschen«.

Nachdem Mona eine Viertelstunde vor dem »Fleißigen Lieschen«, das schon von anderen Teilnehmern als besonders »keck« und »forsch« beschrieben worden war, meditiert hatte, eröffnete die Blume den Dialog mit der Frage: »Hast Du eigentlich sonst nichts zu tun?«

Mona war so erschrocken, daß sie aufsprang und zu mir gelaufen kam. Ich ließ sie an einer kleinen Eiche weiterüben. Seither hat sie bemerkenswerte Erfahrungen mit Blumen und Pflanzen sammeln können.

Kurz bevor sie ein zweites Seminar bei mir belegte, hatte ich in einer kleinen Stadt ein Referat zu halten. Da ich früher als erwartet dort ankam, machte ich einen Spaziergang über den Friedhof des Ortes. Dabei blickte ich auch in den Abfallcontainer. Ich entdeckte dort zwei kleine Zierfichten, die man mit den Wurzeln herausgerissen und fortgeworfen hatte. Eines der Bäumchen gefiel mir von der Form her gut. Es war auch noch nicht zu trocken. Da in meinem Garten fast nur Bäume und Pflanzen stehen, die andere Menschen fortgeworfen haben oder nicht mehr haben wollten, sagte ich mir: »Dafür werde ich schon noch ein Plätzchen finden.« Ich nahm das Bäumchen mit und pflanzte es ein.

Während des Seminars entdeckte Mona das neue Bäumchen. Sie begrüßte es mit den Worten: »Was bist du für ein schönes Bäumchen, du siehst ja richtig ›moggelig‹ aus. Du hast hier aber ein schönes Plätzchen gefunden. Gefällt es dir hier im Garten?«

Zunächst kam keine Antwort, alles war still, erzählte Mona später den anderen Teilnehmern. Dann kamen zaghaft die Worte: »Ich hab noch ein Brüderchen« – und dann richtig weinerlich: »Mein Brüderchen, mein Brüderchen.«

»Was ist mit deinem Brüderchen?« fragte Mona ganz erstaunt. Nach einiger Zeit sagte das Bäumchen nochmal: »Mein Brüderchen, mein Brüderchen – es tut so weh – mein Brüderchen schreit so fürchterlich. Es muß sterben!«

Als ich hörte, was Mona T. da erzählte, bekam ich einen Stich ins Herz und ein furchtbar schlechtes Gewissen. Niemand außer mir konnte wissen, woher ich das Bäumchen hatte. Niemand konnte wissen, daß in dem Abfallcontainer noch ein weiteres Bäumchen lag und dort langsam vertrocknete.

Ich setzte mich spät abends noch ins Auto, fuhr 60 Kilometer, um das zweite Bäumchen zu holen. Heute stehen beide in meinem Garten. Das »Brüderchen« hat lange mit dem Tod gerungen und ständig nach Wasser gerufen. Schließlich haben beide frische Triebe angesetzt.

Wer nun glaubt, dies beruhe alles auf Phantasie, Einbildung und Selbsttäuschung, der irrt sich. Bei fast jedem Gespräch erhalten wir Hinweise auf Dinge, die wir nicht wissen können oder stoßen auf Ausdrücke, die uns fremd sind. Manchmal wird es zwar schwer, die

Grenzen zu erkennen, wo Phantasie und Wirklichkeit zusammen-
rinnen, vor allem im Traum und in der Meditation. Bei der nonverbalen Kommunikation auf der seelischen Ebene fließen in der Tat die
Informationen der Gesprächspartner ineinander. Erst, wenn unser
Überbewußtsein aktiv wird, kommt es zum Frage- und Antwort-
spiel, wie es uns die verbale Kommunikation beim »Integralen Bewußtseinstraining«, in das ich Sie im nächsten Abschnitt einweisen
werde, noch zeigen wird.

Es gibt also verschiedene Stufen der Kommunikation zwischen
Menschen und Bäumen, von denen jede ihre Reize hat. Die Tür, die
uns den Zugang zu anderen Lebensformen öffnet, die es uns ermög-
licht, in ihr inneres Wesen einzudringen, können wir nicht mit unserem Verstand aufschließen – der steht uns bei diesen Dingen höchstens im Wege. Der Schlüssel zu dieser Tür liegt in unserem Herzen
vergraben. Die ganze Schöpfung lechzt Tag und Nacht nach einer
einzigen, kostbaren Energie – nach Lethe – Ambrosia – Soma, nach
einem Nektar, der aus den göttlichen Ebenen durch dafür empfäng-
liche Geschöpfe auf die Erde rinnt – nach Liebe!

Mineralien und Pflanzen nehmen sie begierig von den sie umhe-
genden Naturwesen auf, Tiere und Menschen buhlen und betteln
ebenfalls um diese göttliche Kraft, ohne die nirgendwo so recht etwas Gutes gedeihen will. Neben dem Strom der alles durchdringenden und durchgottenden Liebe, die aus den höheren Sphären nach
unten fließt, gibt es noch einen Strom, der evolutionär aus den Tiefen des Seins nach oben steigt, der den Bereichen von Licht und
Liebe voller Sehnsucht zustrebt. Er besteht ebenfalls aus einer Substanz, die alle Schöpfungsebenen verbindet. Wir umschreiben diese
Substanz sehr vage mit dem Wort »Seele«. Neben der Menschen-,
Tier- und Pflanzenseele kennen wir Begriffe wie Gruppenseele,
Volksseele, Weltseele. Auch unsere feinstofflichen Körper bestehen
aus Seelensubstanz.

Das Wort »Seele« ist von der Wurzel her verwandt mit See und
Honig (Seim), aber auch Sieden und Sud gehören dazu. Demnach
ist die Seele der flüssige, oder besser flüchtige Inhalt eines lebenden
Körpers. Sie wird aber unterschieden von den Lebensenergien, die
den Körper durchströmen und der Aura.

Die »große Mutter«, die Erd- und Allmutter allen Lebens, wurde
von unseren wissenden germanischen und keltischen Vorfahren auch
als »Mania Acca«, als Seelenmutter verehrt. Ihr heiligstes Kultgerät
war der Kessel, das symbolische Sammelbecken der Seelensubstanzen. Diese Seelensubstanz, die in allem, was lebt, die Ganzheit stiftet,
ist Träger des Bewußtseins. Allem Leben liegt Bewußtsein zugrunde.
Es enthält die zielgerichtete Information für die Weiterentwicklung,
für die Höherentwicklung der Seele. Ziel der Seelen ist es, über un-
zählige Entwicklungs- und Erkenntnisstufen mit den gemachten Le-
benserfahrungen wieder zur göttlichen Urquelle zurückzukehren. In
der ganzen Natur steigt das seelische Leben so von Stufe zu Stufe
wieder aufwärts. Von bekannten englischen Medien habe ich folgendes erfahren:

Die Seelensubstanzen der niederen Lebensformen werden bei der
Transformation auf den leibfreien Ebenen zu immer vollkommene-
ren Seelen für die Lebewesen höherer Gattungen zusammengefaßt.
Die Tierseelen erfahren schließlich in vielen weiteren Entwicklungs-
zyklen mannigfache Läuterungen und Steigerungen ihrer sinnlichen
und außersinnlichen Fähigkeiten. Sie bilden teilweise Vorstufen für
die Erfahrungen als Menschenseele. Die Seelen aus dem Mineral-,
Tier- und Pflanzenreich gehören aber einem eigenen Entwicklungs-
zyklus an, der einen Teil von ihnen über die Engelwelt zur göttlichen
Quelle zurückführt. Doch da alles Lebendige miteinander verknüpft
ist, werden auch den Menschenseelen Seelenanteile aus diesen
Schöpfungsbereichen der Mineral-, Tier- und Pflanzenwelt zur weiteren Transformation beigemischt. Das muß uns auch nicht weiter
verwundern, schließlich enthält ja auch unser physischer Körper
Elemente aus dem Mineral-, Pflanzen- und Tierreich.

Einen weiteren Bezug zu diesem Gedankengut finden wir
in zwei alten Symbolen. Das Ideogramm der »großen Mutter«, der All- und Erdmutter, bilden zwei mit den Spitzen
aufeinander gestellte Dreiecke. Es hat die Kontur einer
Sanduhr. Man kann darin direkt den Ausdruck für die beiden sich in
unterschiedliche Richtungen bewegende Strömungen erkennen,
die sich im Menschenwesen treffen: der aus den göttlichen Ebenen

kommende Geist, der in uns wohnende göttliche Funke, unser göttliches Selbst, das auch als Kanal für die Liebe und Inspiration der höheren spirituellen Welten dient, und das aus den materiellen Ebenen
sich wieder aufwärts bewegende Seelenbewußtsein.

 Durchdringen sich diese beiden Dreiecke der Allmutter im
höher entwickelten Menschen, bilden sie das Hexagramm,
das Vollkommenheit und Harmonie ausdrückt.
Es gibt meiner Auffassung nach zwei große Bewußtseinsströme,
über die unsere Kommunikation mit den anderen Schöpfungsbereichen laufen kann: Einer kommt aus den Tiefenbereichen, aus dem
Reich des im Dunkeln verborgenen, dem Unbewußten, der andere
aus den hellen Bereichen der überbewußten Ebenen. Manchmal
fließen die Eindrücke aus beiden Bereichen zusammen. Der Kom-
munikator ist aber in jedem Fall das Individualbewußtsein oder die
durch es hindurchwirkende höhere Bewußtseinebene. Das Bewußtsein ist wie ein Spiegel, in dem sich das mit uns kommunizierende
»Du« betrachten und mitteilen kann.

Das »Integrale Bewußtseinstraining« (IBT)

Durch die Vielfalt der Kontakte mit unseren Bäumen, durch die Ar-
beit mit ihren Heilkräften, werden wir auf natürliche Weise in einen
Prozeß eingebunden, der uns wie ein immer enger werdender
Trichter zur Kommunikation mit ihnen führen kann. Dazu stehen
uns zwei praktische Wege offen: Der eine führt uns über das »Ein-
fühlen« zur nonverbalen Kommunikation, später der andere unter
Mithilfe des Überbewußtseins zur verbalen Kommunikation.
Wir wollen uns den Zugang zu diesen beiden Wegen in diesem
Kapitel jetzt gemeinsam erschließen. Sie werden sehen, daß die Ver-
ständigung mit Pflanzen und Bäumen genauso einfach ist, wie das
Aurasehen, wenn man die Zusammenhänge und das Funktions-
schema richtig erkennt, und um nichts anderes geht es beim »Integralen Bewußtseinstraining« (IBT).
Es handelt sich hierbei nicht um irgendwelche magischen Fähig-
keiten, die Sie durch hartes tägliches Training erwerben können. Das

IBT erlernen Sie auf spielerische Art und Weise. Ich habe es ursprünglich für meine Seminare für Führungskräfte aus den verschiedenen Managementebenen in Wirtschaft und Verwaltung entwickelt. Als Grundlage dienten mir dazu meine langjährigen Erfahrungen mit psychologischen und esoterischen Trainingssystemen. Die Wurzeln des IBT liegen im Yoga, im Autogenen Training, Psychohygiene-Training, im Anti-Stresstraining, in der Hypnoseforschung, im Schamanismus und im Spiritualismus.

Was beim IBT trainiert wird, ist eigentlich – so paradox es klingt – das Gegenteil von dem, was man allgemein unter Training versteht. Es ist nichts Anstrengendes, sondern vielmehr ein »Etwas-zulassen-Können«, locker und offen werden, etwas aufnehmen und entdecken, was eigentlich ununterbrochen sowieso da ist. Es ist ein bewußtes Sich-Einfädeln in den Kommunikationsfluß zwischen allem Lebendigen, ein Bewußtwerdungsprozeß.

Um Ihnen die Komplexität der menschlichen Bewußtseinsstruktur vor Augen zu führen, habe ich in die beiden Dreiecke im Ideogramm der »großen Mutter« einmal die verschiedenen Bewußtseinsebenen eingetragen, zu denen wir in uns selbst einen Zugang finden können (Abb. 26). Schauen wir uns zunächst einmal die »menschliche«, die untere Bewußtseinspyramide an:

Zu den beiden unteren Bewußtseinsstufen der *Zellen* und *Organe* haben wir keinen direkten Zugang mehr. Einige Yogadisziplinen versuchen zwar, willentlich auf sie Einfluß zu nehmen, was jedoch jahrelanges, konsequentes Training erfordert.

Unserem alles durchdringenden Geist bleibt es aber unbenommen, mit unseren Zellen und Organen zu sprechen – und sie reagieren darauf. Die »Organsprache« hat sich im letzten Jahrzehnt zu einer beliebten und anerkannten Therapieform entwickelt. Man spricht dabei im entspannten Zustand einfach mit seinen Organen, bedankt sich für ihre gute Arbeit oder spricht ihnen Mut zu, wenn sie krank sind. Das hat eine positive Wirkung auf die Organe und das Unterbewußtsein.

Im *Unterbewußtsein* speichern wir unsere Erfahrungen ab. Es steuert und koordiniert als übergeordnete Instanz jene Bewegungsab-

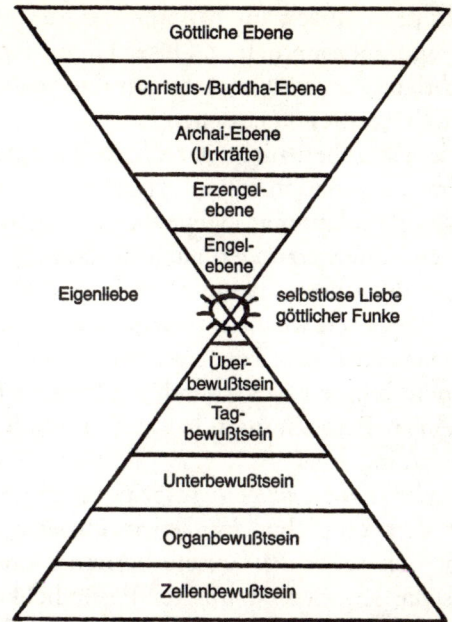

Abb. 26: Bewußtseinsstufen und Ebenen im Ideogramm

läufe, auf die wir durch unser Tagesbewußtsein keinerlei Einfluß mehr haben. Es ist für die elementaren Vorgänge zuständig, die unser Leben schützen und erhalten. Sein Einfluß erstreckt sich außerdem in unser Gefühlsleben, in unser Empfinden von Antipathien oder Sympathien, in unsere Aura, in unsere Umwelt, zu Menschen und Tieren und in die übrige uns umgebende Natur hinein. Das Unterbewußtsein ist der Magier, der Zauberer unserer Seele, der Autor unserer Phantasien. Es ist der Archivar unseres Gedächtnisses und stellt uns alle bewußt angesammelten Informationen auf Anforderung zur Verfügung. Alles, was wir an unserem Wachbewußtsein vorbei aufnehmen, speichert es auf einer tieferen Ebene ab, zu der wir nur selten einen Zugang finden. Einiges davon wird uns in unseren Träumen zum Aufarbeiten vorgesetzt, anderes bleibt latent vorhandene Information oder wird zum Sender unklarer Signale, die uns betrüben oder erfreuen. Wir nehmen Tausende von Impulsen pro Sekunde aus der Umwelt auf. Müßten wir sie alle bewußt registrieren, wären wir lebensuntüchtig. Unser Unterbewußtsein trennt für uns die wichtigen von den unwichtigen Informationen, läßt sich aber auch durch Suggestionen täuschen.

Nun sind wir Menschen nicht nur offene Energiesysteme, sondern auch offene Informationssysteme. Deshalb ist unser Unterbewußtsein nicht nur für unseren eigenen Geist zugänglich, sondern unter bestimmten Voraussetzungen auch für fremde, bewußte Geister, seien sie nun inkarniert (andere Menschen) oder desinkarniert. Dieser Umstand wird einwandfrei belegt durch die Hypnoseforschung und die verschiedenen Formen der Besessenheit eines Menschen durch einen fremden Geist, durch ein fremdes Ich. Wer unser Unterbewußtsein in Besitz nimmt, hat auch Einfluß auf unser gesamtes Energiesystem.

Unser *Tages- oder Wachbewußtsein* entspringt dem göttlichen Geist, unserem Selbst, dem göttlichen Funken in uns. Aus dem Tagesbewußtsein formt sich unser Ich, unsere Vernunft, unser Charakter. Es verleiht uns die Kontinuität unserer Persönlichkeit, ist verantwortlich für unser Tun und Handeln, kann logisch denken, gesammelte Erfahrungen ordnen, reflektieren, Rückschlüsse ziehen und vorausschauend planen. Es kann entscheiden, mit welchen Kräften wir uns durch unser Denken verbinden wollen und mit welchen nicht.

Obwohl unser Tagesbewußtsein unserem Unterbewußtsein im Verhältnis 1:100 aufgepfropft ist, verfügt es über mehrere Möglichkeiten sich durchzusetzen; einsetzbare Mittel sind die Willenskraft, die Gedankenkonzentration, Imagination und Suggestion.

Schlafen wir ein oder fallen wir in Tieftrance, zieht sich unser Tagesbewußtsein in unser göttliches Selbst zurück. Das Unterbewußtsein bleibt in dieser Zeit ohne Aufsicht. Damit keine fremden Kräfte in dieser Phase auf den Menschen Einfluß gewinnen, wendet er sich seit uralten Zeiten im Gebet an die höheren, göttlichen Instanzen und bittet sie um Schutz.

Die uns am nächsten liegende höhere Bewußtseinsstufe ist unser *Überbewußtsein*. Es tritt anfangs nur in Aktion, wenn wir es dazu herausfordern. Es ist sonst der stille Beobachter in uns. In tiefen Meditationszuständen nehmen wir es wahr. Das Überbewußtsein hat Zugang zu allen Informationsebenen. Es durchleuchtet oft die Tiefen des Unterbewußtseins und holt für uns von dort verborgene Dinge hoch in unser Tagesbewußtsein, hilft so bei der Auflösung von Blockaden oder versteckten Schuldkomplexen. Es ist wie eine Lampe: Gelingt es uns, das Licht anzuknipsen, leuchtet es in die Dinge hinein und verschafft uns Einblicke in ihr inneres Wesen. Es übernimmt dabei oft die Rolle eines Dolmetschers, indem es uns Informationen aus anderen Lebensebenen übersetzt, so daß sie in unserer Sprache als Gedanken in unser Bewußtsein einfließen oder wir sie sogar als physikalische gesprochene Worte vernehmen können. Der Zugang zu den darüberliegenden Bewußtseinsebenen wird durch unser göttliches Selbst bewacht. Die selbstlose Liebe kann ihn öffnen!

Ich persönlich bin der Ansicht, daß es nur ein einziges bewußtsein gibt! Es ist in allem was existiert präsent. Demnach gibt es kein Extra-Bewußtsein für einen Baum, für eine Ameise, für ein Pferd, für einen Menschen, für einen Engel. Ich möchte Ihnen meine Auffassung von Bewußtsein am Beispiel eines Kronleuchters etwas verständlich machen: Werden in einen Kronleuchter Birnen mit unterschiedlichen Spannungskapazitäten geschraubt, also je eine von 25 Watt, 50 Watt, 75 Watt, 100 Watt, so ist uns allen sofort klar, daß eine Birne von 25 Watt nicht genauso hell leuchten kann, wie eine Birne von 100 Watt, obwohl sie alle von dem gleichen Strom gespeist werden. Ähnlich verhält es sich mit dem Bewußtsein: Obwohl alles Lebendige auf der seelischen Ebene miteinander verbunden ist, wird das Individualbewußtsein durch das Entwicklungsstadium seines Körpers und den Reifegrad der Seele eingeengt. Eine weitere Einschränkung des Individualbewußtseins erfolgt durch den Existenzkampf. Er führt zu einem Verhalten, das nach der Umwelttheorie des Naturwissenschaftlers Jakob von Uexküll darin besteht, daß jedes Gattungswesen von der Gesamtwelt, in die es hineinversetzt ist, nur das in sein Bewußtsein aufnimmt, was es unmittelbar für seine Existenz nötig hat oder gebrauchen kann.

Leider machen wir Menschen als die am höchsten entwickelten, verkörperten Bewußtseinsträger in diesem Punkt bis heute kaum eine Ausnahme. Schuld an der anhaltenden Isoliertheit unseres Bewußtseins ist mangelndes Interesse, mangelnde Einsicht, mangelnde Kontaktbereitschaft sowohl in bezug auf unsere Mitmenschen als auch auf die uns umgebende Natur. Solange wir unser Umfeld nur danach beurteilen, welchen Zweck oder Nutzen es für uns hat, wird sich kaum ein tiefergehender Informationsfluß in unserem Bewußtsein einstellen. Mit solch einer Einstellung verharren wir auf einer Entwicklungsstufe, die sich bei der Individualisierung, bei der Geburt des Ichbewußtseins, durch Mißverständnisse und falsche Vorstellungen im Menschen aufgebaut hat. Das menschliche Individualbewußtsein wurde dadurch in Grenzen eingemauert, die selbsterzeugt sind und in Wahrheit gar nicht existieren. Durch unseren individuellen Geist, durch unser Selbst, haben wir genau wie die Hohen Selbste anderer Lebensformen Zugang zu allen Bewußtseinsebenen, sobald wir das Göttliche in uns zulassen. Geschieht das, können wir aus innerer Überzeugung behaupten: »Ich bin Du, Du bist ich« oder: »Ich bin das ganze Universum.«

Daraus formuliert sich jetzt eine Kernfrage: Welche Bewußtseinsebenen werden aktiviert, wenn Sie zu einem Baum einen persönlichen Kontakt herstellen? Nach meinen Erfahrungen geht dabei folgendes vor sich: Ihr *Tagesbewußtsein* beschließt einen Baumbesuch. Am Baum öffnen Sie durch ein Ritual Ihr *Unterbewußtsein*, regen es an, auf der seelischen Ebene eine Verbindung zu Ihrem Baum herzustellen. Während Sie sich dem Baum so zuwenden, öffnet sich der Baum für Sie, nimmt Ihre Aura wahr, Ihre Gedanken, Ihre Gefühle. Ihre Liebe und Zuneigung zum Baum animiert Ihr *Überbewußtsein* zur Mitarbeit. Erfolgt sie, nimmt Ihr Überbewußtsein eine Verbindung zu einem der höheren Bewußtseinsträger des Baumes auf: zur Baumelfe, zum Inwiedie, zur örtlichen Gruppenseele des Baumes. Durch diese Kontakte kann eine Resonanz auf der *Engelebene* hervorgerufen werden, die dazu führen kann, daß die »Hohen Selbste« sich einschalten, also Ihr »Hohes Selbst« mit dem »Hohen Selbst« (der Gottheit) der Baumgattung kommuniziert, um z. B. eine Spontanheilung oder ein außergewöhnliches mystisches Erlebnis herbei-

zuführen. Eine Verbindung zu noch höheren Ebenen ist ein Akt der göttlichen Gnade!
Wenden wir uns der Praxis zu.

Die nonverbale Kommunikation

Man könnte sie auch als »Verständigung von Seele zu Seele« bezeichnen. Ihre Basis liegt auf der Gefühlsebene. Ihre Methoden gliedern sich in die »So-tun-als-ob-Haltung« und das »Einfühlen« oder »Einnehmen«.

Die »So-tun-als-ob-Haltung« ist eine natürliche Verhaltensform zwischen Menschen und Lebewesen, die der Sprache nicht mächtig sind. Fast alle Personen, die täglichen Umgang mit Pflanzen oder Tieren haben, benutzen sie als ein ganz selbstverständliches Mittel zur Verständigung, auch wenn diese oft sehr einseitig ist. Sie sprechen mit Haustieren, egal, ob Hund, Katze oder Vogel, als würden sie die Worte verstehen. Ebenso sprechen Landwirte und Tierärzte mit Pferden, Kühen, Schafen und Schweinen. Sie alle gehen davon aus, daß diese Tiere sie irgendwie verstehen. Einige Tiere bekommen sogar einen Namen, auf den sie hören. Auf uns Menschen fixierte Tiere wissen sehr gut, was wir von ihnen wollen, wenn wir es uns nur lebhaft vorstellen, während wir mit ihnen sprechen.

Unsere Worte sind nur ein Vehikel, auf dem unsere Gedankenbilder in die andere Seele transportiert werden. Je mehr Nachdruck und Gefühl wir in unsere Worte hineinlegen, um so besser werden wir verstanden. Auch von unseren Pflanzen und Bäumen, vor allem, wenn wir aus dem Herzen sprechen. Je länger wir mit bestimmten Gattungswesen zusammen sind, um so tiefer wird die Verbindung, um so besser die Verständigung. Blumen, die Wasser brauchen, »schreien« es uns Menschen direkt hinterher, so daß wir, auch wenn wir keine Worte hören, uns erschrocken umdrehen und zur Gießkanne greifen. Topfpflanzen können fürchterlich jammern, wenn ein Mensch, der sie betreut, verreisen will. Eine alleinstehende Dame aus unserem Arbeitskreis, die mit ihren Blumen sehr verbunden ist, redet schon Tage vorher beruhigend auf sie ein, weil sie sonst durch das »Gejammere« bei ihren Schreibarbeiten gestört wird. Ein mir bekannter Gärtner redet beruhigend auf die Bäume ein, bevor er ihre Äste schneidet. Oft sagt er: »Nun stellt euch nicht so an, ich muß von Zeit zu Zeit auch zum Friseur.«

In der Esoterik wird viel über Bewußtseinserweiterung gesprochen und geschrieben. Mit jeder Pflanze, mit jedem Strauch, mit jedem Tier und mit jedem Menschen, zu dem wir eine tiefere Verbindung aufbauen, erweitern wir unser Bewußtsein. Eine wirkliche Bewußtseinserweiterung ist nur durch die Verbindung mit anderen Bewußtseinsstrukturen möglich.

Je öfter Sie also zu Ihrem Baum oder zu Ihren Bäumen gehen, je öfter Sie sich mit ihren Heilkräften aufladen, je stärker Sie die Bäume mit in Ihr Bewußtsein einbeziehen, um so größer wird die Harmonie zwischen den Seelen, und um so leichter kommt es zu einer inneren Verständigung.

Das Einfühlen

Nun wird es konkreter. Mit dieser Methode können Sie das Lebensgefühl eines anderen Lebewesens von innen heraus miterleben, indem Sie sich bewußt in die Empfindungswelt eines anderen Menschen, eines Tieres oder eines Baumes hineinversetzen. Beim Einfühlen ahmen Sie zuerst den Ausdruck, die Spannung, die Gebärden, die Mimik, die Gestalt des Lebewesens nach, das Sie »einnehmen« möchten. Schon in den Yoga-Aphorismen des Pantanjali heißt es:

»Durch Einfühlung in ein Merkmal entsteht die Kenntnis des Denkvermögens eines Anderen.«[24]

Einige Yogis steigern diese Technik zu einer Kunst, mit der sie Menschen und Tiere durch »Einnehmen« sogar beherrschen können. Auch bei Schamanen ist diese Methode sehr beliebt. Bei Schauspielern sollte das Einfühlen angeborenes Talent sein.

Der berühmte Schriftsteller Edgar Allan Poe erklärt seine Einfühltechnik folgendermaßen:

»Wenn ich herausfinden will, wie klug oder wie dumm, wie gut oder wie böse einer ist oder was er in dem Augenblick denkt, so ahme ich genau seinen Gesichtsausdruck nach und warte ab, welche Gedanken oder Gefühle daraufhin in meinem Herzen aufsteigen, um sich mit jenem Ausdruck zu decken.«[25]

Kinder neigen dazu, Menschen, deren Verhalten von der Norm abweicht, verspottend nachzuahmen, noch lieber fühlen sie sich auf natürliche Art spielerisch in das Verhalten von Tieren ein. In Seminaren schamanischen Inhalts fühlen sich die Teilnehmer in ihre Krafttiere ein und bringen deren Mimik und Gebärden beim Krafttiertanz zum Ausdruck.

Beim meditativen Einfühlen in einen Baum versuchen wir, uns geistig in den Baum zu versetzen, uns als Baum zu fühlen. Fühlen Sie sich mit Ihren Gedanken, mit Ihrer Vorstellung in die Wurzeln eines Baumes ein, aktivieren Sie das Unbewußte in sich. Abends macht das sehr müde und ruft den Schlaf herbei. Gehen Sie in die Krone des Baumes, regen Sie Ihre Gehirntätigkeit an. Gehen Sie in seinen Stamm, stärken Sie Ihr körperliches Wohlbefinden, Ihre Vitalität. Nur so offenbart uns der Baum sein Lebensgefühl, nur so gibt er uns Einblick in sein »megin«. Mit megin wird in der Edda das bezeichnet, was jemand vermag: seine Macht, sein Vermögen. Megin ist eine außersinnliche Kraft, eine übersinnliche Macht und Stärke. Daß Bäume an Wunder grenzende Dinge bewirken können, die noch weit über ihre Heilkräfte hinausgehen, klingt noch in vielen alten Sagen und Märchen an, besonders im Märchen von Aschenputtel.

Jeder Baum ist ein Träger schöpferischer Werdekräfte, ein Ebenbild des Weltenbaumes Yggdrasil, des nordischen Urbilds aller Bäume. Er verbindet auf der seelischen Ebene alle Welten, führt uns immer wieder vor Augen, was der geistig erwachte Mensch einmal bewußt bewirken soll: »Himmel und Erde verbinden.« Selbst beim Abnehmen von Energien aus dem Ätherkörper eines Baumes können Sie so durch das Einfühlen die verstärkte Aufnahme von Energien aus den gewünschten Wirkungsbereichen steuern. Der Energiemittelpunkt der Bäume liegt sehr tief. Das megin des Baumes ist in und um den Hauptenergiewirbel des Baumes gespeichert, in seinem Haupt- und Herzzentrum. Machen wir uns aber keine falschen Hoffnungen: Bäume sind keine Chaoten, sie sind Ausdruck naturgesetzlichen Wirkens. Ein Baum wird also nicht in unser Schicksal hineinpfuschen, nur weil wir einen bestimmten Wunsch erfüllt haben möchten. Er kann seine »Wunderkraft« nur im Zusammenwirken mit den hinter ihm stehenden geistigen Mächten der höheren Ordnungen freisetzen, und auch nur dann, wenn von unseren eigenen höheren Bewußtseinsebenen eine Einwilligung vorliegt.

Je stärker und öfter wir uns durch Einfühlen, Kraftaufnahme, Meditation und Rituale mit einem bestimmten Baum verbinden, um so mehr färbt er auf unseren eigenen Charakter ab. Er verwandelt unser Wesen, formt uns um. Hier müssen wir Verstand und Einsicht walten lassen und immer für einen Ausgleich sorgen, uns im klaren darüber sein, wie wir gerne sein oder werden wollen.

Wer z. B. jahrelang nur mit einer *Birke* arbeitet, wird beweglich – geistig und körperlich –, beschwingt, lebenslustig, aber auch »leichtfüßig«. Die *Eibe* läßt uns ernst werden, aber nicht melancholisch, wie eine Weide. Die Eibe gibt uns seelische Klarheit. Die Eiche macht streng, zäh, widerstandsfähig. Die *Kiefer* verleiht uns ein feuriges Temperament, macht uns begeisterungsfähig, positiv abstrahlend.

Beim Einfühlen lernen Sie nach und nach die innere Wesensart Ihrer Bäume besser kennen. Aber auch die Bäume nehmen unser Wesen so besser wahr. Sie sind hervorragende Psychologen und lassen Ihnen bei trüben Gemütszuständen Trost durch wohldosierte Heilströme zufließen, die Sie ermuntern und erheitern werden.

Sobald Sie mehr Übung und Erfahrung im Einfühlen haben, kann es lehrreich sein, wenn Sie sich auch in Bäume einfühlen, die auf schlecht bestrahlten Plätzen stehen, auf Reizzonen, Wasseradern oder anderweitig negativ bestrahlten Standorten. Gedrehte oder nach rechts oder links ausweichende Bäume geben uns von innen her Einblick in ihren Lebenskampf, den sie auf ihren negativ bestrahlten Standorten bestehen müssen.

Treten bei Ihnen beim Einfühlen Depressionen auf, ist es ratsam, die Verbindung augenblicklich abzubrechen. Unter Depressionen leiden vor allem Bäume, die gefällt werden sollen. So hat z. B. ein großer Kirschbaum auf unserem Nachbargrundstück wochenlang gejammert und Horrorbilder gesendet, als würden mit ihm alle Kirschbäume der Welt gleichzeitig gefällt. Die Meditationsabende in unserem Heilkreis wurden dadurch erheblich beeinträchtigt.

Auf keinen Fall sollten Sie von einem Baum, der von Ihnen tröstende Worte braucht, Energien für Heilzwecke abnehmen und übertragen. Ein gefällter Baum hinterläßt in unserer Seele, ähnlich wie der Verlust eines geliebten Tieres, eine schmerzende Wunde, die nur langsam verheilt, vor allem, wenn es eine tiefgehende Beziehung war.

Sprechen Sie beim Einfühlen mit den Bäumen wie Ihnen der Schnabel gewachsen ist, frei von der Leber weg, wie es im Volksmund heißt. Je mehr Ihr Verstand an dem, was Sie zu Ihren Bäumen sagen wollen, herumbastelt, desto dürftiger wird die Kommunikation. Lassen Sie Ihr Herz sprechen! Durch die »So-tun-als-ob-Haltung« und das »Einfühlen« haben wir den nächsten Schritt gut vorbereitet.

Die verbale Kommunikation

Für eine verbale Kommunikation brauchen wir bei unseren »Baumgesprächen« einen Dolmetscher, eine Institution, die seelische Schwingungen und Empfindungen in eine uns verständliche Sprache übersetzt. Die verbale Kommunikation läßt sich nicht erzwingen. Sie ist in der augenblicklichen seelischen Entwicklungsphase der Menschheit noch die Ausnahme. Der Übersetzer ist der hinter uns stehende ständige Beobachter unseres äußeren und inneren Lebens, unser Überbewußtsein. Eingeweihte aller Kulturen haben sich um die Aktivierung dieser nicht immer leicht erreichbaren Bewußtseinsebene bemüht. Für das alte Ägypten ist das Wissen darum durch eine Statue von König Chefren (4. Dynastie, um 2800 v. Chr.) belegt. Die aus dunkelgrauem Diorit gehauene Skulptur zeigt den Pharao mit einem Falken im Kopftuch. Der Falke gilt als Symbol für

Abb. 27: Pharao Chefren mit dem göttlichen Falken

höheres göttliches Bewußtsein. Er sitzt genau in der Position, die das aktivierte Überbewußtsein einnimmt (Abb. 27). Verbinden wir das Auge des Falken mit dem des Pharaos durch eine gedachte Linie, so geht diese genau durch die Drüsen und Chakren, die in den alten Geheimwissenschaften mit den höheren Fähigkeiten im Menschen in Zusammenhang gebracht werden: Scheitelchakra (Zirbeldrüse) und Ajnachakra (drittes Auge, Hirnanhangsdrüse).

Das Überbewußtsein wird aktiviert, indem wir uns im Geiste bewußt hinter unseren Kopf versetzen, und zwar in die Position, die der Falke auf der Statue von König Chefren einnimmt. Wir konzentrieren uns also auf einen vorgestellten Punkt über der Fontanelle unseres Kopfes. Durch die Konzentration auf diese Stelle ziehen wir dort starke feinstoffliche Energieströme zusammen. Schauen wir durch unsere Augen, halten wir geistig die Verbindung mit dem Punkt über der Fontanelle aufrecht und beobachten von hier aus auch nach und nach unser Denken, Fühlen und Handeln. Aus dieser Position ist es möglich, uns von innen und außen gleichzeitig wahrzunehmen.

Durch dieses Training, das Ihnen anfangs wahrscheinlich nur für wenige Minuten gelingen wird, aktivieren Sie zunächst Ihre Zirbeldrüse. Das Schöne dabei ist, daß diese Übung keinen besonderen Zeitaufwand benötigt, auch geht Ihnen Ihre tägliche Arbeit dadurch konzentrierter und damit besser von der Hand. Der Zen-Buddhismus kennt diese Übung als die »Position des stillen Beobachters« und hat sie zum Kern seiner gesamten Praxis gemacht.

Wird Ihre Zirbeldrüse auf diese Weise angeregt, beginnt sie sofort mit der Ausstrahlung eines nach Ambra duftenden Aromas, das von Ihnen, aber auch von anderen Personen deutlich wahrgenommen werden kann.

Bei täglicher Übung stellen sich gewöhnlich schon bald die ersten Erfolge im »Hören« von Mitteilungen ein, wenn Sie mit Ihren Bäumen Kontakt aufnehmen. Es ist oft schwer zu beurteilen, wer oder was genau aus dem Baum zu uns spricht. Die übersetzten Worte einer Baumelfe oder einer Baumgruppenseele werden in der Regel innerlich als laute Gedanken wahrgenommen, die in unser Bewußtsein fließen. Mitteilungen der Inwiedie oder höherer Intelligenzen der Engelebene, die durch den Baum wirken, präsentiert uns unser Überbewußtsein in einer Akustik, die von außen in unser Ohr zu kommen scheint.

Wer auch immer zu Ihnen spricht, Sie können sicher sein, daß Sie nicht das Opfer einer Halluzination sind, wenn Sie die Falken-Position üben und Ihr Überbewußtsein damit aktivieren.

Die erhaltenen Mitteilungen entsprechen oft, wie wir schon bei dem beschriebenen Kontakt von Mona T. zu dem Fleißigen Lieschen erfuhren, nicht den gehegten Erwartungen. Auch ist die Ausdrucksweise von unserer eigenen oft sehr verschieden.

Zu Ihrer Ermunterung hier einige kurze Beispiele:

N. B., FRAGE an einen Tuja (Lebensbaum): »Kannst du die Vögel, die in dir ihre Nester bauen, auch sehen?«
ANTWORT: »Ja, ja, die Federlinge kenne ich auch.«

I. S., FRAGE an eine kleine Eiche: »Warum sprichst du nicht mit mir, bist du noch zu klein?«
ANTWORT: »Ich kann jetzt nicht mit dir sprechen, ich muß erst den Segen über das ganze Land bringen.«

K. H. mäht den Rasen unter den Bäumen.

ZIERFICHTE: »Jetzt kommt der schon wieder mit diesem alten Rödderding.«

M. P. meditiert im Seminarraum.

FLEISS. LIESCHEN: »Na, bist du auch mal wieder hier im alten Lager?«

(M. P. konnte nicht wissen, daß der heutige Meditations- und Seminarraum früher einmal das Kartoffellager einer Samenhandlung war!)

K. I., sitzt mit Zahnschmerzen unter unserer Birke.

BIRKE: »Ist es gar nicht so schön, ein Mensch zu sein?«

(K. I. hat die Birke nicht berührt, steht jetzt verunsichert und mißmutig im Garten herum)

BIRKE: »Faß mich mal an!«

(K. I. geht langsam zum Baum und ergreift zwei kleine herunterhängende Zweige. Da schießt eine gewaltige Kraftwoge in ihren Körper, sie wird durchdrungen von einem Glücksgefühl, das sie wie auf Wolken gehen läßt und noch tagelang anhält. Die Schmerzen sind weg!)

Bäume können auch dichten und Lieder singen. Einige machen sogar Prophezeiungen. Doch ich möchte Ihre Erwartungshaltung nicht unnötig hochschrauben. Diese Gespräche möchte auch jeder »Verständige« für sich behalten. Eine verbale Kommunikation läßt sich auch nicht erzwingen. Die einzigartige Arbeit mit den Heilkräften der Bäume in Verbindung mit den hier vorgestellten einfachen Praktiken wird Ihnen zwangsläufig den Erfolg bringen. Nur die praktische Erfahrung führt Sie zu eigenem Wissen und Erleben.

Vergessen Sie nie, daß Ihr Baum ein Medium, ein Kanal ist, der die oberen Bewußtseinsebenen mit den unteren Seelenebenen verbinden kann. Über Ihren Baumfreund haben Sie deshalb unter Mitwirkung des Überbewußtseins Zugang zu allen Ebenen der Schöpfung, die bei unserem derzeitigen Entwicklungsstand überhaupt für uns Menschen erreichbar sind. Mit Ihrem aktivierten Überbewußtsein beginnen Sie das ganze Leben von einer höheren Warte aus zu betrachten.

Kommunikation im Traum und in tiefer Meditation

Sie sind meinem Rat im Kapitel *Baummeditation am Kraftort* bestimmt gefolgt und haben bei der Kontaktaufnahme mit Ihrem Baum ein Blatt mit nach Hause genommen oder einen Absud in ein Fläschchen abgefüllt. Dies sind, besonders in der Anfangszeit, gute Hilfsmittel für meditative Kontakte, vor allem aber, wenn mit mehreren Bäumen »geflirtet« wird.

Halten Sie das Blatt oder das Fläschchen in der Hand, wenn Sie sich in der Abendmeditation zu Ihrem Baum hindenken und hinfühlen. Zur Einstimmung stellen Sie das von Ihrem Baum gemalte Bild auf. Sobald Sie sich in die Gestalt Ihres Baumes eingefühlt haben, schließen Sie die Augen. Stellen Sie sich vor, wie Sie in Ihrem Baum atmen. Der Atem wird zu einer Brücke zwischen den Seelenebenen. So, ungestört in der Stille, in der Entspannung, werden die Eindrücke wesentlich stärker aufgenommen.

Machen sie eine derartige Kontaktaufnahme auf der geistigen Ebene nie ohne ein öffnendes und später ein wieder die seelischen Ebenen schließendes Ritual (*Schutzritual*, S. 172). Schreiben Sie Ihre Eindrücke sofort auf, bevor sie Ihnen wieder entfallen. Manchmal driftet das Bewußtsein in einen Dämmerzustand ab, der von visionsartig aufblitzenden Bildern unterbrochen wird. Werden sie nicht sofort voll erinnert und in Stichworten notiert, reißt der Erinnerungsfaden und sie gehen wieder verloren. Das gleiche gilt für verbal oder nonverbal empfangene Mitteilungen.

Im Liegen, wenn wir müde sind, wird es besonders schwierig, bei der Meditation das Tagesbewußtsein aufrecht zu erhalten. Schlafen Sie ein, ist das nicht weiter schlimm, auch im Traum gemachte Erfahrungen können großartig sein. Wichtig ist es auch hier wieder, nach dem Erwachen sofort ein schließendes Ritual auszuführen, da sonst die Gefahr besteht, daß Sie noch tagelang aus der Seelenebene

Ihres Baumes Eindrücke aufnehmen. Das ist nicht sehr bekömmlich und kann Ihr Gefühlsleben irritieren.

Notieren Sie sich auch alle Eindrücke von Träumen und Erlebnissen, bei denen Ihr Bewußtsein zwischendurch abgedriftet ist. Davon kann sich niemand freisprechen, und es kommt selbst bei langjähriger Erfahrung immer wieder vor. Für Ihre nächtliche Baumverbindungen eignet sich das Fläschchen mit dem Baumabsud besonders gut, denn wenn Sie bei der ersten Kontaktaufnahme einschlafen, wird Ihr Unterbewußtsein Sie an Ihr Vorhaben erinnern, sobald Sie die Flasche berühren. (Von dem Schriftsteller und Okkultisten Gustav Meyrink wird berichtet, daß er stets einen Spazierstock mit ins Bett nahm, der ihn an das nächtliche Astralwandern erinnern sollte.) Bei Bewußtseinsversetzungen können Begleitphänomene auftreten, besonders wenn Sie dabei einschlafen. Lassen Sie sich davon nicht erschrecken. Sie werden von Ihrem Baumfreund hervorgerufen und mahnen oft nur Ihr schließendes Ritual an.

Beispiel: Nacht vom 30. November auf den 1. Dezember 1996.

Ich hatte mein Bewußtsein in eine über 900 Jahre alte Linde versetzt, die nicht sehr weit von H. neben einer alten Kirche steht. Langsam begann ich im hohlen Stamm der Linde zu atmen. Die ganze Kraft der Region, soweit ich sie erfassen konnte, zog ich in ihren Stamm, mit der Bitte, eine Verbindung zu dem Wesen herzustellen, das über das Wohlergehen der Bäume wacht.

Lange Zeit geschah nichts. Dann schob sich so etwas wie eine große Wolke heran. Es war mehr ein Ahnen als ein Sehen. Sie hüllte den alten Baum und mich mehr und mehr ein. Als mich ihr Zentrum erreichte, schwand mein Bewußtsein. Es wurde einfach ausgeknipst, so wie ein Lichtschalter das Licht ausknipst. Irgendwann setzte ein Dämmerzustand ein. Mir war, als befände ich mich in einer großen Höhle oder Halle. Ich hörte zwei Stimmen, die sich unterhielten. Mit der Zeit erkannte ich, daß die eine Stimme mir gehörte. Aber auch die andere schien aus meinem Inneren zu kommen. Ihre Schwingung war unendlich langsam, ein leises, durchdringendes Raunen.

Als ich zurückkam, hatte ich alles vergessen. Ich wurde durch zwei harte Schläge auf das Holz meiner Zimmerdecke aufgeweckt und zurückgeholt aus der Welt zwischen Tag und Traum, in die ich abgetrieben war. Ich machte sofort das schließende Pentagramm.

Einige Tage zuvor war ich in einen leichten Schlummer gefallen. Da hatte sich mein Zimmer mit hauchdünnen bastwurzelartigen Gespinsten gefüllt. Dazwischen zuckten leuchtende Schlangen aus astralem Licht auf. Es roch nach Moder und Erde. Das war ein Besuch der alten Linde gewesen. Heute hat sie mich nur zurückgeholt. Mir ist, als sei ich einen unendlich langen Weg gegangen.

Die Botschaften, die meine Bäume in letzter Zeit verkünden, sind nicht sehr erfreulich, aber auch nicht ohne Hoffnung. Meine Botschaft von den Bäumen an die Menschen ist dieses Buch. Je länger wir mit unseren Bäumen verbunden sind, desto öfter erscheinen sie auch unaufgefordert in unseren Träumen. Sei es, um uns etwas von ihrer Lebensfreude mitzuteilen, um uns zu trösten oder um uns gehörig ihre Meinung zu sagen, wie es das abschließende Beispiel zeigt:

Ereignisse vom 4. auf den 5. Juli 1995.

Im vorigen Jahr habe ich einen Weinstock, den mir Hannes Lindemann[26] als Ableger geschenkt hat, aus dem Garten vor das Haus an die Straßenseite gepflanzt, an eine Hausecke, die stark feucht war. Da ich diese Stelle von der Einfahrt aus nicht sehen kann, habe ich mich nur selten an den Weinstock erinnert, obwohl ich manchmal den Eindruck hatte, von ihm gerufen zu werden. Am Nachmittag des 4. Juli, als wir alle beim Tee in der Küche saßen, klopfte etwas an unser Küchenfenster. Es war leicht windig, und ich dachte zuerst, der Wind habe ein Stück Karton vors Fenster geweht. Als ich aufstand, entdeckte ich zu meinem Erstaunen eine Weinrebe mit handgroßen Blättern. Ungläubig liefen wir alle nach draußen. Der Wein, bis zum Umpflanzen ein kleiner, niedriger Stock, knapp 50 cm hoch, hatte sich entgegen aller Naturregeln in der unfreundlichsten und schattigsten Ecke des Hauses bis zum Küchenfenster hochgerankt. Doch damit nicht genug: Er erschien mir in jener Nacht im Traum, erklärte mir, daß es für ihn gar nicht einfach gewesen sei, sich in so einem kalten Landstrich zu entwickeln, und als Dank habe ich ihn dann auch noch weit weg vom Garten an die laute, stinkende Straße gepflanzt. Die Ecke sei längst trocken, wenn ich mir die Mühe machen würde, dort einmal zu graben, würde ich das sofort merken. Bald würden einige Trauben mit blauen Beeren reif werden, doch das Gift der Straße würde sie ungenießbar machen. Er beschrieb mir dann genau die Stelle im Garten, wo er zu stehen wünschte: Da wo jetzt die Sonnenblumen sind, direkt an der Terrasse, wo wir ihn immer sehen, ganz nahe der kleinen Eiche, die ihn immer zum Weiterleben ermutigt hat.

Nachdem ich alles notiert hatte, ließ ich mich wieder ins Bett fallen. Worauf hatte ich mich da nur eingelassen?

Es gibt noch eine Besonderheit, die mir inzwischen auch von vielen Teilnehmern meiner Seminare immer wieder bestätigt wird und auf die Sie gefaßt sein müssen, wenn Sie intensiv mit Ihren Bäumen arbeiten: Bäume machen gerne mit Menschen, die sie mögen, Trips ins All. Es sind unvergeßliche Erlebnisse. Ein Baum erscheint uns in der Meditation oder im Traum, zieht uns in seine Krone und beginnt in einem atemberaubenden Tempo zu wachsen. Immer schneller, immer höher, bis ins Weltall. Hier hat man dann den Eindruck, daß sich im Kopf ein Türchen öffnet, und es pustet etwas in unseren Kopf hinein, das unser Bewußtsein kristallklar macht. Meistens schläft man daraufhin ein und wacht wunderbar erfrischt und erholt auf. Wahrhaft erfreuliche Erlebnisse! Wer weiß, welche weiteren Abenteuer da noch auf uns warten!

8. Rituale und altes Brauchtum

Der Ursprung ritueller Handlungen ist die urreligiöse Zeremonie: ein feierlicher Akt, in dem eine Gemeinschaft nach festgelegten, peinlich genau eingehaltenen Regeln die zyklische Wiederkehr eines Ereignisses feiert und damit ihre Verbundenheit zu einer höheren Kraft, zu einer göttlichen Macht bekräftigt.

In der Folgezeit fanden auch herausragende Ereignisse im Leben des einzelnen Menschen eine rituelle Bekräftigung und Segnung durch die Gemeinschaft. Geburt, Hochzeit und die Begleitung auf dem Weg zur letzten Ruhestätte bildeten sicher den Anfang. Später förderte rituelles Brauchtum den Gemeinschaftssinn, den Gemeinschaftsgeist auch bei Amtseinführungen, bei der Jagd, bei Turnieren, in der Ritterschaft, beim Klerus, in den Bauhütten und Zünften, bei Haus- und Kircheneinweihungen, bei feierlichen Anlässen.

Das Ritual bildet einen festen Rahmen, der Vergangenheit und Gegenwart verknüpft, einen feierlichen Akt, der das Altüberlieferte im Jetzt erneut bestätigt, der auch Raum und Kraft gibt für das Transzendentale, das hinter den irdischen Erscheinungen steht. Man könnte auch sagen, Rituale sind magische Handlungen. Und sie sind es in der Tat! Wie kann ein Ritual aber »magische Kräfte aufbauen«? Nun, ich habe es schon mehrfach angedeutet: Alle Gedanken und Gefühle bilden auf der Mental- und Astralebene eine »Kraftwolke«, ein Reservoir von Impulsen, die nach Verwirklichung streben. Je mehr Menschen am Aufbau einer solchen feinstofflichen Kraftladung beteiligt sind, um so eher entwickelt sie auf der dichteren Astralebene eine Formation, die gleichgeartete Kräfte und Wesenheiten anzieht. Mit der Zeit wird dieses Kraftwerk in der Astralwelt so stark, daß bei Vollzug des Rituals sofort die gewünschte Wirkung eintritt. Solcher geschlossener Rituale bedienen sich meistens Kultgruppen, die bestimmte Zielsetzungen verfolgen. Es gibt auch offene Rituale, an denen sich jeder beteiligen kann. Sie gelten als »Tradition« oder »Brauchtum«.

Für beide Ritualformen gilt, daß sie mit ihren ständig wiederholten rituellen Handlungen auf den feinstofflichen Ebenen Reaktionen hervorrufen und Kraftformationen aufbauen, die mit den Ritualteilnehmern vernetzt sind. Stirbt eine Ritualgruppe, eine Glaubensgemeinschaft aus, kann das feinstoffliche Reservoir Jahrhunderte oder sogar Jahrtausende überleben und funktionsfähig bleiben.

Sogenannte Zauberer, von denen es in unseren Märchen und alten Geschichten nur so wimmelt, sind Menschen, die durch »Zufall« oder in alten Überlieferungen einen Schlüssel zu diesen Kraftspeichern gefunden haben. Sie können mit diesen angesammelten Kräften dann Wirkungen hervorrufen, die die uns bekannten Naturgesetze außer Kraft setzen können. Manchmal paßt der Schlüssel nicht richtig, weil ihnen Teile der Ritualvorschriften fehlen. Sie erzielen dann auch nur Teilergebnisse. Abraham von Worms (ca. 1362–1457) berichtet von einem Zauberer in Ephiaki (Griechenland), der durch Lieder und gewisse Zahlen bewirken konnte, daß in einem Augenblick von einem Baum alle Früchte und Blätter abfallen mußten. Dazu war auch der Stamm zerspalten, schreibt Abraham, alles einzig und allein durch diese Zahlen und ohne Nutzen für ihn oder andere.

Heute wird wieder eine Fülle von alten und neuen Ritualen angeboten: Planetenrituale, Heilungsrituale und Feuerrituale aus schamanischen Traditionen, Naturrituale alter und neuer Kulte, Schutz- und Heilrituale u. a. m. Mit einigen wollen wir uns im Rahmen der Magnetopathischen Baumheilkunde etwas näher befassen.

Schutzrituale

Der heilmagnetopathische Kraftstrom der Bäume fördert außer unserer Gesundheit auch unsere Kreativität und unsere paranormalen Fähigkeiten. Er verbindet uns, ob wir wollen oder nicht, stärker mit den feinstofflichen Welten, ihren Wesenheiten und Mächten, über die wir nur wenig Wissen haben. Es ist deshalb wichtig, den Zugang zu diesen Ebenen mit einem Ritual zu öffnen und zu schließen. Unterbleiben solche Schutzmaßnahmen, kann es geschehen, daß wir auch noch nach Beendigung der Baumbesuche, nach unserer Meditation, nach der Heilbehandlung, weiter mit Eindrücken aus diesen Ebenen überschwemmt werden. Darunter leidet dann nicht nur unsere Konzentrationsfähigkeit, sondern es kann auch passieren, daß unser Gefühlsleben durcheinanderkommt, da Seelenanteile von uns mit diesen Ebenen verbunden bleiben.

Wer sein Bewußtsein erweitern will, sollte mit den Beinen fest auf dem Boden bleiben – im Hier und Jetzt verwurzelt wie ein Baum, schließlich wollen wir ja Himmel und Erde miteinander verbinden, den Menschen und der Umwelt dienen. Menschen, die nur noch in höheren Regionen schweben, können niemandem helfen, am wenigsten sich selbst.

Zu den Schutzritualen gehört auch eine Begrüßungs- und eine Entlassungsformel für jene unsichtbaren, feinstofflichen Wesen, die durch unsere Handlungen angezogen werden. In einem angelsächsischen Flursegen und in der Edda finden wir noch Spuren von diesem Brauch, der auch von den Hagedisen, den alten Heilrätinnen der Germanen, praktiziert wurde. In der Edda finden wir folgende Begrüßungsformel:

Heil euch, Asen und Asinnen!
Heil dir, alles ernährende Erde!
Gebt rechte Rede uns und Verstand,
Zudem lebenslang heilende Hände!

Wir sagen bei unseren Schutzritualen heute schlicht *zur Begrüßung:* »Ichbewußt öffne ich mich für die feinstofflichen Welten.« oder (Baumname, z. B. Birke) »Birke, ich begrüße dich und alle heilbringenden Wesen, die um uns sind.« Dabei berühren Sie den Baum mit der Hand.

zur Verabschiedung: »Ichbewußt schließe ich die Tore zu den seelischen Tiefenreichen.« oder (Baumname) »Birke, ich danke dir, ich löse mich nun von dir, von diesem Ort und seinen Wesen in Frieden.«

Solche schlichten, einfachen Worte reichen aus, um Über- und Unterbewußtsein in Verbindung mit unserer Ritualhandlung zu stimulieren. Suchen Sie sich die Formeln aus, die Ihnen am meisten zusagen und bleiben Sie dabei. Auch unsere Schutzrituale sind schlicht, einfach und wirkungsvoll.

Das Reißverschlußritual

Dieses Ritual öffnet und schließt das »mediale System«[27] in uns Menschen; englische Medien benutzen es erfolgreich seit langen Zeiten. Das mediale System im Menschen beginnt an der Nasenspitze und läuft als feinstoffliche Energiebahn über den Kopf das Rückgrat hinunter bis zum Steißbein.

Öffnen Sie zuerst das »große Tor« am Solarplexus, das Sonnengeflecht. Legen Sie Ihre Hände dorthin und machen Sie die »Bewegung des Öffnens«, indem Sie die übereinanderliegenden Hände nach beiden Seiten auseinanderziehen. Gehen Sie dann mit Ihren Händen zum Steißbein, um von dort – in der Vorstellung – einen Reißverschluß zu öffnen, dabei fahren Sie mit den Händen die Wirbelsäule hoch bis zu den Schulterblättern und greifen von dort über die Schultern um, dann öffnen Sie den Rest der Strecke weiter und fahren bis zur Fontanelle, dem »kosmischen Tor«, hoch. Hier machen Sie mit den Fingern Ihrer Hände ebenfalls eine auseinanderziehende Bewegung nach außen.

In umgekehrter Reihenfolge wird das mediale System wieder geschlossen. Machen Sie zuerst über der Fontanelle mit den Händen eine schließende Bewegung, indem Sie die Handflächen an die Seiten des Kopfes legen und dann zur Kopfmitte hin übereinanderschieben. Ziehen Sie dann den »Reißverschluß« am Rückgrat entlang wieder zu, fahren sie mit den Händen vom Steißbein zurück zum Solarplexus. Hier machen Sie ebenfalls eine schließende Bewegung mit Ihren Händen, indem Sie sie übereinanderschieben.

Das Reiki-Ritual

Diese Ritual stammt ursprünglich aus Asien, wird aber seit vielen Jahren von Reiki-Meistern[28] in Amerika und Europa verbreitet. Es ist einfach und wirkungsvoll.

So öffnen Sie sich:
Schauen Sie in die Richtung des Baumes. Legen Sie Ihre Hände in Gebetshaltung mit aufeinanderliegenden Handflächen an Nase und Stirn. Öffnen Sie dann Ihre Hände und Arme zur Seite hin.

So schließen oder lösen Sie sich:
Klatschen Sie in die Hände. Dann halten Sie die nach oben zeigenden Innenhandflächen nebeneinander in Richtung des Baumes und pusten kräftig über Ihre Handflächen. Das In-die-Hände-klatschen gilt in ganz Asien als eine Geste, mit der man die Aufmerksamkeit der Götter auf sich lenken möchte. Setzen Sie die Baumheilkräfte zur Krankenbehandlung ein, müssen Sie sich zweimal lösen: In Richtung des Baumes und in Richtung des Kranken.

Das Pentagrammritual

Das Pentagramm gilt seit alter Zeit als hochwirksames Schutzzeichen.

So öffnen Sie sich:
Deuten Sie mit dem ausgestreckten Zeigefinger der rechten Hand vor ihrem Körper nach unten auf einen Punkt, der ca. 40 cm vor Ihrer linken Fußspitze liegt. Machen Sie dann einen Aufwärtsstrich schräg nach oben, bis Ihr Arm vollkommen vor Ihrer Körpermitte über Ihrem Kopf ausgestreckt ist. Schließen Sie dann mit weiteren Armbewegungen das Pentagramm nahtlos (Abb. 28).

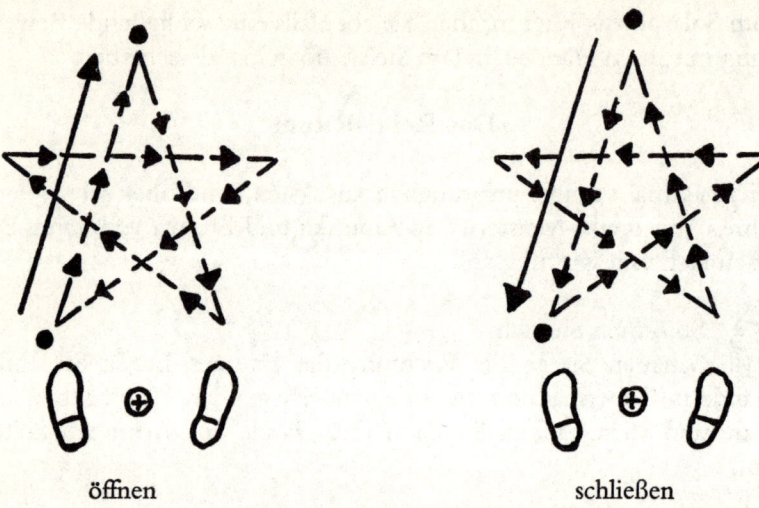

öffnen   schließen

Abb. 28: Pentagrammritual

🌳 So schließen Sie sich:
   Beginnen Sie vor Ihrem Körper über der Kopfmitte. Dann
mit weiteren Armbewegungen das Pentagramm schließen (Abb. 28).
Die außergewöhnlich starke Wirkung des Pentagrammrituals stei-
gert sich mit der Heilkraft Ihrer Hände. Mit den aus Ihrem Zeigefinger ausströmenden Kräften wird das Pentagrammsymbol aus feinstofflicher Kraft in der Luft aufgebaut.

Das Kreuzritual

🌳 So öffnen Sie sich:
   Halten Sie die offene rechte Hand mit Abstand vor die linke
Schulter. Die Finger zeigen nach oben, die Handinnenfläche nach
links. Bewegen Sie mit dieser Handhaltung die Hand vor Ihrem
Körper her bis zur rechten Schulter, als wollten Sie einen Vorhang
zur Seite schieben. Die Hand geht dann in gleicher Haltung auf der
gleichen Linie zurück bis vor die Körpermitte, steigt dort senkrecht

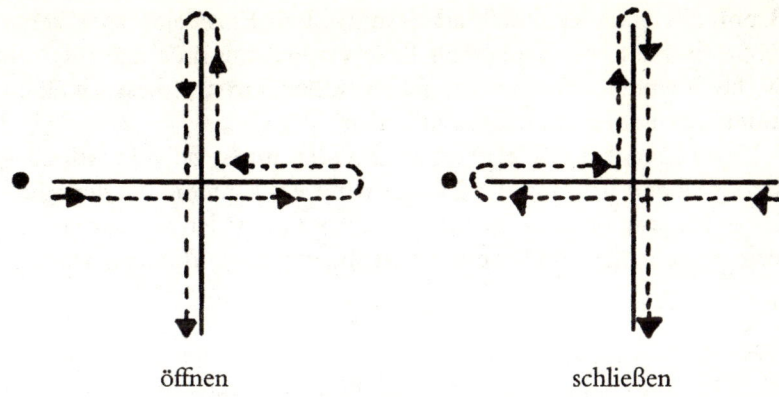

öffnen   schließen

Abb. 29: Kreuzritual

nach oben und zieht eine vertikale Linie von oben vom Schädel nach unten zum Solarplexus (Abb. 29).

So schließen Sie sich:
Die offene Hand beginnt vor der rechten Schulter, bewegt sich waagerecht bis vor die linke Schulter, als wollten Sie den Vorhang wieder zuschieben, geht zur Körpermitte zurück und zieht wieder einen senkrechten Strich von oben nach unten (Abb. 29).

Suchen Sie sich aus diesen Schutzritualen das aus, das Ihnen am meisten zusagt und bleiben Sie dabei. Die Bewegungen gehen Ihnen dann bald in Fleisch und Blut über. Unter- und Überbewußtsein werden dann die gewünschten Wirkungen auslösen. Später können Sie für spezielle Situationen ein zweites Ritual dazunehmen.

Vertiefung der häuslichen Baummeditation durch ein Ritual

Sie haben bestimmt schon lange bemerkt, daß ich den gesamten Kontaktvorgang mit einem Baum von Anfang an in Ritualform aufgebaut habe. Das sichert Ihnen den vollen Erfolg, wenn Sie mit den

Baumheilkräften ernsthaft arbeiten wollen. Es spielt dabei keine
Rolle, ob Sie es für den Erhalt Ihrer Vitalität tun möchten oder ob
Sie noch einen Schritt weiter gehen wollen, um mit diesen Kräften
andere Menschen oder Tiere zu heilen.

Unser eigentliches Ziel ist das Heilwerden, unsere bewußte Einglie-
derung in den Kosmos. Ihr Unterbewußtsein kann Sie bei der häuslichen Baummeditation immer besser und schneller mit der Baum-
seele verbinden, wenn Sie ein darauf abgestimmten Ritual benutzen.

   Sie benötigen dazu:
1.   einen Raum, in dem Sie nicht gestört werden,
2.   ein Bild von Ihrem Baum,
3.   ein Räucherbecken oder feuerfesten Untersatz mit selbstent-
     zündlicher Räucherkohle[29],
4.   einen Kassettenrecorder oder CD-Player,
5.   ein für Ihren Baum ausgesuchtes Musikstück,
6.   ein gepreßtes Baumblatt oder ein Fläschchen mit magneti-
     siertem Baumabsud,
7.   eine Kerze oder einen Leuchter mit drei Kerzen,
8.   eine Rute aus Weiden- oder Haselnußholz, notfalls einen
     dünnen Rohrstock,
9.   einige getrocknete Blätter oder Nadeln von Ihrem Baum,
10. einen kleinen Tisch oder Hocker.

Vorteilhaft ist es, wenn Sie das häusliche Baumritual immer zur gleichen Tageszeit ausgeführen können.

   Das Ritual läuft wie folgt ab:
1.   Schlagen Sie mit der Rute mehrere Male kräftig auf den
     Tisch (oder Hocker), um eventuell vorhandene niedere
     Astralwesen zu vertreiben.
2.   Zünden Sie die Kerzen an, und stellen Sie sie jetzt mit dem
     Räucherbecken auf den Tisch.
3.   Entzünden Sie die Räucherkohle, und streuen Sie etwas von

den getrockneten Baumblättern oder einige Nadeln darauf (3–5).

4. Machen Sie das öffnende Ritualzeichen.
5. Sprechen Sie die Begrüßungsformel.
6. Legen Sie die speziell für Ihren Baum ausgesuchte Musik auf.
7. Setzen Sie sich bequem hin, und nehmen Sie das Blatt oder das Fläschchen in die Hände.
8. Lassen Sie Ihre Gedanken über das Bild zu Ihrem Baum wandern. Beginnen Sie in den Wurzeln, dem Stamm, dem Wipfel oder in dem ganzen Baum bewußt zu atmen. Fühlen Sie sich in Ihren Baum ein. Verweilen Sie so 15–20 Minuten.
9. Notieren Sie anschließend die gewonnenen Eindrücke, gesehenen Bilder, gehörten Worte, Gefühle und Gedanken, auch solche Gedanken, die Ihnen absurd erscheinen. Führen Sie über jede Sitzung ein Protokoll.
10. Stehen Sie auf. Bedanken Sie sich bei Ihrem Baum. Sprechen Sie die Entlassungsformel. Stellen Sie die Musik ab.
11. Machen Sie das schließende Ritualzeichen.
12. Löschen Sie die Kerzen mit einem Kerzenlöscher.

Achten Sie darauf, daß Sie ein Musikstück wählen, das nicht oft gespielt wird, denn allein die Musik löst schon einen leicht veränderten Bewußtseinszustand aus und stellt die Verbindung mit Ihrem Baum her, wenn Sie das Ritual öfters ausgeführt haben!

Gruppenrituale

Der Tanz

Treffen sich mehrere Menschen, die mit den heilmagnetopathischen Kräften der Bäume ihre Lebensqualität steigern möchten, bieten sich Gruppenrituale an. Besonders schön gestalten lassen sich mit einem begleitenden Musikinstrument Tänze um einen älteren Baum. Früher stand in jedem Dorf eine Tanzlinde. Die Linde betört die Sinne und fördert das Verträumtsein. Sie war schon immer der Baum der

Träumer und Liebenden. Sie hütete den Traum der Dorfgemeinschaft und förderte den Gemeinschaftssinn. Doch jeder andere Baum freut sich auch, wenn er umtanzt wird. Dazu eignen sich fast alle älteren Tänze: Reigentänze, alle Volkstänze und der Walzer.

Achten Sie immer darauf, daß ein energetischer Ausgleich stattfindet. Tanzen die Tänzer 21mal rechts (im Uhrzeigersinn) um den Baum, laden Sie ihn energetisch auf. Tanzen sie anschließend 21mal links (gegen den Uhrzeigersinn) um den Baum, werden die Tänzer aufgeladen. Ansonsten sind bei den Tänzen der Phantasie keine Grenzen gesetzt, und es wäre schön, wenn dieser alte Brauch zum Nutzen der Bäume und Menschen wieder belebt würde.

Wo harmonisch um oder unter einem Baum getanzt wird, können sich wunderschöne Energiefelder aufbauen, die die Lebensfreude aller Beteiligten auf ganz einzigartige Weise anregen.

In Dänemark wird heute wieder nach alten Traditionen zum Frühlingsanfang ein sehr schönes Ritual gefeiert: An der Krone eines festlich geschmückten Ritualbaumes sind bunte Bänder befestigt, die von Tänzern gehalten werden. Mit Musik und Gesang beginnen sie im Kreis um den Baum zu schreiten, wobei die Bänder sich um den Baumstamm wickeln und die Tänzer sich in Form einer Spirale dem kahlen Stamm nähern. Haben sie sich um den Baumstamm vereinigt, lösen sie sich wieder mit einem Reigen in entgegengesetzter Richtung und kehren in ihre Ausgangsposition zurück. Dann wird gewechselt. Nun tanzen die Sänger und die Tänzer singen.

Die Energiespirale

In Deutschland, aber auch in Österreich und der Schweiz findet man immer noch in Wäldern, auf Heideflächen und alten Kirchplätzen spiralförmige Steinsetzungen, die oft Jahrhunderte alt oder noch älter sind. Die überlieferte Bedeutung über das darin stattfindende rituelle Brauchtum ist leider verloren gegangen.

Von dem peruanischen Schamanen Don Eduardo habe ich gelernt, wie man aus faustgroßen Steinen eine Energiespirale legt. Die dazu gehörende rituelle Handlung dürfte dem Brauchtum unserer Vorfahren sehr nahe kommen. Dieses Ritual läßt sich sehr schön in Verbindung mit einem Baum ausführen:

Die ideale Teilnehmerzahl bewegt sich zwischen 25 und 35 Personen. Die Teilnehmerinnen und Teilnehmer werden zunächst zum Sammeln von Steinen losgeschickt. Findet das Ritual in einem Park oder Garten statt, können dafür auch vorher faustgroße Natursteine (z. B. Rheinkiesel) aus einer Baustoffhandlung besorgt werden.

Der Anfang der Spirale wird so gelegt, daß eine dort vor dem Baum stehende Person mit der Körpervorderseite der Sonne zugewandt ist – auch wenn sie nicht scheint!

Achten Sie darauf, daß die Spiralringe nicht zu eng liegen. Die Spirale wird von innen heraus Stein für Stein (Abstand 5–10 cm) mit dem Sonnenlauf gelegt, also von Osten nach Westen. Legen Sie mindestens sieben Bahnen (Abb. 30). Der Eingang sollte etwas geweitet sein. Ist die Steinspirale fertig ausgelegt, stellen sich die Teilnehmerinnen und Teilnehmer im Kreis um die Spirale und fangen an, rhythmisch in die Hände zu klatschen. Sie singen dazu »Oma tom«, d. h. »oben mit unten verbinden«.

Der erste Teilnehmer durchschreitet nun mit in Brusthöhe angehobenen leicht seitlich ausgestreckten offenen Händen langsam die Bahnen bis vor den Baum, der jetzt wie sein großer Bruder hinter ihm steht. Er wendet sich dann der Sonne zu und streckt ihr mit hoch erhobenen Armen seine Handflächen entgegen. Dabei stellt er sich vor, wie das Sonnenprana durch seine Hände in seinen Körper und weiter in die Erde fließt. Dann senkt er die Arme wieder bis in Brusthöhe und schreitet langsam zurück. Haben schon mehrere Personen die Spirale durchwandert, ist die Energie in den Bahnen oft so groß, daß leicht das Körpergleichgewicht verloren gehen kann. Ich habe schon erlebt, wie einige Menschen direkt vom Boden abgehoben und aus der Bahn geworfen wurden. Weisen Sie deshalb bitte vor Ritualbeginn auf dieses Phänomen hin.

Die um die Spirale stehenden Teilnehmer bewegen sich ebenfalls in der Richtung des Sonnenlaufes um die Spirale. Sobald ein Teil-

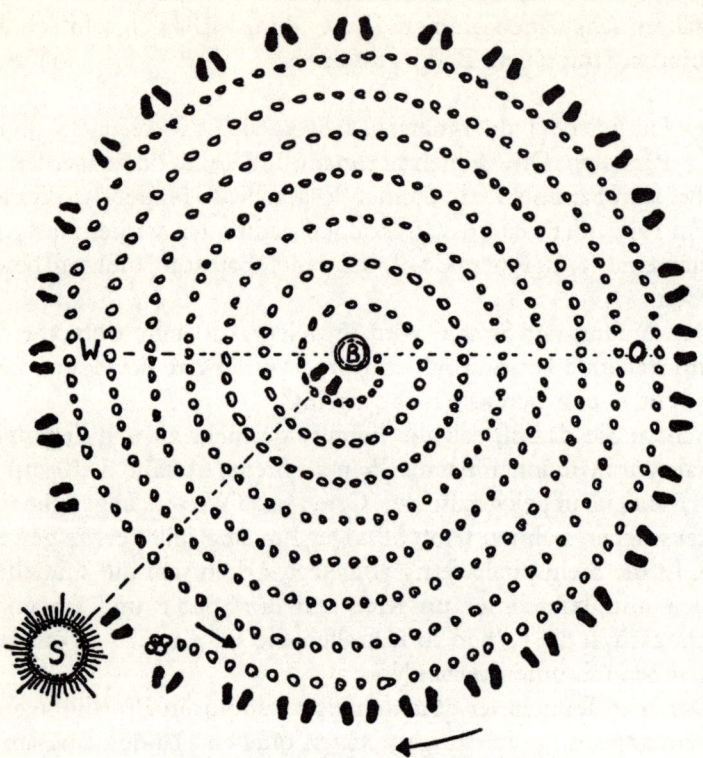

Abb. 30: Das Legen einer Energiespirale

nehmer durch den Ausgang nach rechts in den Kreis zurücktritt, gehen alle ein Stück weiter, damit der nächste in die Spirale eintreten
kann. Haben alle die Spirale durchlaufen, ist das Ritual beendet. Die
Hände sind nach dem Ritual stark erhitzt, und die Lebensenergie
durchströmt für alle deutlich spürbar verstärkt den Körper und die
Aura. Alle Beteiligten sind nach der Energiespirale in der richtigen
Stimmung für ein gemütliches Beisammensein.

9. Mit der Natur leben und wieder heil werden

Der stete Umgang mit unseren Bäumen läßt uns nach und nach das gesamte Geschehen in der Natur intensiver erleben und empfinden. Wir hören wieder das Rauschen und Raunen des Waldes, den auf die Blätter niederprasselnden Regen. Wir riechen sein frisches, intensives, belebendes Wasseraroma. Auch die Naturgewalten Blitz, Donner und Sturm werden uns wieder vertraut.

Unser Leben ändert sich durch unsere Bäume, wir werden wieder naturverbundener. Unserem Denken, Handeln und Fühlen öffnen sich neue, bisher unbekannte Gestaltungsräume. Durch die Verbundenheit mit dem uns umgebenden sichtbaren und unsichtbaren Leben, durch das unmittelbare Erleben von Werden, Sein und Vergehen entdecken wir in allem Lebendigen das Wirken höherer Wesen und Kräfte, empfinden uns selbst wieder als eingebettet in einen größeren Kreislauf, von dem wir ein Teil sind. Wir beginnen wieder heil zu werden. Dieses Heilwerden ist ein ganzheitlicher Prozeß, an dem wir selbst intensiv mitwirken müssen. Dabei ist es wichtig, in unserem Kopf von vielen falschen Vorstellungen Abschied zu nehmen.

Nach Einstein sind Stoff und Energie ein und dasselbe. Stoff kann Energie werden, und Energie kann Stoff werden. Nach Auffassung der Taoisten ist Stein kristallisierte Lebensenergie und nach Spinoza sind Gedanken und Dinge das Gleiche. Gedanken können alle Dinge des Universums werden, und alle Dinge im Universum können Gedanken werden. Die Naturwissenschaft hat die feste Materie längst in Atome aufgelöst, doch in unserem Kopf ist sie durch ein veraltetes Weltbild immer noch eine feste, undurchdringliche und unbewegliche Masse. Natürlich kann unser physischer Kopf eine

Steinmauer nicht durchdringen, doch für unseren feinstofflichen Körper ist sie kein ernsthaftes Hindernis. Wir müssen in der Lage sein, durch neu dazugewonnene Erkenntnisse aus alten Denkschablonen auszubrechen. Dies Buch bietet dazu eine Fülle von Möglichkeiten: Die Kraftaufnahme über die Klangaura hat Ihnen gezeigt, daß Töne Materie beeinflussen, Schmerzen und Blockaden auflösen, also auf uns fest erscheinende Strukturen einwirken können. Mit der im Kapitel *Die Körper und ihre Lebenskraftfelder* vorgestellten Sichtweise, nach der Materie nur verdichtete, feinstoffliche Energie ist, liegen wir also genau richtig.

Große Hindernisse gilt es noch in der Gesamteinstellung der heutigen Menschheit zur Natur zu überwinden. Es tut den Bäumen sehr weh, wenn die Menschen sie nur nach dem Maßstab ihrer Nützlichkeit beurteilen. Es schmerzt sie, wenn Menschen in ihnen nur Brennholz, Bauholz oder Holz für die Möbel- und Papierindustrie sehen. Diese Betrachtungsweise birgt die Gefahr in sich, daß die Allgemeinheit immer stärker und gewissenloser an dem Ast sägt, auf dem wir alle sitzen. Das Denken wird so immer mehr auf den reinen Nutzen anderer Lebewesen fixiert, es wird immer extremer: »Baum« wird gleichgesetzt mit »Holzspender«, »Tier« mit »Fleischspender«, »Mensch« eines Tages mit »Organspender«. Es wird Zeit, daß wir unsere Einstellung in positivere Bahnen lenken: Baum = Lebenskraft, Heilkraft, Wissen, Weisheit, Lebensspender.

Die Arbeit mit der Heil- und Seelenkraft unserer Bäume kommt durch die Wandlung unserer Einstellung den Bäumen wieder zugute. Wir beginnen in uns die Wertmaßstäbe wieder zum Positiven zu verändern. Die Entscheidung, ob wir uns mit destruktiven oder aufbauenden, konstruktiven Kräften verbinden wollen, liegt einzig und allein bei unserem Tag- und Ichbewußtsein. Je mehr Menschen wieder aufbrechen, um sich mit positiven, werteerhaltenden und werteschaffenden Kräften zu verbinden, um so schneller kann die Menschheit sich wieder von dem Abgrund entfernen, auf den sie sich zubewegt hat.

Da sich im Grunde seines Herzens jeder Mensch nach einem lebenswerten Leben sehnt, nach Glück, Liebe, Geborgenheit, nach einer Heimat, die ihm lieb ist, nach Freunden, nach einer Gemeinschaft, in der einer den anderen schätzt und achtet, müßte solch ein Schritt zu neuem Denken und Handeln möglich sein. Solch ein Wandel braucht Vorbilder. Ich habe sie in alten, weisen und erhabenen Bäumen gefunden. Sie haben mir das Tor zu höheren Ebenen des Seins geöffnet, sie haben meinen Charakter zum Positiven hin gewandelt und gefestigt, meinen Körper stark und widerstandsfähig gemacht, meine Einstellung zu anderen Geschöpfen und zum Leben verändert. Sie haben mir heilende Hände gegeben und den rechten Verstand, um den schon die alten Heilrätinnen gebeten haben. Dieser Weg steht auch Ihnen mit diesem Buch offen.

Durch die Erfahrung mit den heilmagnetopathischen Kräften der Bäume, durch die Wahrnehmung der feinstofflichen Welten, wird sich auch Ihre Lebenseinstellung verändern. Werden auch Sie zur Zelle einer sich im Geistigen formierenden Organisation, die wie eine sich drehende Spirale immer mehr Menschen guten Willens in ihren Sog ziehen wird. Ein neues Zeitalter hat begonnen. Die magische Welt des versinkenden Fischezeitalters wird nach und nach durch die Spiritualität des Wassermannzeitalters ersetzt werden. Der aufmerksame Beobachter findet heute schon viele Anzeichen für einen sich wandelnden Bewußtseinsprozeß. Das Überbewußtsein ist jene Bewußtseinsstufe, auf die sich die Menschheit im Zuge der Evolution jetzt zubewegt. Als Wegbereiter zur gesamten Bewußtseinspyramide löst es in uns viele krankhafte, seelische Konflikte und Spannungen von einer höheren Ebene aus leichter auf. Das Tor zu dem in Abb. 26, S. 155, dargestellten oberen Dreieck wird durch unser göttliches Selbst bewacht. Die Liebe kann es öffnen. Doch hier ist die selbstlose Liebe aus unserem Herzen gemeint. Das Echo, das, durch Erfahrung gereift, als Antwort aus den unteren Schöpfungsbereichen voller Dankbarkeit zu Gott zurückströmt. Auf ihrem Hinweg, von oben nach unten, tritt die göttliche Liebe durch das Nadelöhr der beiden Dreiecke in die bipolare Welt ein. Hier lauern Fallstricke, hier steht ihr als Gegenpol plötzlich die Eigenliebe gegenüber. Faßt sie im Menschen Fuß, kann ein fataler Irrweg beginnen. Mit der sich manifestierenden Eigenliebe drosselt ein Mensch oder Wesen den weiteren Zustrom der göttlichen Liebe. Es öffnen sich ihm dafür Kanäle, die ihn mit den Strömen der gottfernen luziferischen Liebe verbinden, mit den der Ichliebe frönenden dämonischen Reichen, mit Kräften, die einengen, isolieren, spalten. Die Gesamtzahl vereinzelter und einsamer Menschen war noch nie so groß wie heute. Das sollte uns aufmerken lassen. Die physische Ebene der Erde ist ein Platz, auf dem sich auch Wesen aus diesen dunklen Reichen inkarnieren und uns in Menschengestalt begegnen können. Auf der astralen Ebene sind die unterschiedlichen Entwicklungsstufen fein säuberlich voneinander getrennt, auf der Erde, im physisch verkörperten Leben nicht! Hier können sich Menschen, Götter und Teufel begegnen! Dadurch wird uns die Möglichkeit gegeben, voneinander zu lernen. Das fördert den seelischen Heilwerdungs- und Gesundungsprozeß. Die unterschiedlichsten Charaktere können sich im Erdenleben aneinander reiben und abklären. Wir können voneinander lernen, können anderen Menschen Vorbild oder abschreckendes Beispiel sein und andere für uns auch.

Den Heilwerdungsprozeß unserer inneren Natur fördert es, wenn wir so oft wie möglich, soweit die Umstände es erlauben, allen Menschen und Geschöpfen das geben, was sie am meisten erfreut: ein wenig Liebe! Selbstlose Liebe erhöht den Gebenden und den Empfangenden!

Trotz aller wissenschaftlicher Erkenntnisse wissen wir vom inneren Wesen der uns umgebenden Natur, von dem uns umgebenden Leben recht wenig. Es will erforscht und entdeckt werden – nicht mit einem sezierenden Skalpell, sondern von unserer dem Heilwerden zustrebenden Seele. Die menschliche Seele birgt in sich noch viele nicht entdeckte Fähigkeiten, ein ungeahntes Entwicklungspotential, das sich entfalten möchte, das uns zeigen möchte: »Seht, das Leben bildet eine große Einheit, alles hat Einfluß auf alles.«

Die paranormalen Fähigkeiten einer jungen Schweizerin, mit der ich 1984 auf dem Felsengrab der Externsteine saß, haben mich sehr beeindruckt. Ihr war es mit Hilfe meiner Anweisungen möglich, am Himmel Wolkenfelder zusammenzuziehen und wieder aufzulösen. Wofür unsere Seele empfänglich ist, wofür sie sich öffnen kann, wird auch durch unser Denken mitbestimmt. Solange wir es für unmöglich halten, uns mit den anderen Schöpfungsbereichen zu verständigen, wird es nicht möglich sein. Max Freedom-Long, der Wiederentdecker der alten Kahunamagie schildert in *Geheimes Wissen hinter Wundern,* wie der Vermessungsbeamte N. S. Emerson, der sich bei seiner jahrelangen Tätigkeit in Hawaii mit Kahunas, den alten Priestern der einheimischen Naturreligion, angefreundet hatte, von ihnen mit dem »Gott des Windes« verbunden wurde. Durch das Sprechen ritueller Gebete war Emerson bald in der Lage, den Wind stärker oder schwächer werden zu lassen.

Eine Notsituation ließ mich vor einigen Jahren – allerdings ohne die Hilfe der Kahunas – ähnliches versuchen:

Die Dachdecker waren bei einer Reparaturarbeit an unserem Dach vom Frost überrascht worden. Einige Dachpfannen lagen deshalb noch unverfugt ohne Mörtel auf den Latten. Ich hörte im Bett mit unguten Gefühlen einen Sturm aufkommen. Meine Sorge galt sowohl den losen Dachpfannen als auch meiner uralten Linde, deren mächtige Äste schon mit Drahttrossen zusammengehalten werden mußten.

Ich versetzte mein Bewußtsein zunächst in den hohlen Stamm der Linde. Als ich dort atmete, konnte ich das Ächzen und Stöhnen ihrer Äste deutlich wahrnehmen. Der Sturm wurde stärker. Einer Eingebung folgend ging ich in meinen Körper zurück, um Kraft zu tanken. Dann versetzte ich mich mit erhobenen Händen auf den Dachfirst unseres Hauses und zog immer weitere Kräfte in meinen feinstofflichen Körper nach, bis ich den Eindruck hatte, meine sturmdurchtobte Umgebung wahrzunehmen.

Anschließend sprach ich in meiner Vorstellung mit jenen Wesen oder Kräften, die hinter der Erscheinung des Windes stehen. Ich brachte zum Ausdruck, daß ich ihre Arbeit für sehr wichtig halte, bat aber gleichzeitig darum, unser Haus wegen der losen Dachpfannen zu schonen und auch die alte Linde heile zu lassen. Dabei nahm ich mehrmals eine schemenhafte Gestalt wahr, die mich umkreiste. Nach der Verabschiedung ging ich in meinen Körper zurück. Als ich mich aufsetzte, um wieder »voll da« zu sein und das schließende Pentagramm zu machen, hörte ich den Sturm sich entfernen.

War das Zufall? Wohl kaum, denn nach sieben Jahren liegen die Dachpfannen immer noch lose auf dem Dach. Auch die Linde weist keine Schäden auf, obwohl es in unserer Region teilweise sehr starke Sturmschäden gegeben hat. Bei aufkommendem Sturm kontaktiere ich seitdem meinen neuen »Windfreund« voller Begeisterung. Eine meiner Mitarbeiterinnen war von den Ergebnissen zu eigenen Versuchen angeregt worden. Sie hat mein Rezept mit vollem Erfolg ausprobiert. Sie hat die Gestalt des »großen Windgeistes«, so nennt sie ihn, inzwischen mehrfach gemalt.

Hier bahnen sich neue Formen einer außersinnlichen Wahrnehmung und Verständigung an. Ist bei unserer Arbeit mit einem Baum das Überbewußtsein tätig und ein feinstoffliches Wesen nähert sich uns in der Baumaura, so fühlen wir mit etwas Übung nicht nur seine Gegenwart, sondern wir können auch die Art seines Charakters erfassen und dazu wird uns bewußt werden, was es will. Dieses Bewußtwerden fremden Wollens oder Wünschens kann sich mit der Zeit auch in gleicher Weise auf verkörperte Lebewesen ausdehnen, wenn sie mit uns oder wir mit ihnen eine Beziehung aufnehmen. Sobald das Überbewußtsein in größeren Teilen der Menschheit aktiv wird, geht das Zeitalter der Lüge und Täuschung zu Ende.

Herausragende spirituelle Persönlichkeiten haben als Vorkämpfer für ein erweitertes Bewußtsein diesen Weg schon über längere Zeiträume hinweg immer wieder beschritten, haben uns gezeigt, daß es möglich ist, in einen neuen Zyklus des Menschseins einzutreten. Sie haben die Menschen aufgefordert, ihnen nachzufolgen, nachdem sie wieder heil geworden waren – allen voran, Siddharta, der Gautama Buddha. Er fand die Erleuchtung, die kosmische Bewußtheit, unter einem uralten Bodhi-Baum. Von unserem isolierten Ich haben wir keine Heilung zu erwarten. Dazu müssen wir es wieder mit unserem Selbst vermählen, die Kräfte von Kopf und Herz wieder miteinander verbinden.

Auch das Ziel der wahren Alchemisten war es, die geläuterte Seele mit dem göttlichen Geist zu vereinigen. Es war das »große Werk«, an dem es lebenslang zu arbeiten galt – damals wie heute.

Sind wir in uns selbst wieder zur Einheit zurückgekehrt, können wir uns auch wieder viel leichter in das uns umgebende Leben integrieren und unser Bewußtsein ausdehnen. Je tiefer wir uns wieder in den Rhythmus des natürlichen Lebens eingliedern, um so gelassener werden wir in einer sich immer schneller wandelnden Welt unseren Weg gehen.

Der Zyklus der Sonne

Die Vierteilung des Jahres in Frühling, Sommer, Herbst und Winter ist für den Zyklus des Sonnenjahres seit uralter Zeit auf der nördlichen Erdhalbkugel Ausdruck der Klima- und Vegetationsperiode. Sie steht in einer starken Beziehung zum seelischen Empfinden der hier lebenden Menschen und drückt sich auch in der ältesten Symbolik aus. Wie der Begründer der »vergleichenden Symbolforschung« Prof. Herman Wirth durch seine Arbeiten ausführlich belegt hat, sind die charakteristischen Symbole für den Jahreslauf auf der nördlichen Halbkugel das Kreuz im Kreis (a), das im Kreis stehende Kreuz mit Doppelbalken (b) und das Wendehorn (c). Das Kreuz im Kreis ist hier auch der »windige Baum« der Edda, der Weltenbaum Yggdrasil, die Weltsäule, die Achse des vierspeichigen Jahresrades und der vier Himmelsrichtungen. Das im Kreis stehende Kreuz mit Doppelbalken weist nach Auffassung von Prof. Wirth auf die nordische Vorstellung der alten drei Weltregionen hin: Himmel, Luft und Erde. Das Wendehorn zeigt noch deutlicher die tiefe Beziehung zum Baum, der stets im gefeierten, heiligen Jahreslauf unserer Vorfahren (Kelten und Germanen) im Mittelpunkt stand.

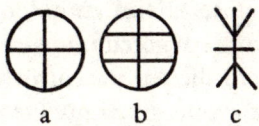

a   b   c

Das Wendehorn ist der Stamm mit den drei »Himmelsluft trinkenden« Ästen, die zur Sommersonnenwende, der Hoch-Zeit des Jahres hinzeigen und den drei »in der Erde gründenden« Wurzeln, die zur Wintersonnenwende, zur Wiedergeburt des Lichtes im neuen Jahr weisen.

Nun stimmen das astronomische Jahr und die bürgerliche Zeiteinteilung nicht genau überein. Die Einstrahlungsverhältnisse der Sonne in den verschiedenen Jahreszeiten unterscheiden den Jahreszyklus umso mehr voneinander, je weiter ein Land vom Äquator entfernt ist. Aber auch das meteorologische Jahr stimmt mit dem astronomischen Jahr bekanntlich nicht überein. Das ist für uns auch daraus ersichtlich, daß in manchen Jahren der Winter in unseren Breiten oft schon vor dem Tiefstand der Sonne beginnt (Wintersonnenwende).

Sommer- und Wintersonnenwende sind die bedeutendsten Ereignisse im Jahr und seit Jahrtausenden verknüpft mit religiösen Ritualen und volkstümlichem Brauchtum. Auch die Heilkräfte unserer Bäume scheinen im Jahreszyklus unterschiedliche Qualitäten zu entwickeln. Nach meinen persönlichen Erfahrungen erzielt man bei körperlichen Beschwerden größere Erfolge im Sommerhalbjahr, die Winterkräfte wirken stärker bei seelischen Problemen.

Die meisten Menschen leben heute in der Stadt. Viele Jahresbräuche, die der ländlichen Bevölkerung noch Anfang des Jahrhunderts vertraut waren, wie Winterverbrennen, Osterwasser schöpfen, Obstbäume binden, Flurumgänge, Perchtenlaufen, sind deshalb heute kaum noch nachvollziehbar.

Wir können den Jahreslauf aber auch zusammen mit »unseren« Laubbäumen erleben. Es wird deshalb für uns nicht schwer sein, ein wenig baumbezogenes, jahreszeitliches Brauchtum in unseren Alltag einfließen zu lassen, in unser Heim zu holen: Der bunte Frühlingsstrauß, die mit bemalten Eiern geschmückten Osterzweige, ein Korb oder eine Schale mit herbstlichen Baumfrüchten, buntes Herbstlaub auf der Fensterbank, der grüne, geschmückte vorweihnachtliche Jahreskranz, selbstgebackene Lebkuchen oder Gebildbrote, der liebevoll mit Äpfeln bzw. Kugeln, Nüssen und Kerzen geschmückte Tannenbaum mit den zwölf Bewußtseinslichtern, ja – das kann sich jeder von uns heute leisten.

Das versetzt in Stimmung und läßt uns zusammen mit den Bäumen den Gang der Sonne durch das heilige, Tod und Wiedergeburt verheißende Jahr schreiten. Die Sonne steht nach alter Überlieferung für das höhere, klare Bewußtsein, für das Göttliche, die Liebe zum Guten, für Strahlkraft und Lebensenergie. Sie symbolisiert die Tagesseite unseres Wesens. Der so bewußt erlebte Jahreslauf verbindet Innen- und Außenwelt wieder zu einer harmonierenden Synthese.

Der Zyklus des Mondes

Der Mond umrundet unsere Erde in 27 Tagen, 7 Stunden, 43 Minuten und 11,5 Sekunden. Schon früh wurden die Menschen durch die Aufeinanderfolge der Mondphasen zu einer kalendarischen Zeiteinteilung angeregt. Der Ablauf der Mondphasen wird verursacht, weil der Mond sein Licht von der Sonne erhält. Sie hängen also von der Konstellation Sonne–Mond–Erde ab. Steht der Mond auf seiner Bahn in der gleichen Längenachse wie die Sonne, dann ist Neumond. Von Neumond bis Vollmond herrscht zunehmender Mond, von Vollmond zurück zu Neumond abnehmender Mond.

Merkzeichen: Bei abnehmendem Mond bildet der Mond auf der linken Seite einen Bogen, wie wir ihn beim kleinen lateinischen »a« vorfinden. Die Sichel des zunehmenden Mondes entspricht dem unteren Bogen der Zahl 3.

Nach zu allen Zeiten gemachten Erfahrungen und alten Überlieferungen sind mit den Mondphasen viele Natur- und Lebensvorgänge verknüpft. Der Einfluß des Mondes auf die Gezeiten der Meere, auf die Säfte der Pflanzen und Bäume, ist heute unbestritten. Sein Einfluß erstreckt sich aber auch auf den Flüssigkeitshaushalt aller Lebewesen, auf die Nervenbahnen, auf das seelische Befinden, auf Wachstum und Gedeihen bei Pflanzen und Tieren, bei Menschen auf Liebe, Geburt, Ehe und Tod. Frauen sind durch ihre monatliche Periode von Natur aus stärker an den Mondrhythmus gebunden als Männer. Die Mondphasen werden auch heute noch bei Saat und

Ernte, bei häuslichen Arbeiten, in der Viehzucht und in der Heilkunst berücksichtigt. Es wird davon ausgegangen, daß bei abnehmendem Mond ausgeführt wird, was schwinden oder verschwinden
soll und umgekehrt. Roger Bacon (1214–1294) bringt es in seinem
Opus majus auf den Punkt: »Solange der Mond zunimmt, nimmt alles zu. Solange er abnimmt, nimmt alles ab.«

Wie groß der Einfluß des Mondes auf die Wirksamkeit der Baumheilkräfte ist, habe ich im Abschnitt *Günstige und ungünstige Zeiten,*
S. 91, beschrieben. Der Mond steht in der esoterischen Überlieferung für das weibliche Prinzip, für das Seelische, das Unbewußte,
aber auch für das Triebhafte, für bildliches Denken, Formensinn. Für
Wünschen und Sehnen, Milde, Mütterlichkeit, seelische Aufge-
schlossenheit und Empfänglichkeit. Ist die Sonne Symbol für die
Tagseite unseres Wesens, ist es der Mond für unsere Nachtseite. Er
wirkt in unsere tieferen Seelenschichten hinein, schwingt sein Zep-
ter über die Welt der Träume und Phantasien.

Der Rhythmus von Tag und Nacht

Den Tagesrhythmus erleben wir unmittelbarer als alle anderen
Rhythmen. Er hat deshalb einen großen Einfluß auf unser Wohlbefinden. Ist er stimmig, geht uns alles gut von der Hand. Ist er es
nicht, scheint alles schief zu laufen. Der Rhythmus von Tag und
Nacht ist der Grundrhythmus unseres Lebens. Er besteht aus Ausdehnen und Zusammenziehen, Lösen und Binden, dem Wechsel
von Tag- und Traumbewußtsein, von aktivem Ausspannen und pas-
sivem Entspannen. Wird er über längere Zeiträume empfindlich gestört, leidet nicht nur der gesamte Organismus unseres Körpers darunter, sondern auch unser Seelenleben und unsere Vitalität.

Die Sonne steht für die Tagseite unseres Wesens, der Mond für
unsere Nachtseite. Es gibt auch noch kleinere Rhythmen. Nach der
indischen Tattwalehre schwingen die fünf Elemente jeweils 24 Minuten, brauchen also für einen Durchlauf zwei Stunden. Unser
kleinster, bewußt wahrgenommener Rhythmus wird durch den
Atem bestimmt.

Der Tagesrhythmus unserer Bäume beginnt bei Sonnenaufgang. Die größte Kraftentfaltung liegt zwischen 12 und 14 Uhr. Mit Sonnenuntergang gehen sie schlafen. Trete ich frühmorgens in unseren Garten, suche ich mir zunächst nach der Begrüßung nach Bedarf einen lunaren oder solaren Baum aus und atme nach dem Ritual in seiner Krone. Das regt auf angenehme Weise das Gehirn an. Von 11 bis 17 Uhr hole ich die Kräfte aus dem Baumstamm. Später verbinde ich mich bei meditativen oder kreativen Arbeiten oder um den Schlaf herbeizurufen mit den Wurzelkräften, mit dem Wurzelwerk meines Baumes. Solch ein Tageslauf mit einem Baum regt an, stärkt und beruhigt, trägt wieder Harmonie und Gelassenheit in unser Leben, läßt uns zurückfinden in die Geborgenheit der natürlichen Ordnung.

Meditationsnester, Schlafmulden und Erdsitze

Meditationsnester

Die Frage, was Kinder veranlaßt, auf Bäume zu klettern, hat bis heute keine befriedigende Antwort gefunden. Ist es ein Urtrieb, der Kinder anregt, einen Baum zu besteigen, um sich über die Alltagswelt zu erheben? Von angehenden Schamanen in Sibirien wird berichtet, daß sie auf Bäume klettern, bevor sie ihre Weihe erhalten.[30] Nach alten religiösen Vorstellungen der Golden, Dolganen und Tungusen sitzen die Seelen der Kinder vor ihrer Geburt als Menschen wie kleine Vögel auf den Zweigen des »kosmischen Baumes«.[31]

In meiner Kindheit hatten fast alle meine Spielkameraden und auch ich selbst einen eigenen Lieblingsbaum. Oft haben wir stundenlang in einem kleinen Park in den Kronen unserer Bäume gesessen und ohne jede Langeweile die Zeit verstreichen lassen. Unser Geist wurde dort oben aber immer lebendiger und beweglicher. Wir haben uns dann durch Zurufe verständigt und Pläne ausgeheckt, sind stets auf tolle Ideen für allerhand Schabernack und Spiele gekommen, die es in der Welt der Erwachsenen auszuführen galt. Schließlich wurde der Tatendrang so groß, daß wir hinuntergestiegen sind, um unsere Ideen zu realisieren.

Kein Wunder also, daß sich einige Dichter und Schriftsteller an diese Inspirationsquelle ihrer Kindheit erinnert haben, und sich einfache, manchmal auch komfortable Aufenthaltsorte in den Ästen großer Laubbäume bauten, um hier neue Ideen und Lebenskräfte zu empfangen.

Der Esoterik-Schriftsteller Willy Schrödter, den ich als junger Mann kennenlernte, hat für diese »Baumbuden« den schönen Ausdruck »Meditationsnester« geprägt. Er weist im Zusammenhang damit in seinem Buch *Pflanzengeheimnisse* auf die Chippeway-Indianer hin, die sich für ihre »Visionssuche« regelrechte Nester aus Buschgehölz und Schilf in die Äste großer Nadelbäume flechten.

Sie möchten nun sicher noch genauer wissen, warum der Aufenthalt im Astwerk der Bäume so berauschend und anregend ist! Oder ahnen Sie es schon? Auf Tafel 8 finden Sie die Antwort: Die feinstofflichen Energiewirbel im elektromagnetischen Kraftfeld des Baumes sind dort zur besseren Übersicht nur an den Ästen eines kahlen Baumes dargestellt. Bei einem belaubten Baum sind die Blätter abwechselnd plus- oder minusgepolt. Bei Nadelbäumen weist ebenfalls jede einzelne Nadel eine Plus- oder Minuspolung auf. An Zweigen und Ästen entstehen übergeordnete Energiewirbel. Alle Blätter bzw. Nadeln, Zweige und Äste sind untereinander vernetzt. Die Energie strömt also unablässig hin und her und baut pulsierende Energiefelder auf. Der gesamte Laub- oder Nadelkörper des Baumes ist ein riesiger, quirlender Lebenskraftball. Menschen, die sich in ihm aufhalten, werden von allen Seiten energetisiert. Das ganze Lebensgefüge des Körpers wird durchströmt, gereinigt und gestärkt. Der Geist wird angeregt, glasklar und weitsichtig.

Im Forstrevier eines Bekannten habe ich jahrelang solche fest in einen Baum gebauten Holzhäuschen zur Meditation benutzen können. Es hat mich immer wieder erstaunt, wie leicht ich oben im Baum in einen veränderten Bewußtseinszustand kam. Selbst wenn ich müde und abgearbeitet war, brauchte ich mich nur zurücklehnen, auf das leise Raunen und Rauschen der Blätter im Wind oder auf meinen immer feiner werdenden Atem zu achten, bis das gewünschte Resultat eintrat. Der Körper entschwand dann völlig aus meinem Bewußtsein. Der Geist wurde frei, und ich konnte überall hineinblicken: in meine Vergangenheit, in Probleme, die mich oder andere Menschen plagten – manchmal auch in meine nähere Zukunft.

Doch da oben war sehr oft noch etwas anderes präsent, das bemüht war, meine Aufmerksamkeit zu erregen, sich mir mitzuteilen. Ich habe dieses unbekannte Etwas, das ich weder sehen, noch sonst irgendwie erfassen konnte, immer als die Seele des Baumes betrachtet.

Von dem österreichen Bühnendichter und Schauspieler Ferdinand Raimund (1790–1836) wird berichtet, daß er sich für seine Baumaufenthalte sogar ein besonderes Kostüm zulegte: einen großblumigen Schlafrock, eine grüne Kappe, hinter jedem Ohr eine Schreibfeder, dazu eine Feldflasche um den Leib geschlungen u. a. m.[32] Als ihn ein Bekannter wegen seiner Aufmachung zur Rede stellte, soll er geantwortet haben:»Wie soll ich denn ausschauen, wenn ich auf den Bäumen sitz' und dicht?« Weitere bekannte Personen, die sich »Meditationsnester« bauten und über ihre Erfahrungen berichtet haben, sind nach Angaben von Willy Schrödter: der Schriftsteller und Theosoph Dr. Franz Hartmann, der englische Schriftsteller und Naturfreund Frank Gunell, die Parapsychologin Dr. Gerda Walther und die Psychotherapeutin Dr. med. Luisa Hösli.

Nur wenige haben einen eigenen Garten oder Park mit großen kräftigen Bäumen. Und welcher Förster ist schon bereit, eine Baumbude aus Brettern in seinem Wald zu dulden? Hochsitze, die jagdlichen Zwecken dienen, dürfen Sie nicht betreten! Ich habe mir deshalb vor Jahren aus einer alten LKW-Plane eine stabile Hängematte gefertigt, die ich innerhalb von 5 Minuten zwischen starken Ästen aufhängen kann. Sie läßt sich aufrollen, bequem tragen oder in einem hohlen Ast verstecken.

Mit meinem Hinweis auf Indianer und Schamanen habe ich schon angedeutet, daß es keine Idee aus neueren Zeiten ist, zur Bewußtseinserweiterung in die Äste eines Baumes zu steigen. In der schon mehrfach erwähnten Edda berichtet der nordische Gott Odin in

Versen voller Sprachkraft, wie er in neun heiligen Nächten am Weltenbaum Yggdrasil hängt, um Wissen und Weisheit zu erlangen. Seine »Visionssuche« endet erfolgreich: Er erkennt die Runen[33] und nimmt sie auf. Willy Schrödter bemerkt dazu ganz richtig, daß es sich hier seiner Meinung nach um Anklänge an einen alten Einweihungsritus handelt, der mit auserwählten Odinsanhängern – den Armanen – real in einem Baum vollzogen wurde.[34] Der Novize mußte dabei fasten, damit er vorübergehend »leibfrei« werden und im feinstofflichen Körper eine andere Realität erfahren konnte. Auch Odin klagt in seinen Sprüchen: »Sie spendeten mir nicht Speise noch Trank.« [Zur Bestätigung seiner Auffassung führt Schrödter einen lesenswerten Reisebericht von Johann Georg Kohl (1808–1878) an, in dem ein vergleichbarer Sachverhalt bei der Visionssuche eines jungen Chippeway-Indianers geschildert wird.]

Der Schamanenschüler und Neurologe Prof. Alberto Villoldo[35], aber auch der weiße Schamane vom Amazonas, Don Raphael[36], haben mir in persönlichen Gesprächen versichert, daß auch heute noch bei der »Visionssuche« derartige Riten bei einigen Indianerstämmen vollzogen werden.

Schlafmulden

Eine andere Version der »Meditationsnester« sind die sogenannten »Schlafmulden«. Sie lassen sich in wenigen Minuten herrichten. Anregungen dazu bekam ich persönlich von dem englischen Wicca-König Alex Sanders[37] und dem peruanischen Schamanen und »Magier der vier Winde« Don Eduardo[38].

Als Schlafmulde suchen Sie sich einfach zwischen den Wurzeln Ihres Baumes eine Stelle zum Ausruhen, die Ihnen gefühlsmäßig zusagt. Ihr Kopf berührt dabei leicht den Baumstamm, den Nacken lassen Sie entspannt auf einer weichen Unterlage ruhen. Ist es für Sie bequemer, können Sie auch den ganzen Oberkörper an den Baumstamm anlehnen. Bei Bäumen mit großen, aus dem Erdboden herausragenden Wurzeln legen Sie sich einfach zwischen die Wurzeln, mit dem Kopf in Richtung Baumstamm. Im Herbst, wenn das Wetter trocken und schön ist, fülle ich mir die Schlafmulde gerne mit den Blättern meines Baumes auf. Meinen Körper wickle ich eine Wolldecke, mit einer weiteren decke ich mich zu.

Meine Erfahrungen in diesen Schlafmulden unterscheiden sich erheblich von denen, die ich oben im Baum gemacht habe. Im Geäst der Bäume habe ich stets eine große Lebendigkeit verspürt, hier unten – zwischen den Wurzeln der Bäume – habe ich immer das Gefühl, in einem Grab zu ruhen. Es ist auch mehr die Nachtseite unseres Bewußtseins, die sich uns hier öffnet. Meine ersten Versuche riefen Erinnerungen an die Praktiken des Tempelschlafes im alten Ägypten, in Griechenland und Rom wach. Ziel dieses Tempelschlafes war es, von der Gottheit des Heiltempels prophetische Träume zu erhalten. Träume, in denen Heilkräuter offenbart wurden oder sonstige Hinweise auftauchten, die zur Heilung einer Krankheit führten. Ist unser Wald nicht auch ein Tempel? Ein großer Dom, in dem die Natur ein Loblied auf ihren Schöpfer singt? Unser Baum ist der Kirchturm, die Antenne, das Medium. Durch seine große Vernetzung mit den feinstofflichen Welten kann er die Verbindung zu jener Instanz herstellen, die eine Lösung für unsere Probleme kennt. Wahrscheinlich wurde auch den weisen Frauen der Germanen, den Hagedisen – später Hexen genannt – ihr enormes Heilwissen durch große, alte, weise Bäume offenbart; unter oder in Bäumen, die Himmel und Erde verbinden, die Wissen um die Geheimnisse des Lebens haben.

Ein weites und interessantes Betätigungsfeld öffnet sich hier für Sie. Es ist also wünschenswert, daß Sie in Ihrer Schlafmulde rasch in einen Schlummerzustand fallen. Es ist gleichgültig, ob dieser Schlafzustand natürlich eintritt oder von Ihnen künstlich, z. B. durch Autogenes Training, herbeigeführt wird. Ich erreiche persönlich den gewünschten Zustand immer sehr schnell, indem ich mir einfach vorstelle, daß meine Lebensenergie in hohem Bogen aus meinen Zehen nach draußen schießt, etwa so wie Wasser aus einem Gartenschlauch spritzt. Daraufhin stellt sich bei mir ein Schweregefühl ein. Der Körper scheint nach unten zu sinken und auch mein Bewußtsein sinkt in die Tiefe, in die Alchemistenküche von Mutter Erde.

Längst Vergangenes steigt dann oft in mir hoch, wird erinnert, durchleuchtet, bewertet, getrennt, wieder zusammengefügt, destilliert, transformiert.

Einige Male hatte ich auch Visionen von Ereignissen des Platzes, an dem ich mich befunden habe oder auch von der näheren Umgebung: Ich sah eine Kohorte römischer Legionäre; ein Druide erklärte mir, weshalb ich Ruten und Heilstäbe nicht mit einem Stahlmesser abschneiden darf; in der Nähe einer alten Kiefer, die auf einer Sanddüne steht, erkannte ich tief im Boden das Gerippe eines langen Ruderbootes; außerdem erhielt ich wichtige Hinweise über das Ritzen von Runen, über das Magnetisieren u. v. m.

Auch Sie werden in Ihrer Schlafmulde Wahrträume oder Visionen von Ihrem Baum oder den mit ihm in Verbindung stehenden Wesenheiten bekommen. Probieren Sie es selbst aus. Ich kann Ihnen nur aufzeigen, wo die Tore zu außergewöhnlichen, bereichernden Erfahrungen liegen, durchschreiten müssen Sie diese Tore selbst. Wenn Sie meinen Ratschlägen folgen, ist das nicht einmal schwer!

Erdsitze

Erwähnt werden soll hier auch noch der »Erdsitz«. Der Erdsitz dient der raschen Erholung eines geschwächten Körpers, z. B. nach längerer Krankheit oder nach der totalen Verausgabung aller Kräfte.

Ich habe mehrere Schamanen und Heiler kennengelernt, die mit Erdsitzen arbeiten. Erste eigene Erfahrungen in einem Erdsitz machte ich 1962 bei meinem Feng Shui-Lehrer Dr. Kuang No.

Wir sollten mit vorgestreckten, offenen Händen eine abgesteckte große Feldfläche nach geopathogenen Zonen absuchen. In meinem Bemühen, alle gefundenen Stellen ganz exakt zu markieren, habe ich diese dabei immer mehrmals überschritten. Das hat dazu geführt, daß ich über meine Hände diese schädlichen Strahlungen verstärkt in meinen Körper aufgenommen habe. Am Ende dieser Feldversuche war ich völlig fertig. Ich zitterte am ganzen Körper und mußte mich übergeben. Einigen Mitschülern erging es ebenso. Unser etwas belustigt wirkender Lehrer hatte inzwischen

am Waldrand einen Erdsitz ausheben lassen. Als ich mich hinein-
setzte, wurde mir erst kalt, dann warm und wohl. Ich fühlte zuerst
durch meine Fußsohlen, dann von allen Seiten Energie in meinen
Körper eindringen. Schon nach kurzer Zeit hatte ich mich voll
erholt und konnte einem Kameraden Platz machen.

Ein Erdsitz ist für alle Heiler ein ideales Hilfsmittel und einfach herzustellen. Bei seiner Anlage sind jedoch einige Regeln der Geomantie zu beachten. So soll der »Erdsitz« immer unter einem kräftigen
Baum liegen oder in der Nähe mehrerer Bäume. Hier strömt das
Erd-Chi, der Lebenskraftstrom der Erde besonders dicht unter der
Erdoberfläche. Der Erdsitz (Abb. 31) ist ein in der Erde liegender,
dreidimensionaler Raum mit rechteckigem Grundriß. Dieser Raum
erzeugt, wie alle umbauten Räume, ein formenergetisches, elektromagnetisches Feld mit Energiewirbeln an den Raumecken und einem Hauptenergiewirbel in der Raummitte. Der natürliche, feinstoffliche Energiestrom im Erdsitz kann also durch einen starken,
plusgepolten Hauptenergiewirbel noch gesteigert werden.

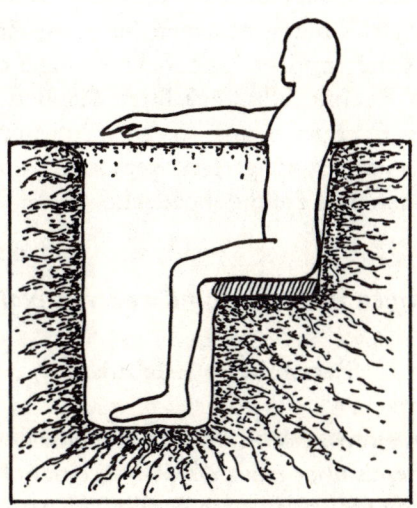

Abb. 31: Schnitt durch einen Erdsitz

Auf Tafel 5 haben wir uns schon einmal gemeinsam die Verteilung der Energiefelder auf der Erde angesehen. Sie erinnern sich: Die Plusfelder liegen im Nordosten und im Südwesten! Das Erdmagnetfeld ist bestimmend für die Polung aller Bauwerke auf unserer Erde. Richten wir also den Erdsitz auf der Nordost-Südwest-Achse aus, entsteht ein plusgepolter Hauptenergiewirbel. Das können Sie mit Ihrem Pendel nachprüfen! Der Pluswirbel beschleunigt die Aufladung. Der erschöpfte Organismus des dort sitzenden Menschen erholt sich so noch schneller. Die Energie wird regelrecht in den Körper hineingewirbelt.

Die Maße Ihres Erdsitzes passen Sie Ihren Körpermaßen an. Sie sollten darin so bequem wie auf einem Stuhl sitzen können. Der Platz für die Füße muß also von Ihnen entsprechend tief ausgehoben werden. Als Faustregel kann gelten: Die Sitzfläche sollte so tief liegen, daß das Brustbein etwa mit der Erdoberfläche abschließt. Es bleibt ohne Einfluß, ob Sie den Sitz so anlegen, daß Ihre Körpervorderseite nach Nordosten zeigt oder nach Südwesten.

Ist die Witterung kühl, hüllen Sie sich ruhig zusätzlich in Wolldecken ein und setzen sich auf eine warme Unterlage, z. B. auf ein Brett. Sobald Sie sich hingesetzt haben, legen Sie Arme und Hände auf die Erdoberfläche. Spreizen Sie dabei die Finger der Hände leicht auseinander. Der Energieabfluß aus Ihren Händen verhindert eine Überladung Ihres Energiesystems. Nach ca. 20 Minuten können Sie oder Ihr »Patient« den Erdsitz gestärkt verlassen. Die Grube wird mit Brettern oder durch eine Falltür abgedeckt.

Begegnungen mit Elfen und anderen Naturwesen

Persönliche Erlebnisse

Haben Sie schon einmal erlebt, welch märchenhafte Stimmung früh morgens oder abends über einer Waldwiese, einem Park oder einem Garten liegt? Haben Sie dann auch das Gefühl, den Elfen Ihrer Kindermärchen ganz nahe zu sein? In der Esoterik werden heute die Elfen der Bäume und Blumen als »Devas« bezeichnet. Oft wird auch von einem Pflanzenengel gesprochen. Ich persönlich finde die alten vertrauten Namen schöner.

Sobald Sie über einen längeren Zeitraum hinweg engere Beziehungen zu Ihren Bäumen aufbauen, werden sich auch für Sie hin und wieder Kontakte mit diesen feinstofflichen Naturwesen ergeben. Um Sie darauf vorzubereiten, habe ich mich im ersten Teil bemüht – soweit es im Rahmen dieses Buches möglich war – Ihnen einen theoretischen Einblick in die feinstofflichen Welten zu geben. Diese Begegnungen sollten Sie weder erschrecken noch verwundern. Die anderen Wirklichkeitsebenen sind erfahrbare Realität! Sie wird von Schamanen, Medizinmännern, Yogis und sensitiven Künstlern seit Jahrhunderten beschrieben, besungen und in den Volkskünsten dargestellt. Sobald sich Ihre Sinne verfeinern, nehmen Sie mehr von der Welt wahr, in der Sie leben, die Sie umgibt und durchdringt. Daß Sie sich diese Kontakte zu feinstofflichen Naturwesen nicht einfach einbilden, werden Sie schon daran erkennen, daß diese Begegnungen oft nicht Ihren gehegten Vorstellungen und Erwartungen entsprechen. Es gibt aber auch auf diesem Gebiet Menschen, die vorgeben, alles ganz genau zu wissen! Bauen Sie stets auf nur das, was Sie selbst erfahren und erleben!

Für die Anwesenheit einer feinstofflichen Wesenheit gibt es verschiedene Anzeichen. Manchmal ist es nur das Gefühl, der unbestimmte Eindruck: Außer mir ist noch etwas hier. Sobald solche Gefühle und Ahnungen bei Ihnen auftreten, sollten Sie auf besondere Gerüche achten. Gerüche existieren auf der Schwelle zwischen der grobstofflichen und der feinstofflichen Welt. Kommt eine eigenartiger Geruch, dessen Quelle nicht in Ihrer materiellen Umwelt liegt, wiederholt in Ihre Nase, können Sie ziemlich sicher sein, daß ein feinstoffliches Wesen in Ihrer Nähe ist. So habe ich z. B. den Geruch meines toten Hundes noch zweimal, jeweils an seinem Todestag, deutlich wahrgenommen, unabhängig von meinem Aufenthaltsort und ohne daß mir das Datum vorher bewußt war. Auch bei verstorbenen Menschen habe ich Ähnliches erlebt.

Wollen Sie mehr über die Wesenheit erfahren, die Sie wahrnehmen, wünschen Sie sich einfach immer wieder, daß sie Ihnen im

Traum oder in einer Vision bei der Meditation erscheint. Egal, ob
Sie in einer Schlafmulde an Ihrem Baum oder in Ihrem Bett liegen:
Es wird geschehen! Dazu einige Beispiele:

Die Hüter des Waldes

Mein erstes Erlebnisseminar in der freien Natur habe ich 1983 gelei-
tet. Dabei geschah folgendes:

Jeder Teilnehmer ging mit gespreizten Fingern durch das Natur-
schutzgebiet. Wir wollten uns für die unterschiedlichen Energiefelder empfänglicher machen. Schon bevor wir einen kleinen Wald mit
alten mächtigen Bäumen betraten, hatte ich das Gefühl, vom Waldrand her beobachtet zu werden. Als wir auf dem schmalen Pfad in
den Wald eintraten, veränderte sich plötzlich mein Atemrhythmus.
Vor mir fühlte ich so etwas wie eine energetische Schranke und war
für einen Augenblick nicht fähig weiterzugehen. Ich konnte nichts
Ungewöhnliches sehen, riechen oder hören. Die anderen Gruppen-
mitglieder, die hinter mir hergingen, waren ebenfalls stehengeblie-
ben und schauten mich fragend an. Reden war bei dieser Exkursion
strengstens untersagt! »So geht es nicht«, dachte ich, nahm meine
ganze Willenskraft zusammen und ging langsam voran. Ich fühlte die
unsichtbare Schranke nach beiden Seiten zurückweichen. Mein
Atem wurde wieder ruhiger und wir gingen weiter.
   Nachts, noch bevor ich einschlief, hatte ich eine Vision: Ich sah
mich wieder auf den Wald zuschreiten. Rechts und links des Weges
stand jetzt jeweils ein hoher, thronartiger Steinsitz. Auf ihnen saßen
zwei riesengroße Gestalten. Sie trugen eine uniformähnliche blaue
Kleidung mit goldenen, ornamentalen Stickereien. Ihre Köpfe waren mit helmförmigen Mützen bedeckt, die ein Emblem zierte. Ihre
ernsten Gesichter forderten Respekt. Mir war, als suchten sie mit ihren wachen, forschenden Blicken jeden Winkel meiner Seele ab.
Dann lösten sie sich plötzlich mitsamt ihren steinernen Hochsitzen
vor meinen Augen in Luft auf. Vor mir lag der leere Waldweg. Ich
richtete mich sofort auf und griff zu meinem Notizblock.
   Jahre später habe ich erfahren, daß dieses kleine Waldstück am

Rande eines ehemaligen Bannwaldes liegt, der einst ein bedeutendes germanisches Heiligtum – die heutige Grotenburg – umgeben hat.

Der Sonnenblumenelf

Auf einer etwas größeren Fläche hatte ich im Frühjahr 1991 Sonnenblumenkerne ausgesät. Es war im Juli, als ich einer von Schnecken angefressenen Sonnenblume gut zuredete. Dabei fühlte ich neben mir ein starkes, fremdes Energiefeld. Ich ging daraufhin ins Haus, holte meine Polaroidkamera und machte ein Foto von dem Sonnenblumenfeld. Als ich das Bild entwickelt hatte, war ein größerer Lichtball zwischen den Pflanzen zu erkennen. Ich wechselte den Film und machte ein weiteres Foto. Der Lichtball war wieder zu sehen, aber an einer ganz anderen Stelle. »Aha, da haben wir's«, sagte ich zu mir. Schon seit Tagen hatte es im Garten gerochen, als würde dort ein Feuer brennen. Ich stellte mehrere Versuche an, um dem Phänomen im Sonnenblumenfeld auf die Spur zu kommen, doch sie schlugen alle fehl. In meinen Träumen sah ich immer nur eine einzelne Sonnenblume. Sie wuchs aus dem Nichts heran, entfaltete sich in einem atemberaubenden Tempo und beugte sich dann zur Erde nieder. Irgendwann kam mir die Idee, es einmal mit der »Sandlesemethode« zu versuchen, die ein mit mir befreundetes englisches Medium so meisterhaft beherrschte. Tage später glaubte ich, die Gelegenheit sei günstig. Ich nahm wieder den Feuergeruch wahr, allerdings war er diesmal stärker, fast schon beißend. Zwischen den Wurzeln zweier Sonnenblumen war ein heller Lichtschein, der mir nicht natürlich vorkam. Blitzschnell drückte ich an dieser Stelle meine Hand in den Erdboden. Ich hatte dabei den festen Wunsch, im Abdruck ein Bild oder eine symbolische Botschaft zu erhalten, und tatsächlich: Ich erkannte in meinem Handabdruck die vagen Umrisse einer Gestalt. Ich übertrug sie auf ein Stück Papier, dann auf eine grundierte Leinwand, besorgte mir Spachtel und Ölfarben und machte mich zum »Handlanger« jener feurigen Energie, die sich nun langsam durch mich hindurch selbst porträtierte. Die grell leuchtenden, kaum gemischten Farbtöne stehen zwar oft hart nebeneinander, aber die Gestalt des Naturwesens der Sonnenblumen bezaubert durch ihren lebendigen Rhythmus und strahlt sehr viel Kraft und Lebensfreude aus (Tafel 12).

Der Inwiedie

Im März 1992 verspürte ich den starken Wunsch, einmal einem Inwiedie, einem übergeordneten Naturwesen zu begegnen. Ich setzte mich eines Abends mit meiner Birke in Verbindung und bat sie, für mich diesen Kontakt herzustellen. Aus meinen Notizen: »Ich liege morgens wach im Bett, sehe aus dem linken Augenwinkel einen Schatten heranhuschen. Ein Mauswiesel! Es verharrt vor mir und wächst. Nun hat es die Größe eines Baummarders, doch die Kopfform ist irgendwie anders, formt sich weiter um und erinnert mich mehr an einen Waschbären. Das sonderbare Geschöpf wächst weiter, erreicht die Größe eines Schäferhundes und formt sich weiter um. Dabei scheint es mit seinem hypnotischen Blick meine Seele auszuforschen. Die Hinterläufe werden jetzt zu den Beinen eines Schafbockes. Ich richte mich im Bett auf, um das sonderbare Geschehen besser verfolgen zu können. Auch das Wesen richtet sich auf, stellt sich auf die Hinterbeine und erhält dadurch eine bedrohlich wirkende Körpergröße. Der Kopf sieht jetzt aus wie eine gelungene Mischung aus Bär und Wolf. Die Gestalt hat jetzt auch Bärenpranken. Sie scheint auf meine Wahrnehmung zu reagieren und streckt die rechte Pranke nach mir aus, als wollte sie mir die Tatze reichen. Ich bin für einen Augenblick ratlos. Es findet keinerlei Kommunikation statt. Ich nehme aber deutlich wahr, daß es auf einmal in meinem Zimmer nach Pilzen und Moos riecht.

Also doch mehr als eine Halluzination? Die Gestalt verwandelt sich noch einmal. Das Gesicht nimmt jetzt würdevolle, ja weise menschliche Züge an und mir streckt sich eine menschliche Hand entgegen. Auch ich reiche nun meine Hand. Unsere Hände berühren sich. Im gleichen Augenblick durchströmt mich eine ungewöhnlich starke, prickelnde Kraftwoge. Das Wesen ist verschwunden.

Mir fällt auf, daß meine Augen immer noch offen sind. Ich stehe sofort auf und gehe in den Garten zu meinen Bäumen. Dort kann

ich das Naturwesen bei Tageslicht mit offenen Augen nochmals einen Augenblick lang wahrnehmen. Es steht hinter dem Steinkreis
zwischen den beiden Birken.«

Elfen und Elfenkinder

Bei einer Gruppenmeditation im Garten konnte eine Teilnehmerin
Elfen wahrnehmen. Sie hatte, wie einige andere Teilnehmer auch, an
diesem Tag schon mehrmals im Garten feine kindliche Stimmen gehört. Zunächst tauchte in ihrer Meditation am Himmel ein riesiges,
leuchtendes vierspeichiges Rad auf. Sie erzählt, daß es dunkel wurde
und fährt fort:»Die Pergola ist verschwunden, ich blicke direkt auf
die beiden kleinen Zierfichten. Der Garten hinter ihnen hat sich
auch verändert. Die Heckenrosen, die Brombeeren und selbst der
Zaun sind weg. Wo der Zaun stand, fällt die Wiese jetzt steil zum
Nachbargrundstück ab. Auch die beiden Bäumchen sind nun verschwunden. An ihrer Stelle erscheinen jetzt zwei Kreise mit je neun
Elfen! Alle sitzen zuerst im Kreis, mit dem Kopf auf den Knien.
Dann erheben sich beide Elfenkreise gemeinsam. Sie entfalten sich
voller Anmut, so wie eine Blume ihre Blütenblätter öffnet. Dann treten sie aus dem Kreis, tanzen und hüpfen voller Lebensfreude umher.
Sie haben niedliche Kleidchen an, eine Elfe trägt eine kurze Hose.
Und jetzt erst sehe ich: Es sind zwei ganz kleine Elfen dabei, eine
ältere führt sie an den Händen mit. Was heißt hier aber alt oder älter?
Sie sehen fast alle aus wie sieben- bis zehnjährige Mädchen. Nun
hüpfen sie den Wiesenrain entlang. Da, wo eigentlich die Blumen-
wiese des Nachbarn sein müßte, ist eine große Wasserfläche.«

Nachforschungen haben ergeben: Das Gelände hinter unserem
Garten war noch vor knapp zweihundert Jahren als Aue, also Über-
schwemmungsgebiet eines nahen Flußlaufes ausgewiesen.

Die feinstoffliche Welt durchdringt und umgibt unsere materielle
Welt. Vor allem die Ätherwelt liegt an der Schwelle unserer Wahrnehmungsfähigkeit, sonst könnten wir keine Aura sehen, keine Energiefelder berühren oder Gerüche wahrnehmen. Es gibt Hinweise
dafür, daß wir Menschen manchmal ohne böse Absicht für die Be-
wohner der Ätherwelt Hindernisse errichten. Diese Wesen können

zwar die Materie mit ihren feinstofflichen Körpern durchdringen, woher wollen wir aber wissen, ob das für sie immer angenehm ist? Fühlen die Ätherwesen grobstoffliche Barrieren vielleicht genau so, wie ich damals die feinstoffliche Schranke auf dem Waldweg gespürt habe? Die Mitteilung einer Dame aus dem Tessin hat mich sehr nachdenklich gemacht.

Ihr Grundstück liegt an einem Hang, der zu einem Bergsee hin an einigen Stellen steil abfällt. Oben, wo das Gefälle noch sehr sanft ist, liegt ein weitläufiger, mit Bäumen bestandener Erdtrichter, zu dem ein steiler Trampelpfad hinabführt. Dort ließ sie einen Zaun mit einem Törchen errichten, damit leichtsinnige Besucher nicht hinunterfallen können. Kurz darauf erschien ihr im Traum ein elfenartiges Wesen. Es bat sie darum, das Tor zu öffnen, da es den Zugang seines Volkes zu den Wohnstätten versperre. Die Dame stand auf und öffnete das Tor. Der Traum kam wieder und sie sah eine vergnügte Schar kleiner Wesen dem Grund des Erdtrichters zueilen.

So zeigt sich immer wieder, daß wir Menschen die Erde nicht alleine bewohnen. Wäre es nicht gut, uns öfter daran zu erinnern?

AUSKLANG

Auf unserer Reise durch die verborgenen Seiten der Natur haben wir sicher viele Gebiete gestreift, die Ihnen unbekannt oder sogar unvorstellbar waren oder sind. Der Lehrstoff dieses Buches bietet Ihnen aber in der allereinfachsten Form immer Möglichkeiten an, das Gesagte und Beschriebene selbst nachzuvollziehen, zu prüfen, und ermuntert Sie stets zum Sammeln eigener Erfahrungen. Nur durch eigene Erfahrungen wachsen wir!

Ich habe Ihnen aus meinem persönlichen Erleben manches mitgeteilt, über das ich sonst nicht schreibe oder spreche. Es soll Sie anregen, selbst zu forschen. Das reine Ansammeln von angelesenem Wissen nutzt Ihnen bei dieser Thematik nur wenig. Ich möchte deshalb auch abschließend anregen, daß Sie Ihre persönlichen Erfahrungen von Zeit zu Zeit mit Gleichgesinnten austauschen. Wer mit Baumkräften heilt und hilft, für den gibt es kein Konkurrenzdenken, denn das würde nicht dem Wesen der Heilung mit feinstofflichen Naturkräften entsprechen. Pflanzen und Bäume führen keine Vernichtungsfeldzüge wie die Menschen. Die Natur ist eher bestrebt, Lücken und Nischen auszufüllen, um die Vielfalt des Lebens zu erhalten und zu fördern. So wird das vorhandene Potential zum Nutzen aller voll ausgeschöpft.

Die Arbeit mit den heilmagnetopathischen Kräften der Bäume wird auch einfacher, je tiefer unsere Beziehungen zu unseren Bäumen werden. Schließlich reicht es aus, an unsere Baumfreunde zu denken, um den Energiefluß, den Heilstrom auszulösen. Doch den Weg zu diesen Resultaten muß sich jeder selbst erarbeiten. Gleiches gilt für die Arbeit mit unserem Überbewußtsein, mit dessen Hilfe wir uns wieder in die Kommunikation von »allem was ist« einglie-

dern können, um uns neue Formen der paranormalen Wahrnehmung zu erschließen. Es läßt uns die ersten Schritte tun auf einem
Weg, der zur »kosmischen Bewußtheit« führen kann.

Mit unseren Gedanken können wir uns mit allem verbinden was
existiert und unser Schicksal mitgestalten. Prüfen wir also stets sorgfältig, mit wem oder was wir verbunden sein wollen. Wo etwas hin-
fließt, strömt auch etwas zurück!

Warum verbringen Sie nicht einmal einen Tag mit Ihrer Familie
oder mit Freunden bei Ihrem Baum? Ein Picknick im Grünen –
spielen, plaudern –, das wird allen Spaß machen. Und dabei werden
bestimmt auch viele Impulse von Ihrem Baum mit in das Geschehen
einfließen. Aber auch gemeinsame Wanderungen und Rituale mit
Gleichgesinnten bringen sicher auch für Sie viele neue Anregungen
und Bekanntschaften.

Ich wünsche Ihnen einen guten, erfolgreichen Weg in eine neue,
heilige Lebendigkeit von Körper, Seele und Geist. Das Eine, das
Ganze, das Ewige ist in uns, und wir sind in ihm!

Anmerkungen und Quellenangaben

1 »Magnetopathische Heilkunde« ist keine überlieferte Bezeichnung. Sie wurde gewählt, um klarzustellen, daß es hier einzig um die feinenergetischen Heilkräfte lebender Bäume geht. Die Bezeichnung *Magnetopath* geht auf Dr. Franz Anton Mesmer (1733–1815) zurück. Dr. Mesmer benutzte ursprünglich für seine Heilbehandlungen Magnete, bis er auf den natürlichen Magnetismus seiner eigenen Hände aufmerksam wurde und ihn erfolgreich einsetzte.
   Das diesem Buch zugrundeliegende Heilwissen über die Baumenergien stammt zum Teil aus einer teilweise unleserlichen und wohl oft kopierten Handschrift, die von Russen während des Zweiten Weltkrieges aus einem deutschen Kloster entwendet wurde. Der deutsche Kriegsgefangene A. L. mußte für den russischen Lagerarzt eine Abschrift der Handschrift anfertigen und konnte persönliche Notizen darüber bei seiner Entlassung aus dem Lager schmuggeln. Der Name der Bruderschaft, von der die Handschrift stammte, konnte nicht ermittelt werden. A. L. vertraute mir seine Unterlagen an.

2 Ostrander/Schroeder: *PSI*, Scherz-Verlag, Bern/München/Wien, 1971, S. 196. Die Namen der Wissenschaftler: Dr. W. Injuschin, Dr. V. Grischtschenko, Dr. N. Worobew, Dr. N. Schuiskij, Dr. N. Fedorowa und Dr. F. Gibadulin.

3 Bayernkönig Ludwig II. verehrte und umarmte Bäume. Aus: H. H. von Veltheim-Ostrau: *Götter und Menschen zwischen Indien und China.* Hamburg, 1958, S. 286. Fürst Otto von Bismarck (1815–1898) umarmte eine junge Birke, um Kraft zu tanken; im Alter auch uralte Eichen. Er meinte dazu: »Alte Bäume sind Ahnen.« Aus: Willy Schrödter: *Pflanzengeheimnisse*, Kleinjörl, 1981, Seite 293.

4 Edda: Eine altnordische Liedersammlung mit Götter- und Heldensagen, im Unterschied zum Dichterhandbuch, der *Snorra Edda*, auch *Ältere Edda* genannt. Die Edda liegt in verschiedenen Übersetzungen vor. Die bekanntesten Übersetzungen sind von Felix Genzmer, Hans von Wolzogen und Karl Simrock.

5 Der Biotechniker Erich Neumann, nicht zu verwechseln mit dem Tiefenpsychologen gleichen Namens, wurde 1922 in Gelsenkirchen geboren. Er

ist Schüler von Viktor Schauberger, baute u. a. Turbinen nach den Erkenntnissen der Implosionstechnik und Geräte zur Verbesserung der Wasserqualität. (Aktuelle Literatur: Literaturverzeichnis und empfehlenswerte Bücher).

6 Viktor Schauberger (1885–1958), Naturforscher und Förderer alternativer Energien und der Implosionstechnik. Durch Kriegseinwirkungen wurden fast alle seine Forschungsarbeiten vernichtet. Aus dem Nachlaß seiner Mitarbeiter wird z. Z. wieder neue Literatur zusammengestellt. Bereits erschienen ist das Büchlein *Die geniale Bewegungskraft*. Kontaktadresse: Verein zur Förderung der Biotechnik e. V., Kurt Lorek, Windschläger Str. 58, D-77652 Offenburg, Tel. +49-(0)781–73541

7 »Devas« ist ein Wort aus dem altindischen Sanskrit. Mit Devas werden allgemein göttliche Wesen, hauptsächlich aber Engel und Naturwesen bezeichnet.

8 Feen: bei den Kelten Naturgeister, die das Schicksal der Menschen beeinflussen konnten, da es zwischen ihrem Reich und der Menschenwelt keine Grenzen gab.

9 Tomkins/Bird: *Das geheime Leben der Pflanzen*, Bern und München, 1976, S. 19.

10 Zitat von Dr. W. Injuschin in: Ostrander/Schroeder: *PSI*, Bern/München/Wien, 1971, S. 197/198.

11 Aus: Willy Schrödter: *Pflanzengeheimnisse*. G. E. Schroeder-Verlag, Kleinjörl, 1981, S. 245.

12 Als »lunare Bäume« werden Bäume bezeichnet, bei denen das magnetische Kraftpotential überwiegt: Buche, Birke, Linde, Kirsche usw. Lunare Bäume mögen in der Regel den Körperkontakt. Bei solaren Bäumen (Fichte, Tanne, Föhre usw.) überwiegt das elektrische Potential. Solare Bäume fühlen sich am Stamm bis ca. 17 Uhr warm an, lunare kühl. Eine gute Vergleichsmöglichkeit bietet sich zwischen der lunaren Wintereiche (langer Blattstiel, kein Fruchthalterstiel) und der solaren Sommereiche (kurzer Blattstiel, langer Fruchthalterstiel).

13 Das erdmagnetische Kraftfeld ist im Nordosten positiv gepolt und ruft bei entsprechender Körperausrichtung eine Resonanz im Körper hervor. Die physische Leitungsfähigkeit des Körpers, aber auch die Polung des Ätherkörpers wechselt mit der Himmelsrichtung, nach der sich ein Mensch mit der Vorderseite seines Körpers ausrichtet. Der österreichische Forscher Dr. med. et phil. Friedrich Wehofer (1888–1921) hat den Wechsel der physischen Leitungsfähigkeit durch sorgfältige Reihenversuche belegt. Quelle: Willy Schrödter: *Grenzwissenschaftliche Versuche*, Verlag Hermann Bauer, Freiburg, 1979, S. 139.

14 Starhawk (Miriam Simos), Schriftstellerin, Therapeutin und Initiatorin einer Hexenbewegung in den USA. Publikationen im Verlag Hermann Bauer: *Der Hexenkult*, Freiburg, 1983, und *Wilde Kräfte*, Freiburg, 1987.

15 Mit einem Steinkreis können Sie auch vorübergehend eine Pflanze isolieren, die sich mit anderen Pflanzen energetisch nicht verträgt. Steine eiförmig um eine Pflanze gelegt, regen das Wachstum an.

16 Ausgemergelte alte Menschen können jüngeren, vitalen Personen aber
auch bewußt oder unbewußt Lebenskraft abziehen, sie aussaugen. In der
Esoterik spricht man in solchen Fällen von »Odvampirismus«.

17 In den asiatischen Budo–Kampfkünsten versucht der Budoka die energetische Lähmung des Gegners durch einen Kampfschrei, »Ki-ai« genannt,
herbeizuführen.

18 Aus: Buch Jesus Sirach, XXXVIII,4,7. Das Buch Jesus Sirach entstand ca.
190 v. Chr. und gehört zu apokryphen Schriften des A. T. (Textausgabe R.
Smend: *Die Weisheit des Jesus Sirach*, 1906).

19 Hinweis auf taoistische Bruderschaften ohne festen Stammsitz.

20 An kühlen und trüben Tagen ist der feststellbare Temperaturunterschied
oft nur minimal.

21 Die geomantischen Hauptfließrichtungen der elektromagnetischen Energieströme sind die Nordsüd- und die Ostwestachse. Diese Achsen werden
durch die Ausrichtung Ihrer Körpervorderseite zum Baum aktiviert.

22 Karl der Große (742−814) erließ im Jahre 797 das berüchtigte *Capitulare
Saxonicum.* Danach sollte allein schon jeder sterben, der das Fastengebot
aus religiöser Überzeugung brechen würde. In der Taufformel mußte u. a.
abgeschworen werden: »Allen Teufelswerken und -worten, Donar, Wo-
dan, Saxnot und allen Unholden, die ihre Genossen sind.« Damit wurden
schlagartig die alten Götter, die Lichtelben, die Feen und alle Naturwesen
verteufelt.

23 Die Irminsul war ein heidnisches Heiligtum in Form einer Holz- oder
Steinsäule, die als Himmelsachse symbolisch das All trug. Der römische
Geschichtsschreiber Tacitus spricht von ihr als columnia universalis. Mit
den römischen Jupitersäulen wurde ein ähnlicher Sinngehalt verbunden.
Die Irminsul oder Irmensäule symbolisierte aber auch den Weltenbaum
Yggdrasil als Träger der gesamten Schöpfung.

24 M. A. Oppermann: *Yoga-Aphorismen des Pantanjali*, Leipzig, 1925, S. 67.

25 Herbert Fritzsche: *Kleines Lehrbuch der weißen Magie*, Prag, 1934, S. 47.

26 Gemeint ist hier Dr. med. Hannes Lindemann, langjähriger Leiter der
DRK-Bundesschule, Lehrbeauftragter für Psychohygiene der Uni Bonn.
Er überquerte 1956 ohne fremde Hilfe den Atlantik in einem Serienfalt-
boot. H. L. gehört als Freizeitgärtner zu den Menschen mit dem sog. *grünen Daumen.*

27 Die Bezeichnung »mediales System« und weitere hier benutzte Begriffe
und Hinweise stammen von dem englischen Geistheiler Harry Edwards.
Dieses Vokabular ist später in England von vielen Medien und Heilern
übernommen worden.

28 Das japanische Wort »Reiki« oder »Rei-ki« bedeutet soviel wie »universale

Lebensenergie«. Reiki ist eine sehr alte asiatische Heilkunst (auf heilmagnetopathischer Grundlage). Sie wurde von dem christlichen (japanischen) Mönch Dr. Mikao Usui im 19. Jahrhundert wiederentdeckt und erfährt heute, vetreten durch unterschiedliche Verbände und Lehrer (Meister), eine weite Verbreitung.

29 Räucherungen werden seit uralten Zeiten weltweit praktiziert, um mit Wesenheiten der feinstofflichen Ebenen Verbindung aufzunehmen. Im Duft aufgelöste Substanzen tragen die Botschaft oder Wünsche des »Praktikanten« auf die feinstofflichen Ebenen, stellen aber vor allem eine starke Brücke zur Ätherebene her. Reiner Weihrauch, wie man ihn z. B. noch in Ägypten kaufen kann, ruft Feen und Engel herbei. Deshalb ist auch die katholische Kirche bis heute dem Abbrennen von Weihrauch bei der Messe treu geblieben.

30 Mircea Eliade: *Schamanismus und archaische Ekstasetechnik*, Suhrkamp, Frankfurt a. M., 1980, S. 131.

31 Die Golden, Dolganen und Tungusen sind sibirische Volksstämme. Nach dem Glauben dieser Völker holen die Schamanen die Kinderseelen vor der Geburt der Kinder von den Zweigen des Weltenbaumes in die Körper der werdenden Mütter. Quelle: Mircea Eliade: *Schamanismus und archaische Ekstasetechnik*, S. 261/262.

32 Willy Schrödter: *Pflanzengeheimnisse*, Kleinjörl, 1981, Seite 261.

33 Die Runen sind Symbole für die Wirk- und Bildekräfte der Kollektivseele, die genau wie die Hexagramme im chinesischen I Ging- Orakel über eine Art »Eigenbewußtsein« verfügen. Runen wurden und werden zur Schicksalsbefragung benutzt, konnten und können aber auch zur Beeinflussung von Menschen, Tieren, Pflanzen und Lebensumständen eingesetzt werden. Doch dazu bedarf es einer langen praktischen Erfahrung.

34 Willy Schrödter: *Pflanzengeheimnisse*, Kleinjörl, 1981, S. 251.

35 Alberto Villoldo Ph. D., Pionier auf dem Gebiet der Psycho-neurologie, war viele Jahre als Professor an der San Francisco State University tätig. Er lebte und studierte lange Zeit bei Heilern und Schamanen.

36 Don Raphael, Venezuela, Heiler und Schamane, wurde als Kind von Indianern entführt. Er erwarb später als Schüler des Stammesschamanen paranormale Fähigkeiten und nahm nach dessen Tod seinen Platz ein. Don Raphael hat ein enormes Wissen über Heilpflanzen und Bäume.

37 Alex Sanders wird als eine Zentralfigur der Wicca-Bewegung in England angesehen. Wicca heißt soviel wie »Kunst der Weisen«. Das ursprüngliche Wicca enthält noch viele Elemente alter heidnischer Naturkulte.

38 Don Eduardo Calderon Palomino, Anden-Schamane und peruanischer Curandero (Volksheiler). Einen guten Einblick in das Wirken und die Vorstellungswelt von Don Eduardo gibt das Buch *Magier der Winde* von Douglas Sharon, Verlag Hermann Bauer, Freiburg, 1980.

215

Literatur

Bingen, Hildegard von: *Von den Bäumen*. Basel, ohne Jahresangabe
Eliade, Mircea: *Schamanismus und archaische Ekstasetechnik*. Frankfurt a. M., 1980
Fritzsche, Herbert: *Kleines Lehrbuch der Weißen Magie*. Prag, 1934
Genzmer, Felix: *Die Edda*. Jena, 1933
Golowin, Sergius: *Die weisen Frauen*. Basel, 1982
Grimm, Gebrüder: *Märchen*. Gütersloh, ohne Jahresangabe
Germanische und keltische Mythologie. Herder-Lexikon, Freiburg, 1987
Himmel, Manfred: »Einstimmung an heiligen Orten.« In: *Wie die alten Götter weiterleben*. esotera-Taschenbuch, Freiburg, 1990
Himmel, Manfred: »Die Kraft der Bäume kann Sie heilen.« In: *Bild der Frau*, Hamburg, 1989
Himmel, Manfred: »Heilungsritual für den kranken Wald.« In: *Unicorn XIII*, Bonn, 1985
Kurth-Gilsenbach, Dr. H.: *Bäume*. Nürnberg, 1993
Long, Max F.: *Geheimes Wissen hinter Wundern*. Freiburg, 1965
Mantese, Mario: *Vision des Todes*. Biel, 1981
Meyer, Rudolf: *Nordische Apokalypse*. Stuttgart, 1967
Neumann, Erich: *Auf den Spuren der Feinkrafttechnik*. Horn/Kassel/Wien, 1992
Oppermann, M. A.: *Yoga-Aphorismen des Pantanjali*. Leipzig, 1925
Ostrander/Schroeder: *PSI*. Bern/München/Wien, 1971
Pokorny, Jaromir: *Bäume*. Prag/Hanau, 1986
Rochas, Albert de: *Die Ausscheidung des Empfindungsvermögens*. Leipzig, 1909
Schrödter, Willy: *Pflanzengeheimnisse*. Kleinjörl, 1981
Schrödter, Willy: *Grenzwissenschaftliche Versuche*. Freiburg, 1979
Tompkins/Bird: *Das geheime Leben der Pflanzen*. Bern/München, 1976
Welkisch, Carl: *Der Mensch zwischen Geist und Welt*. Remagen, 1976
Wirth, Herman: *Europäische Urreligion und die Externsteine*. Wien, 1980
Wolzogen, Hans von: *Die Edda*. Leipzig, o. J.
Worms, Abraham von: *Die heilige Magie des Abramelin*. Berlin, 1957

Empfehlenswerte Bücher

Andrews, Ted: *Die Aura sehen und lesen.* Verlag Hermann Bauer, Freiburg, 1997[5]

Dausiens großes Buch der Bäume und Sträucher (mit 560 farbigen und 365 einfarbigen Illustrationen), Hanau, 1995

Lohmann, Michael: *Bäume und Sträucher. Bestimmen auf einen Blick.* (Mit Faltplan) BLV Verlagsgesellschaft mbH, München, 1994

Sandersson, Olof Alex: *Lebendes Wasser.* (Einblicke in Leben und Forschungen von Viktor Schauberger in deutscher Sprache!) Poprius-Verlag AG, Stockholm

Neumann, Erich: *Inspirationen aus der Vorzeit.* EFODON-Verlag, Peißenberg, 1997

Verzeichnis der Farbtafeln

Quellennachweis

Die Tafeln 1–5, 8 und 9 wurden vom Verfasser nach Vorlagen von Erich Neumann gezeichnet; die Tafeln 6,7,11: Manfred Himmel; Tafel 10: Kendall Johnson und Robert Wagner.

Abbildungen

Quellennachweis

Quellennachweis

G. Weber u. H. Ludewig, ...
... ...

Bitte beachten Sie die folgenden Seiten

Verlag Hermann Bauer · Freiburg im Breisgau

Ingeborg M. Lüdeling

Steine, Bäume, Menschenträume

224 Seiten mit 17 Abbildungen, gebunden
ISBN 3-7626-0546-7

Das Buch von Ingeborg Lüdeling *Steine, Bäume, Menschenträume* macht uns sensibel für das Raunen der Natur und die lebendigen Naturwesenheiten. In einer einfachen, poetischen Sprache erzählt Ingeborg M. Lüdeling von außergewöhnlichen Freundschaften zu Bäumen und tiefen Begegnungen mit Steinen, Naturgeistern und den Elementen.
Die auch für den Neuling in der Esoterik geeigneten Meditations-, Selbstheilungs- und Aufladungsübungen machen den Leser vertraut mit Bäumen und Steinen, mit Aurasehen, Selbstschutz, Traumerleben und dem eigenen Bewußtwerdungsprozeß.
So ist das Buch ein Wegweiser für ein erfülltes, bewußtes Leben. Ideal für alle, die ein Gespür für die Weisheit der Erde entwickeln und der Liebe in ihrem Leben wieder Raum geben wollen. Ein Buch für spirituell Suchende, die wissen, daß Veränderungen im äußeren Leben erst dann möglich sind, wenn wir uns selbst ändern.

Verlag Hermann Bauer · Freiburg im Breisgau

Verlag Hermann Bauer · Freiburg im Breisgau

Harald Jordan

Räume der Kraft schaffen
Der westliche Weg ganzheitlichen Wohnens und Bauens

320 Seiten mit 49 Zeichnungen, gebunden
ISBN 3-7626-0561-0

In diesem Werk zeigt Harald Jordan, daß auch in der westlichen Tradition viele Schätze gehoben werden können, um uns ein Wohnen in Harmonie zu ermöglichen. Der Autor, Ingenieur und als gelernter Maurer Fachmann »von der Pieke« auf, beschreibt, welche geistigen Gesetze im Wohnen und Bauen wirken, wie diese Gesetze von uns erlebt werden, und wie wir unsere Wohnung oder unser Haus so gestalten können, daß sie für uns eine gesunde und heilende Wirkung haben.

Unter »Räumen der Kraft« versteht der Autor hierbei jedes Heim – ob Mietwohnung oder eigenes Haus – wie auch Orte gemeinschaftlicher Treffen, beispielsweise ein Kongress- oder Meditationszentrum.

Wie nun die eigenen Wohnräume in Übereinstimmung mit uns selbst gebracht werden können, wie wir dadurch in Ein-Klang mit uns selbst kommen und uns so gesünder und wohler fühlen, dafür bietet »Räume der Kraft schaffen« eine Fülle praktischer Anregungen und manche erstaunlich einfach auszuführende Maßnahme.

Für Harald Jordan sind Räume der Kraft Orte, die über das gemütliche Wohnen hinausgehend Orte sind, wo *Wandlung, Heilung* und *Ganzwerdung* möglich sind. Aus diesem Grund streut der Autor auch praktische Übungen, z. B. *innere Reisen* ein. Sie geben dem Leser Anregungen und Hilfe, sich der eigenen Schwingung seiner Persönlichkeit bewußt zu werden.

Verlag Hermann Bauer · Freiburg im Breisgau

Haus Sazellum

Wochenend-Seminare mit Manfred Himmel
seit 1983

Magnetopathische Baumheilkunde
Kraftaufnahme, Übertragung auf Menschen, Tiere, Trägerstoffe

Das Aura-Vitalis-Programm
Vitalisierungsmöglichkeiten für Menschen ab 35 Jahren

Schutz vor negativen Einflüssen
Für Ärzte, Heilpraktiker, Pflegepersonal und Laien

Das »Integrale Bewußtseinstraining«
Nonverbale und verbale Kommunikation mit der Natur

Orte der Kraft
Führung an den Externsteinen und anderen Orten

Das Runengeheimnis und die Runenenergetik
Verbindung mit den Wurzelkräften der Schöpfung

Einführung in die pragmatische Geomantie
Feinstoffliche Energiefelder erkennen, messen und leiten

Symbole und Heilszeichen
Vorweihnachtlicher Modellierkurs

Die Grundlagen esoterischer Heilweisen
Geistiges Heilen, Reiki, Gebetsheilung, Besprechen

Spirituelles Heilungswochenende
Meditationen, Gebete, Rituale

Einführung in die pentadische Zahlenlehre
Schnellerfassung der menschlichen Wesensstruktur

Bei der Organisation von Zusammenkünften gleichgesinnter
Naturfreunde und Heiler helfen Ihnen die Mitarbeiter
von Haus Sazellum gerne.

Ausführliche Seminarprogramme:

Haus Sazellum   Postfach 5105   D – 32730 Detmold